Über dieses Buch

Die »Sonnenkönigreiche« – das ist jene Welt der Wunder und Geheimnisse Mexikos, im undurchdringlichen Urwald von Yucatan, auf den zerklüfteten Kordilleren von Peru. Es sind die phantastischen Schöpfungen der drei präkolumbischen Kulturen, von deren Großartigkeit – und ihrer Vernichtung – die spanischen Entdecker berichteten: vom Federschlangengott Quetzalcoatl und seiner sagenhaften Wiederkehr, von der üppigen Hofhaltung des Moctezuma, von den düsteren Pyramidentempeln der Maya und dem unerhörten Goldschatz des gewaltigen Inka-Reiches. Dem Verfasser geht es nicht nur darum, Kunst und Kultur der »Sonnenkönigreiche« zu erfassen: Er erforscht auch Arbeitsalltag und Familienleben der braunhäutigen Indianer, die jene zyklopischen Mauern in 4000 Meter Höhe schufen, die einem rätselhaften Gott blutige Menschenopfer brachten, die Gold und Edelsteine zu kostbaren Schmuckstücken verarbeiteten. Sie haben ihre Geheimnisse in seltsam ornamentalen Hieroglyphen bewahrt, um deren Entschlüsselung sich noch heute die Wissenschaftler in aller Welt bemühen. Augenzeugenberichte der Konquistadoren und die aus zahlreichen eigenen Exkursionen gewonnenen Einsichten liegen dem reich illustrierten Band zugrunde. Aus archäologischen Daten und Grabungsfunden, aus alten Chroniken und neuesten Forschungsergebnissen entstand ein umfassendes Gesamtbild der großartigen, in Jahrtausenden gewachsenen Kulturen der Azteken, Maya und Inka.

Vollständige Textausgabe mit 290 Abbildungen und 4 Übersichtskarten

Aus dem Englischen übersetzt von Margot Berthold
Übersichtskarten und Rekonstruktionszeichnungen von Alberto Beltrán
Umschlagbild: Titelseite des Codex Mendoza
Gesamtherstellung: Richterdruck Würzburg
Printed in Germany ·
ISBN 3 426 00125 X

1.–20. Tausend September 1966
21.–29. Tausend November 1968
30.–37. Tausend Mai 1970
38.–43. Tausend Januar 1972

Victor W. von Hagen:

Sonnenkönigreiche

Azteken Maya Inka

Droemer Knaur

Inhaltsverzeichnis

VICTOR WEYBRIGHT LITT. D.

IN DANKBARKEIT UND VEREHRUNG GEWIDMET

Einleitung: Eine Newe gefundene Welt

ALS DIE KUNDE von den mexikanischen Abenteuern des Hernando Cortés im Jahr 1519 nach Europa kam, war die Neue Welt mit einem Schlag wieder in aller Munde. Man begann sich ausgiebiger als je zuvor mit den Wundern und Rätseln eines Kontinents zu beschäftigen, dessen Existenz nach der ersten Begeisterung bald in Vergessenheit geraten war – aus begreiflichen Gründen: Seit seiner Entdeckung hatte Amerika nur falsche Hoffnungen geweckt. Man hatte eine Überfülle neuer Lebensmittel zur Bereicherung des einheimischen Speisezettels erwartet. Öffentliche Anschläge und Bücher hatten die erfreulichen Neuigkeiten aus der «Newen gefundenen Welt» verbreitet und die seltsamen Eigenschaften «verschiedener Kräuter, Bäume, Ölpflanzen und Steine» gepriesen. Hatte nicht auch Christoph Kolumbus selbst von unermeßlichen Gold-, Rubinen- und Silberschätzen geschwärmt, die sogar König Salomons Reichtum in den Schatten stellten, und alle jene trügerischen Illusionen verstärkt?

In Erwartung all dieser Reichtümer hatten sich Spanien und Portugal – mit dem Segen des Papstes – auf eine Teilung der Neuen Welt geeinigt, ungeachtet der Proteste des französischen Königs Franz I., man möge ihm die «Klausel in Adams Testament zeigen, aus der die Könige von Kastilien und Portugal das Recht ableiten, die Erde unter sich zu teilen...» Aber seine Ironie nützte ihm nichts. Spanien und Portugal behaupteten ihr Vorrecht auf die Neue Welt. Aus den zeitgenössischen Berichten ist eine gewisse Atemlosigkeit herauszuspüren – eine ungeduldige Erwartung der versprochenen Berge goldener Schätze. Vorerst blieb es jedoch bei mehr oder weniger zaghaften Erkundungs- und Siedlungsversuchen. Die Portugiesen kamen nicht weiter als bis zur brasilianischen Grenze, und die Spanier begnügten sich in den ersten zwanzig Jahren mit einem kleinen Landstreifen am Isthmus von Panama und mit den Antillen-Inseln – Gebieten, die keine der angekündigten Reichtümer boten.

So kam es, daß Europa das Interesse an den Berichten aus der Neuen Welt verlor – bis zu jenem 9. Dezember 1519, als das erste Schiff mit den Goldschätzen Mexikos in Sevilla eintraf.

Seine Ankunft wurde zur Sensation. Cortés hatte vier phantastisch herausgeputzte Totonaken von der mexikanischen Küste als Begleiter mitgeschickt. Ganz Sevilla lief zusammen, die goldenen Glöckchen und Juwelen, die kunstvoll gefertigten Ohrringe und Nasenpflöcke, den edelsteinbesetzten Kopfschmuck aus schimmernden Federn zu bestaunen. Die größte Bewunderung aber löste eine goldene Sonnenscheibe aus, 1,75 Meter im Durchmesser, «vier Reales dick», die in kunstvoller Treibarbeit über und über mit seltsamen Zeichen bedeckt war.

Kaiser Karl v. ließ die Schätze «aus dem neuen Goldland» nach Gent bringen. Albrecht Dürer besichtigte sie in Brüssel und schrieb am 27. August 1520 in sein «Tagebuch der Reise in die Niederlande»:

«Auch habe ich gesehen die Dinge, die man dem König aus dem neuen Goldlande gebracht hat: eine ganz goldene Sonne, eine ganze Klafter breit, desgleichen einen ganz silbernen Mond, auch so groß, desgleichen zwei Kammern voll Rüstungen der dortigen Leute, desgleichen allerlei Waffen derselben, Harnisch, Geschütz (Geschosse), wunderliche Wehr, seltsame Kleidung, Bettgewand und allerlei wunderliche Dinge zu mannigfachem Gebrauche, das da viel schöner anzusehen ist denn Wunderdinge. Diese Dinge sind alle köstlich gewesen, daß man sie schätzt hunderttausend Gulden wert. Und ich habe aber all mein Lebtag nichts gesehen, das mein Herz so erfreut hat wie diese Dinge. Denn ich habe darunter gesehen wunderliche künstliche Dinge, und habe mich verwundert über die subtilen Ingenia der Menschen in fremden Landen. Und die Dinge weiß ich nicht zu nennen, die ich da vor mir gehabt habe...»

Der italienische Humanist Pietro Martire D'Anghiera interessierte sich vor allem für die «Bücher der Indianer», die ihn mehr beeindruckten und als Kulturdokumente überzeugten als alles Gold.

«Die Indianer des Goldlandes schreiben in Bücher», heißt es in den Briefen an seine Humanistenfreunde, denen er die Codices und Hieroglyphen genau zu beschreiben sucht, «...die denjenigen der Ägypter gleichen..., unter den dargestellten Figuren von Männern und Frauen finden sich auch solche von Königen und Adeligen..., offenbar ist der Tod eines jeden genau aufgezeichnet...»

Es ist eine der tragischen Ironien der Weltgeschichte, daß die Azteken im gleichen Augenblick, als die Gelehrten Europas ihre Kultur zu erforschen suchten, bereits überwältigt und vernichtet waren. Tausende prächtigster Goldschmiedearbeiten wurden auf Befehl des Kaisers eingeschmolzen, in Münzen umgeprägt und zur Bezahlung seiner Kriegsschulden verwendet. Ungezählte andere Kostbarkeiten, «Bücher» und goldene Schmuckstücke, gingen im Wirbel der Konquista verloren. Die Hauptstadt der Azteken, Tenochtitlán, wurde völlig zerstört. «Eine der schönsten Städte der Welt besteht nicht mehr», schrieb Cortés, dem die Tränen in die Augen traten, als er über die rauchenden Trümmer und verkohlten Leichen schritt. Was wirklich noch an Resten aztekischer Bauten übriggeblieben war, mußte den Kirchen und Unterkünften der Sieger weichen oder verfiel im Lauf der Jahrhunderte.

Sechs Jahre später ereilte die Maya das gleiche Schicksal. Francisco de Montejo, der «verhinderte Konquistador», versprach seinem kaiserlichen Herrn größere Goldschätze, als ihm die Eroberung Mexikos eingebracht habe. Des Kaisers Kassen konnten eine Auffrischung nötig gebrauchen. Karl v. stand, diesmal im Einvernehmen mit Frankreich, wieder im Krieg. Der türkische Sultan Soliman hatte Budapest erobert und rückte auf Wien vor. Das Interesse des Kaisers für die Vorgänge jenseits des Ozeans beschränkte sich auf den zu erhoffenden Goldgewinn.

Die Vernichtung der Maya vollzog sich mit unausweichlicher Konsequenz. Die wenigen Überlebenden unter den Häuptlingen und Priestern, «die alles Wissen verkörperten», entflohen oder verharrten in eisigem Schweigen. Kein zeitgenössischer Wissenschaftler Europas bekam jemals ein Maya-Buch zu sehen oder etwas von den phantastischen steinernen Städten zu hören; es gab keine Goldschätze, die man nach Spanien hätte schicken können, und die umfangreichen Beschreibungen der kaiserlichen Administratoren und christlichen Priester vermoderten in den Archiven.

Neue spanische Städte erwuchsen aus den Trümmern der Maya-Ruinen; die mächtigen Tempelquadern wurden abgetragen und als Baumaterial für Kirchen, Wohnhäuser und Verwaltungsgebäude der Spanier verwendet. Aus dem einstigen Tiho – «dessen riesige einzigartige Bauwerke man mit Erstaunen betrachtet», wie es in einem Bericht von 1550 heißt – wurde Mérida, die Hauptstadt von Yucatan. Bischof Diego de Landa hielt es für ausgeschlossen, daß die unübersehbaren Vorräte an Baumaterial jemals «restlos erschöpft» werden könnten. Er täuschte sich. Sie waren in zwei Jahrzehnten «erschöpft». Was der Zerstörung durch Menschenhand entging, fiel im Laufe der Zeit dem Urwald zum Opfer, der schließlich die Reste der einstmals blühenden Städte völlig unter sich begrub.

Peru, das wirkliche «Königreich des Goldes», wurde in dem Augenblick entdeckt, als die Vernichtung des Maya-Staates kurz vor ihrem Abschluß stand. Am 16. Mai 1532 setzte sich Francisco Pizarro mit 130 Fußsoldaten und 40 Berittenen in Marsch, um der Königsstraße der Inka zu folgen und ihre Hauptstadt zu suchen. So unwahrscheinlich es klingen mag: 170 Mann zogen aus, eines der gewaltigsten Reiche der Erde zu erobern. In jedem Schulbuch stehen die Details dieser folgenschwersten dreißig Minuten der Weltgeschichte verzeichnet: wie der Inka-Herrscher inmitten seiner 30000 unbewaffneten Indianerkrieger dem Verrat des Pizarro zum Opfer fiel, wie die Spanier innerhalb einer halben Stunde das gesamte Inka-Imperium unterwarfen.

Am 9. Januar 1534 lief die Galleone *Santa Maria del Campo* in Sevilla ein. Selbst die an Überraschungen gewöhnten kaiserlichen Verwaltungsbeamten, die seit Jahren die aus der Neuen Welt eintreffenden Schiffsladungen registriert hatten, glaubten ihren Augen nicht zu trauen. Gold- und Silberbarren mit dem eingeprägten kaiserlichen Siegel stapelten sich zu Bergen. Ein separates Inventar für Karl v. zählte Geschmeide und Gefäße von solcher Pracht auf, daß selbst die hartgesottensten Konquistadoren sich nicht hatten entschließen können, sie einzuschmelzen: 34 goldene Krüge, ein goldener Maisstengel, zwei goldene Schüsseln, eine lebensgroße Männerfigur, mehr als hundert silberne Gegenstände, deren schwerstes Stück 167 Pfund wog. Insgesamt handelte es sich um Werte von rund 100 Millionen Mark, deren Kunstwert heute mindestens das Zwanzigfache betragen würde. Niemals zuvor waren mit einem Schlag derartige Schätze in Europa eingetroffen.

In eben diesem Augenblick jedoch bereitete Karl v. die Eroberung von Tunis vor. Sein Interesse konzentrierte sich auf Schiffe, Armeen und Geld. Er schenkte den goldenen Meisterwerken nicht einen einzigen Blick. Im Gegenteil! Er wiederholte den strikten Befehl, dem sich sogar seine rauhen Landsknechte entzogen hatten, den gesamten Schatz der Inka zu Barren einzuschmelzen. Kein spanisches Museum besitzt heute auch nur ein einziges Stück aus dem Goldschatz der Inka.

Was nach der Konquista von dem mächtigen «Goldreich» übrigblieb, waren Reste ohne Seele: Trümmer von Gebäuden und Tempeln in dem riesigen, fünftausend Kilometer langen Küstenstreifen und der Andenkette. Was anfangs noch verschont blieb, ging in den Streitigkeiten und Scharmützeln der Konquistadoren untereinander unrettbar zugrunde. Nicht anders als bei den Azteken und bei den Maya, vollzog sich auch im Land der Inka die Christianisierung auf Kosten der alten Göttertempel: Aus ihren kunstvoll behauenen Steinquadern entstanden Kirchen, Klöster und Verwaltungsgebäude. Das unter ungeheurem Arbeitsaufwand geschaffene Straßennetz der Inka – dem römischen durchaus ebenbürtig, wenn nicht sogar überlegen – mit seinen Raststationen und Hängebrücken verfiel. Sand und Fels übernahmen wieder die Herrschaft in einem menschenleer gewordenen Land.

Das Zeitalter der Aufklärung brachte in Europa eine Renaissance des archäologischen Interesses am amerikanischen Kontinent. Im Jahr 1773 wurden die Ruinen der Maya-Stadt Palenque inmitten der tropischen Urwälder von Chiapis entdeckt. Als Karl III. von Spanien die ersten Berichte darüber erhielt, erteilte er den Befehl, die Ruinen sorgfältig auszugraben, alle Überreste pfleglich zu behandeln und in Zeichnungen festzuhalten, die als Unterlage für eine «Alte Geschichte von Amerika» dienen sollten. Italienische Gelehrte wurden von Spanien aus nach Mexiko geschickt mit dem Auftrag, möglichst viele alte Originaldokumente zur Abfassung des geplanten Geschichtswerkes zusammenzutragen. Antonio Alzate fand die Ruinen von Xochicalco, und einige Jahre später beim Ausbau der Fundamente für die Kathedrale von Mexico-City förderte man einen Monolithen, den aztekischen Kalenderstein, zutage. Der gigantische, fast 5 Meter hohe Trachytblock zeigt in der Mitte den Sonnengott Tonatiuh, umgeben von den Zeichen der Erdzeitalter und den Tagesglyphen. Daß man dieses berühmte steinerne Dokument erst 250 Jahre nach der Konquista entdeckte, bewahrte es vor der Vernichtung; der Kalenderstein befindet sich heute im Museum von Mexico-City.

Die Archäologen glaubten, aus dem mächtigen Monolithen ähnliche Aufschlüsse über die Geschichte der Azteken ableiten zu können wie die Ägyptologen aus dem 1799 entdeckten Rosette-Stein. Diese Meinung vertrat auch Alexander von Humboldt, der am 18. April 1803 in Mexico-City eintraf, nachdem er seit 1799 auf seiner berühmten Expedition durch Südamerika mit seinem Freund, dem Botaniker und Physiker Aimé Bonpland, unterwegs gewesen war. Der spanische Vizekönig José de Iturrigaray hieß Humboldt persönlich willkommen und sicherte ihm seine Unterstützung bei der Ausführung aller seiner Pläne zu.

Humboldts Verdienste auf dem Gebiet der Botanik, Geographie, Geologie, Astronomie, Geophysik, Mineralogie, Ozeanographie und Zoologie sind hinreichend gewürdigt worden. Mindestens ebenso groß jedoch ist seine Bedeutung für die Wiedererweckung der versunkenen präkolumbischen Kulturen. Die Ergebnisse seiner Expedition erschienen im Jahr 1810 in Paris unter dem Titel «Vues des Cordillères et Monuments des Peuples Indigènes de L'Amérique». Zum erstenmal lagen in Wort und Bild authentische Zeugnisse für die Frühgeschichte des amerikanischen Kontinents vor: Ansichten der Inka-Bauten, Kalendersteine aus Kolumbien, Basreliefs der Azteken, kolorierte Bilderseiten aus dem Dresdener Maya-Codex, Abbildungen des aztekischen Kalendersteins und detaillierte Erklärungen und Illustrationen aztekischer, zapotekischer und mixtekischer Manuskripte mit gelehrten Kommentaren. Alexander von Humboldt ist es zu verdanken, daß die geschichtliche Entwicklung der Neuen Welt künftig unter kulturhistorischen Aspekten gesehen wurde. Sein monumentales Werk erlebte in acht Jahren vier Auflagen.

Während des 19. Jahrhunderts wurden die phantastischsten Theorien über die Entstehung der «Sonnenkönigreiche» aufgestellt. Viscount Kingsborough opferte sein ganzes Vermögen und schließlich sein Leben, um die angeblich semitische Abstammung der Indianer nachzuweisen. Seine acht mächtigen Folianten, die «Antiquities of Mexico», erschienen in den Jahren 1830 bis 1848.

Etwa um 1840 begann auch William H. Prescott seine Geschichte der Eroberung Mexikos zu schreiben. Prescott gehörte zu dem kleinen Kreis von Wissenschaftlern, die den Azteken das Verdienst nicht absprachen, Schöpfer der ihnen zugeschriebenen Werke zu sein. Er suchte sich aus den spanischen Archiven die unveröffentlichten Originalberichte der ersten Konquistadoren hervor und gab mit seinem 1843 erschienenen Buch «The Conquest of Mexico» im buchstäblichsten Sinn des Wortes «den Indianern Amerika zurück». Zur gleichen Zeit begann sein Freund John Lloyd Stephens, ein in Ägypten, Arabien, Polen und Rußland gereister New Yorker Rechtsanwalt und Globetrotter, mit seinen Streifzügen durch Südamerika. Er trug gemeinsam mit dem Architekten Frederick Catherwood wertvolles Forschungsmaterial zusammen. Catherwood hatte kurz zuvor an einer der ersten englischen Expeditionen nach Ägypten teilgenommen und sich künstlerische Wertmaßstäbe an den Pyramiden der Pharaonen erworben, die ihm jetzt eine gute Voraussetzung zur Würdigung der Indianerkunst boten. Er fertigte stimmungsvolle, fast an Piranesi erinnernde Illustrationen zu den Texten von Stephens an. In gemeinsamer Arbeit schufen sie die damals weitverbreiteten und demnächst neu erscheinenden klassischen Werke der Archäologie «Incidents of Travel in Central America» (1841) und «Incidents of Travel in Yucatán» (1843).

Mit Alfred Maudslay, dem geistigen Erben Stephens', beginnt um 1880 die moderne amerikanische Archäologie. Seine Forschungen, Ausgrabungen und Veröffentlichungen aller erreichbaren Texte der Maya (auf Monumenten und an Gebäuden) bilden noch heute für die Wissenschaftler in aller Welt die Grundlage zur Enträtselung der Maya-Hieroglyphen.

Archäologen der verschiedensten Nationen widmeten sich, angeregt durch Maudslays Publikationen, dem Studium der Azteken-, Maya- und Inka-Kulturen. Unaufhörlich wurden – und werden noch heute – weitere Ruinenstädte entdeckt, die das wissenschaftliche Material für den Archäologen vervollständigen helfen.

Was bedeutet dieses unermüdliche Forschen nach den Ureinwohnern Amerikas für uns moderne Menschen? Ein immer wieder neues faszinierendes, geheimnisvolles Rätsel. Können wir es, ohne authentische schriftliche Dokumente, jemals ergründen? Niemand vermag es zu sagen. Wir registrieren eine verwirrende Fülle seltsam klingender Namen: Tolteken, Mixteken, Huaxteken, Olmeken. Wir erforschen das Land, in dem diese Völkerstämme lebten, und doch stehen wir immer wieder vor den gleichen ungelösten Fragen: Wer war dieser mysteriöse Federschlangengott, den man in ganz Mexiko verehrte? Warum ließen die Maya plötzlich Hunderte ihrer blühenden Städte im Stich? Wie erklärt es sich, daß Inka und Maya nichts voneinander wußten? Wir versuchen, aus den kleinsten Anhaltspunkten ein einigermaßen befriedigendes Bild zusammenzusetzen, eine Arbeit, die den Spürsinn eines Sherlock Holmes erfordert. Und immer wieder bringen unerwartete Funde – wie etwa die Bergung eines Kriegergottes in einem kunstvoll gemauerten, unterirdischen Grabheiligtum in Palenque oder die Entdeckung der herrlichen Wandmalereien von Bonampak – völlig neue Aspekte und Nuancen in das rätselvolle Mosaik. Und es wird immer der Traum eines jeden Archäologen bleiben, einmal inmitten der tropischen Urwaldeinsamkeit auf eine Tempelstätte, eine Stadt, eine Ruine zu stoßen, die keinem seiner Kollegen jemals vorher zu Gesicht kam. Die Jagd nach dem Neuen ist seit jeher eine der stärksten menschlichen Triebfedern gewesen. Die Archäologen sind Schatzgräber, deren wissenschaftliche Gründlichkeit ihrem Beruf nichts von seiner Romantik nimmt. Topfscherben und Mumien, Mauerquadern und Skelette sind Marksteine der kulturhistorischen Entwicklung. Der Archäologe untersucht sie mit allen Hilfsmitteln der modernen Wissenschaft. Er muß die geringsten Formunterschiede der Kochgefäße genauso beurteilen und auswerten können wie etwa die gegensätzlichsten Angaben über Zeitabläufe. Der ersten Begeisterung des Entdeckens folgt die minuziöse Kleinarbeit des Säuberns, Sichtens und Katalogisierens, die unendlich viel Zeit und Geduld erfordernde «unromantische» Kehrseite der «Schatzgräber der Wissenschaft». Und doch bleibt der Archäologe, wie der unlängst verstorbene Dr. Earnest Hooton immer wieder betonte, «im Grunde seines Herzens ein Romantiker».

Ich habe versucht, möglichst objektiv zu bleiben, soweit sich persönliche Ansichten und Vorurteile überhaupt ausschalten lassen. Im Grunde ist jedes Buch ein subjektives Werk. Wie sollte ein Historiker über Stichhaltigkeit oder Fragwürdigkeit überlieferter Fakten entscheiden, wenn nicht auf Grund seines persönlichen Geschmacks, seines Charakters, seiner Idiosynkrasien? Ich habe dreimal den Urwald durchstreift, bin von Insekten und von Krankheiten geplagt worden, bin in den Anden umhergeklettert und von Mauleseln abgeworfen worden, habe auf Grund wer weiß welcher Mißverständnisse in Gefängnissen gesessen – meine Vorstellung von der Entdeckerromantik hat sich in der rauhen Wirklichkeit hinreichend bewähren müssen: Als ich beispielsweise die Lebensgewohnheiten und -bedingungen des sagenhaften Quetzalvogels erforschen wollte, mit dessen schimmernden Federn sich die Häuptlinge der Maya und Azteken schmückten und dessen Namen die Gefiederte Schlange trägt, durchstreifte ich sechs Monate lang die Regenwälder – Zeit genug, über das Problem nachzudenken, wie es den Eingeborenen gelang, sich die kostbaren Federn in so großen Mengen zu verschaffen, ohne den Vogel auszurotten. Ich habe mich nicht damit begnügt, die angebliche Papierherstellung der Maya und Azteken in verstaubten Chroniken nachzulesen, sondern die dazu verwendeten

Pflanzen im Urwald gesucht, und Mikroskop und Fachliteratur blieb es vorbehalten, die gefundenen Ergebnisse zu bestätigen. Seit 1930 habe ich die verschiedensten Gebiete bereist. Weder die Version vom «edlen Wilden» noch das Gegenteil haben dieses Buch in irgendeiner Weise beeinflußt. Meine Studien auf dem Gebiet der Ethnographie, meine Lokalkenntnisse und meine Durchsicht und Auswertung des Materials mögen in gewisser Hinsicht ein Präjudiz sein. Ich habe versucht, über die archäologischen und historischen Fakten hinaus – deren Nachweise aus der Bibliographie hervorgehen –, ein Bild des Menschen zu entwerfen und ihn aus der kühlen Atmosphäre der Wissenschaft wieder in den lebendigen Strom des Lebens zu stellen. Nicht zuletzt ist es den Chronisten und Zeitgenossen der Konquista zu danken, wenn es mir gelungen ist, aus dem Staub der Vergangenheit eine Zeit schöpferischer Kräfte und menschlicher Größe heraufzubeschwören.

VICTOR WOLFGANG VON HAGEN

1 Die Azteken

1 *Volk aus dem Norden*

ZWEI GEOGRAPHISCHE ERSCHEINUNGSFORMEN kennzeichnen das Landschaftsbild Mexikos: das von mächtigen Gebirgsketten umschlossene Hochplateau, die Mesa Central, und die fruchtbaren Küstenstreifen. Die Küstenebene im Osten ist breiter als die Niederungen im Westen und infolge der Passatwinde heftigen Regenfällen ausgesetzt. Ihre üppige Vegetation trug dazu bei, daß sich hier die frühen Kulturen der Olmeken, Totonaken und Huaxteken entwickelten. Die Westküste dagegen besteht aus einem schmalen Saum, der Boden ist weniger fruchtbar und zeigt nur geringe Spuren einer frühen Besiedelung. Zwischen den beiden Küstenstreifen erhebt sich, teils steil, teils allmählich ansteigend, das große mexikanische Hochplateau. Aus dem grünen Dschungel ragt der schneebedeckte 5653 Meter hohe Orizaba empor (die Azteken nannten ihn Citlal-tépetl: «Berg des Sternes»). «Drei Tage lang durchquerten wir ein kahles, unbewohntes Gebiet», berichteten die ersten Spanier, «ohne einen Tropfen Wasser in eisiger Kälte. Durst und Hunger quälten die Männer, die sich durch Wirbelstürme vorwärts kämpften.»

Das zweitausend Meter über dem Meeresspiegel gelegene Hochplateau mit der Hauptstadt Tenochtitlán ist die Heimat der «klassischen» (theokratischen) mexikanischen Kultur.

Der Jahresrhythmus wird vom Regen bestimmt: von Juni bis September ist die Zeit der großen Niederschläge, sonst herrscht meist Trockenheit, von einzelnen Regen- oder Schneefällen abgesehen, die sich in den Chroniken der Azteken als besondere Naturwunder verzeichnet finden. Die klimatischen Unberechenbarkeiten und die weiten Strecken unfruchtbaren Landes erschwerten die Erschließung des Hochplateaus, während sich im Anáhuac-Tal, dem «Land am Wasser», schon seit frühesten Zeiten eine Besiedelung nachweisen läßt.

Etwa um 1200 n. Chr., als der Volksstamm der Azteken in Erscheinung trat – sie nannten sich «Tenocha», Abkömmlinge nördlicher Stämme –, waren die besten Landstriche bereits bewohnt. So mußten die Tenocha auf

Kopf eines Adlerkriegers *(vorhergehende Seite). Die «Adlersöhne» bildeten eine Elitetruppe der Azteken, eine Art Orden mit besonderen Privilegien.*

Das Hochland von Mexiko, *die Mesa Central, ist der klassische Boden der alten mexikanischen Kulturen. Kahle Berge, bewaldete Täler und rötliches, mit Kieferngestrüpp, Kakteen und Gramma-Gras überwuchertes Lavageröll bestimmen das Landschaftsbild*

der Suche nach Land die Ansiedelungen zahlreicher anderer Stämme durchqueren und sich als zähe, ausdauernde Krieger behaupten. Schließlich erreichten sie, vom Norden her kommend, das Seengebiet der Mesa Central. Sie begannen sich dort anzusiedeln – etwa im Jahr 1168; im aztekischen Kalender verzeichnet als Ome-Acatl (Zwei-Rohr) – und gründeten ihre Hauptstadt Tenochtitlán.

Die Tenocha oder Azteken waren ein zahlenmäßig kleiner, aus rivalisierenden Sippen zusammengesetzter Stamm, der sich schließlich auf den beiden kleinen Inseln inmitten des Texcoco-Sees niederließ und etwa im Jahr 1325 einen Stadtstaat gründete.

Die Besiedelung von Mexiko *zur Zeit der spanischen Eroberung mit den wichtigsten aztekischen Kulturzentren. Die punktierte Linie zeigt die Grenzen des Herrschaftsbereichs der Azteken.*

Innerhalb von zwei Jahrhunderten unterwarfen die Azteken ganz Mexiko. Tenochtitlán, die Heimat der Tenocha, entwickelte sich zu jener eindrucksvollen großen Stadt, die bei den Spaniern, als sie am 8. November 1519 dort einzogen, einen so nachhaltigen Eindruck hinterließ:

«Als wir die prächtigen Gebäude sahen», schrieb Bernal Díaz del Castillo, dem dieser Augenblick noch fünfzig Jahre später lebhaft vor Augen stand, «waren wir stumm vor Staunen.» Dämme von «acht Schritten Breite und zwei Meilen Länge» führten vom Festland zur Stadt, Dämme, auf denen es «nur so von Menschen wimmelte... Und von allen Seiten des Sees kamen sie in Kanus angefahren.»

Unmittelbar vor der Stadt wurden die Spanier vom Hofstaat des «Königs» empfangen: Der große Moctezuma stieg von seinem Tragsessel herab und schritt ihnen «unter einem reich geschmückten Baldachin aus grünen Federn mit prächtiger Gold- und Silberstickerei» entgegen. Der große Moctezuma war «kostbar gekleidet..., voran gingen seine Würdenträger; sie fegten den Boden und breiteten ihm Tücher unter die Füße...» Beim Anblick der Stadt, berichtet Bernal Díaz, «wagten wir unseren Augen nicht zu trauen. Eine unübersehbare Menge von Männern, Frauen und Knaben stand auf den Straßen und blickte uns neugierig an. Es war einfach wunderbar, und noch heute, da ich darüber schreibe» – er war inzwischen 84 Jahre alt geworden –, «steht mir alles so lebendig vor Augen, als sei es gestern gewesen.»

Den ursprünglichen Namen des Aztekenherrschers, Mo-tecuh-zoma, das heißt «Der zürnende Fürst», hatten die Spanier in die ihnen geläufigere

Bezeichnung Montezuma umgewandelt. Die heute bei den Archäologen gebräuchliche Form ist Moctezuma.

Als Begleiter von Hernando Cortés hatte Bernal Díaz del Castillo Gelegenheit, die aufgestapelten Schätze des aztekischen Tributstaates zu besichtigen, die Rechnungsbücher, in die Moctezuma «alle Einkünfte eintragen ließ... Sie waren aus einem Papier hergestellt, das sie *amatl* nennen, und diese Bücher füllten ein ganzes Haus.» Die Spanier staunten über die Speicher voller Mais, Bohnen und Pfefferschoten. In anderen Gebäuden fanden sie Kriegsausrüstungen, «zum Teil mit Gold und Edelsteinen geschmückt», eine Art Kurzschwerter mit Obsidianklingen, Pfeile und Bogen, zu Bergen gestapelt, «kunstvolle Schilde und gesteppte Baumwollharnische».

Auch von den Juwelieren erzählt Bernal Díaz, die kostbare Edelsteine und Jade schliffen und polierten, von Malern, Bildhauern und «den geschickten Kunsthandwerkern, die eine Unmenge herrlichster Muster in Federarbeit herstellen...»

Vier große Märkte gab es in der Stadt; der wichtigste befand sich auf dem Tlaltelolco-Platz. «Wir waren überrascht von der Menschenmenge, der Vielfalt der feilgebotenen Waren und der vorbildlichen Ordnung und Kontrolle, die dort herrschten.»

«Wahrhaftig, mein Gebieter», versicherte Hernando Cortés seinem Kaiser in Europa, «die große Stadt Tenochtitlán... mitten in diesem Salzsee, zwei Seemeilen vom Festland entfernt... und durch vier zwölf Fuß breite Dämme

Die Tenocha, von uns als Azteken bezeichnet, *kamen vom Nordwesten her in das Seengebiet von Anáhuac. Die Zeichnung stammt aus einem Azteken-Codex und zeigt die vier an ihren Emblemen kenntlichen Stämme auf dem Marsch (Fußabdrücke) nach Tenochtitlán.*

«Der große Moctezuma», *schreibt Bernal Díaz, «war ein gutgewachsener Mann und der oberst Häuptling von ganz Mexiko...» Moctezumas Begegnung mit Cortés wurde 1560 von einem aztekischen Künstler im Auftrag der Spanier gezeichnet. Moctezuma (schräg vor ihm seine Namens-Hieroglyphe), von drei Würdenträgern begleitet, bringt dem Spanier (rechts) als Geschenk Mais, Geflügel und Wild. Hinter Cortés steht Doña Marina, von den Indianern Malinal, die «Zunge», genannt; über Cortés seine Leibwache.*

mit dem Ufer verbunden... ist ebenso groß wie Sevilla oder Cordoba... als Ganzes gesehen aber ist das Reich Moctezumas so unübersehbar, daß ich seine Ausdehnung auch nicht annähernd genau beschreiben kann.»

Woher kamen die Azteken, und was für ein Menschenschlag waren sie? Wie wir gesehen haben, erreichten die Tenocha als einer der letzten Stämme der großen südamerikanischen Völkerwanderung das mexikanische Hochplateau. Sie waren die Erben einer jahrtausendealten Kultur. In ihrem Leben und Denken flossen die Anregungen aus den verschiedensten Landschaften der heutigen Republik Mexiko zusammen. Die Azteken, deren Kunst die zeitlich letzte Periode der Kulturgeschichte Mittelamerikas vor der Eroberung war, nannten sich auch «Mexica», und ihre Inselstadt trug nicht nur den Namen Tenochtitlán, sondern hieß mit ihrer vollständigen Bezeichnung Mexico-Tenochtitlán.

Wenn wir versuchen, die Geschichte der vorausgegangenen Kulturen zu rekonstruieren, müssen wir bis etwa 1000 v. Chr. zurückgehen, als im mexikanischen Zentralhochland und in Guatemala die ersten großen Siedlungen entstanden. Die Menschen wurden seßhaft, bebauten den Boden und errichteten eindrucksvolle Tempelbezirke. Es war etwa die gleiche Zeit, in der die Phönizier das Alphabet schufen, die dorischen Volksstämme den Peloponnes eroberten und Europa in das Licht der Kulturgeschichte trat.

Einer der ersten nachweisbaren mittelamerikanischen Stämme sind die Olmeken, die in den tropischen Gebieten von Vera Cruz und Tabasco lebten. Mit Hilfe der Radiokarbon-Methode fand man die Vermutung bestätigt, daß das olmekische Kulturzentrum La Venta «zwischen 800 und 400 v. Chr. erbaut und bewohnt worden sein dürfte». Die Radiokarbon-Methode beruht auf der Entdeckung, daß jede organische Materie – sei es Pflanze oder Tier – radioaktiven Kohlenstoff (C^{14}) enthält, der nach dem Tode allmählich in nichtradioaktive Elemente zerfällt. In rund 5600 Jahren ist die Hälfte der von einem Organismus aufgenommenen C^{14}-Atome wieder zerfallen. In 18000 Jahren sind nur noch zehn Prozent nachweisbar, in 35000 Jahren nur noch ein Prozent. Auf diese Weise kann man das Alter einer organischen Substanz – beispielsweise von Holz oder Knochenresten – ziemlich genau bestimmen.

In neuester Zeit grub Dr. Matthew Stirling die riesigen olmekischen Steinköpfe aus. Eine der gewaltigsten dieser Kolossalplastiken mit plattgedrückter Nase und wulstigen Lippen fand er in Tres Zapotes. Eine geradezu beklemmende, unvergleichliche Wirklichkeitsnähe kennzeichnet den Stil der Olmeken, der sich auch in geschnitzten Masken und zahlreichen kleineren, fast mongolisch wirkenden Köpfen und Votiväxten findet. Während diese Einzelstücke ziemlich weit verstreut waren, liegen die großen Monumente und Bauten auf dem engeren Raum zwischen Vera Cruz, Tabasco, dem guatemaltekischen Hochland und Oaxaca – dem Kernland der Olmeken. Eine in Tres Zapotes gefundene Stele trägt die durch das Punkt-Strich-System errechnete Jahreszahl 31 v. Chr.

Die Kunst der Olmeken in ihrer faszinierenden, kraftvollen Großflächigkeit ist mit keinem anderen Stil in ganz Mexiko vergleichbar. Dieser

Gewaltige Steinköpfe *mit breiter, plattgedrückter Nase und dicken, aufgeworfenen Lippen, bis zu 3 Meter hoch, wurden als Überreste der Olmeken-Kultur gefunden. Dieses seltsame Volk taucht erstmalig um 800 v. Chr. in den tropischen Gebieten von Mexiko, Vera Cruz und Tabasco auf. Der Name Olmeken ist von «olli» (Gummi) abgeleitet.*

Unheimliche lebensgroße Gestalten *sind auf dem Fries der «Tanzenden» am Tempel von Monte Albán dargestellt. Ihr Stil zeigt olmekischen Einfluß.*

Tarasco *ist vor allem durch seine realistischen Tonfiguren berühmt. Hier ein buckliger Indianer, der auf einem doppelköpfigen Fisch steht.*

zähe Volksstamm muß – abgesehen von seiner Kunst – zugleich eine gewisse politische Dynamik und eine organisatorische Überlegenheit besessen haben, die ihm die Macht verliehen, der Kulturgeschichte Mexikos seinen Stempel aufzuprägen.

Monte Albán (500 v. Chr. bis 1469 n. Chr.) war die große Zeremonialstätte und Tempelstadt der Zapoteken. Sie liegt auf einem baumlosen, 400 Meter über dem Tal aufragenden Bergrücken, 1,6 Kilometer südwestlich der Stadt Oaxaca. Monte Albán gehört zu den ältesten Siedlungen Mexikos und war seit der frühesten vorklassischen Periode, vielleicht bereits um 1000 v. Chr., bis zur Ankunft der Spanier 1522 bewohnt. Die Archäologen haben die immense Zeitspanne von 2500 Jahren in fünf Abschnitte eingeteilt, deren erster sich im Dunkel der Vorzeit verliert. Der mexikanische Archäologe Dr. Alfonso Caso, der die Stadt als erster entdeckte und in 25jähriger Arbeit erforschte, datiert einige Bauten in die Zeit 500 v. Chr., als die Zapoteken bereits die Bilderschrift, den Kalender und eine vollständige Kosmogonie entwickelt hatten.

Dieser Tänzer *stammt aus dem Kulturkreis der Zapoteken; die zungenförmigen Anhänger am Halsband sollen besagen, daß er spricht oder singt.*

In Tabasco *entstand diese Terrakotta-Figur von Quetzalcoatl, dem Federschlangengott. Von Tabasco aus soll er einst seine legendäre Seereise angetreten haben.*

Welche Stämme aber waren die Gründer von Monte Albán? Ursprünglich war es vermutlich ein reiner Tempelbezirk, dessen Name uns nicht überliefert ist. Lange bevor die Stadt von den Zapoteken bewohnt war, muß der Tempel mit dem Fries der «Tanzenden» – «geheimnisvollen archaischen Ungeheuern» – entstanden sein. Das erstaunliche Alter dieser seltsamen Figuren und Stelen mit ihren nicht zu enträtselnden Hieroglyphen geht am deutlichsten aus einem Vergleich hervor: Um dieselbe Zeit ließ Nebukadnezar die Stadt Jerusalem zerstören (586 v. Chr.) und die Juden als Sklaven ins Exil führen.

Die dritte Periode von Monte Albán ist gekennzeichnet durch die engen Beziehungen zu den Städten der klassischen Maya-Epoche, deren Stilelemente sich deutlich in den Bauten, Skulpturen und Wandgemälden, in der Schrift und im Kalender ausprägen. Etwa im Jahr 300 n. Chr. lassen sich wieder zapotekische Stilelemente in Monte Albán feststellen. In den folgenden vier Jahrhunderten wurde die große Plaza erweitert. Man errichtete Tempel, Pyramiden, Ballspielplätze und freskengeschmückte Grabmäler.

Die «Lachenden Köpfe» *der Totonaken stehen in auffallendem Kontrast zu den mächtigen Skulpturen der benachbarten Olmeken; sie gehören zu den künstlerisch am weitesten entwickelten Beispielen der präkolumbischen Kunst. Es scheint sich entweder um Sakralopfer oder Tänzer in religiöser Ekstase zu handeln, wie der zurückgeworfene Kopf und der Gesichtsausdruck vermuten lassen.*

Die Mixteken (668 n. Chr. bis 1521) mit der Hauptstadt Cholula, dem heutigen Puebla, bewohnten das Gebiet zwischen Küste und Hochland und waren den Eroberungswellen von beiden Seiten her ausgesetzt: zuerst den ins Landinnere vordringenden Olmeken, dann den vom Hochland herabwandernden Tolteken. Später, nach 1350, drangen die Mixteken selbst gegen Süden zum Monte Albán vor, auf dem sie hundert Jahre später von den Azteken überfallen wurden.

Die fast «abstrakt» wirkende Kunst der Totonaken entwickelte sich seit etwa 500 v. Chr. im Zentrum von Vera Cruz in ununterbrochener Kontinuität bis zur Ankunft des Hernando Cortés. Die Totonaken bildeten eine Art «linguistisches Einschiebsel» zwischen den Olmeken und den Huaxteken, die ihrer Abstammung und Sprache nach mit den Maya verwandt waren. Sie haben im Verlauf vieler Jahrzehnte einige der «schönsten und künstlerisch vollendetsten Beweise indianischer Kunst» geschaffen: die aus

Kopf eines Totonaken aus dem gleichen Gebiet wie die «Lachenden Köpfe»; auffallend ist die ungewöhnlich realistische Art der Darstellung.

Ton gefertigten, vielfach in Zapfen auslaufenden «Lachenden Köpfe», die ursprünglich offenbar als Mauerschmuck gedacht waren. Der unbeschwerte, fast heitere Zug dieser Plastiken, der in der Kunst Altmexikos sonst kaum vorkommt, steht in krassem Gegensatz zu den strengen Formen der Maya oder Azteken. Auch die Totonaken hinterließen eine beachtliche Zahl von Tempelstädten, die zwar vom Urwald überwuchert wurden und im Laufe der Jahrhunderte zerfielen, aber doch soweit erhalten blieben, daß die mexikanischen Archäologen sie heute restaurieren können.

Teotihuacán (200 v. Chr. bis 900 n. Chr.), die «Stätte der Götter», wurde vermutlich im zweiten vorchristlichen Jahrhundert gegründet. Sie liegt etwa 50 Kilometer nordöstlich von Mexico-City und übertrifft in ihrer Größe alle anderen Städte Mittelamerikas (ausgenommen vielleicht Tikal in Guatemala). Allein der Tempelbezirk nimmt eine Fläche von mehr als zwanzig Quadratkilometern ein. Wir fragen uns heute, wie es möglich war, zu einem so frühen Zeitpunkt den Bau eines so riesigen religiösen Zentrums zu organisieren, das allen künftigen Tempelstädten zum Vorbild dienen sollte.

«Die erhabene Wirkung, die von großer religiöser Architektur ausstrahlt, ergreift auch den Besucher des heutigen Teotihuacán», schreibt der Archäologe George C. Vaillant. «In dem Tal, das diesen Namen trägt, ist ein weites, fünfeinhalb Kilometer langes und über drei Kilometer breites

Gebiet dicht bedeckt mit großartigen Bauwerken... Als die Stadt in ihrer ganzen gewaltigen Ausdehnung vollendet war, wurde sie wieder völlig umgestaltet. Von der Mondpyramide im Norden bis zum Quetzalcoatl-Tempel wurde jedes einzelne Bauwerk verändert... Selbst die riesenhaften Kolosse der Sonnen- und der Mondpyramide erhielten neue Fassaden. Der Quetzalcoatl-Tempel erfuhr, wie es ihm zustand, die größten Veränderungen.»

Nach neuesten Forschungen standen um das Jahr 500 n. Chr ausgedehnte Gebiete unter der Vorherrschaft von Teotihuacán. Im Südosten, der alten Heimat der Olmeken, lebte ebenfalls ein von Teotihuacán beeinflußtes Volk – möglicherweise die Totonaken –, und im Süden, im Gebiet von Petén, lagen die großen Maya-Städte, die in gewissem Umfang gegenseitigen Handel mit Teotihuacán trieben.

Teotihuacán bestand vermutlich bis 900 n. Chr. Die Chichimeken brachen in das Gebiet ein, bemächtigten sich der Überreste des einst so glanzvollen «Reiches», gingen aber in dem Chaos der Zerrüttung zwischen 1100 und 1300 n. Chr. selbst zugrunde.

Unterdessen aber hatten die Tolteken zwei eindrucksvolle Kulturzentren geschaffen: Tula und Xochicalco.

Die Geschichte der Tolteken verliert sich in mythischen Urgründen. Ein Priesterastrologe, heißt es in ihrer Überlieferung, führte die Tolteken durch Mexiko, bis sie ein fruchtbares Tal erreichten und dort ihre Stadt «Tollan» (Tula) erbauten. Die Geschichte erzählt von der Macht des achten Königs der Tolteken, der alles Land zwischen Jalisco im Norden und Cuernavaca im Süden beherrschte; sie erzählt vom strengen Ritual ihrer polytheistischen Religion und von Xochitl, jener Frau, die das Rauschgetränk Pulque aus vergorenem Agavensaft volkstümlich machte.

Obwohl die Tolteken lange Zeit von der Forschung als ein rein mythisches Volk angesehen wurden, haben die Ausgrabungen mexikanischer Archäologen in Tula inzwischen den Beweis erbracht, daß das «sagenhafte Tollan» tatsächlich bestanden hat. Das sakrale Königtum fand der Überlieferung zufolge seinen Höhepunkt in dem Priesterkönig Quetzalcoatl (den seine Mutter empfing, als sie einen Jadeitstein schluckte). Er war zweiundzwanzig Jahre lang Herrscher der Tolteken. Um das Jahr 1000 wurde er von feindlichen Mächten gestürzt. Er mußte Tollan verlassen und wanderte mit seinem Gefolge nach der Halbinsel Yucatan. Am Tage Ein-Rohr der aztekischen Zeitrechnung erreichte er den Coatzacoalcos-Fluß und stach in See mit der Prophezeiung, daß er dereinst am Tage Ein-Rohr (das zugleich das Datum seiner Geburt war) wiederkehren werde.

Tula (900 bis 1116) entstand zur Zeit der größten Machtentfaltung der Tolteken und ist von außerordentlicher Wichtigkeit. Hatte man im Hinblick auf Tula einst von der «vagen Wissenschaft der Anthropologie und

Der Sonnentempel von Teotihuacán *(« Stätte der Götter») übertrifft in seinen Ausmaßen alle anderen Baudenkmäler in Mexiko und Mittelamerika und kann sich mit den ägyptischen Pyramiden messen. Er wurde für die Indianer zum Inbegriff der Würde und Größe der Götter. Der Tempelbezirk von Teotihuacán umfaßt eine Fläche von 20 Quadratkilometern.*

der exakten Kunst der Mythen» gesprochen, so sollte sich gerade an Tula die Berechtigung der Archäologie erweisen.

Die starke Ähnlichkeit seiner Architektur mit den Städten von Maya-pán, insbesondere mit Chichén Itzá in Yucatan, bestätigt die Vermutung, daß die Tolteken im 12. Jahrhundert in dieses Gebiet eingewandert waren. Ist das ausgedörrte, staubige Tula von heute identisch mit dem legendären «Tollan», von dem der Priesterchronist Bernardino de Sahagún berichtet, jener herrlichen Stadt «mit prächtigen Palästen aus grünem Jade, aus roten und weißen Muscheln», jener Stadt, «wo die Maiskolben Mannesgröße erreichten, die Baumwolle in allen Farben wuchs und seltene Vögel mit kostbarem Gefieder durch die Luft flogen...»?

Mag diese Beschreibung noch so märchenhaft klingen – inzwischen hat die Archäologie viele Bestätigungen gefunden: reich ornamentierte Wände, eine Stufenpyramide mit den Überresten eines Tempels, dessen Zugang von zwei mächtigen steinernen Schlangen, dem Symbol des Quetzalcoatl, bewacht wird; prächtig verzierte Säulen vom «Tempel der Krieger»; riesige Steinfiguren und schließlich jene bildgewordene Idee ihres rätselhaften Glaubens, die Gestalt des Gottes Chac-Mool, der seltsam starr ins Unendliche schaut und eine steinerne Schale hält, auf der das noch zuckende menschliche Herz den Göttern dargebracht wurde. Es ist die gleiche Gestalt, die sich später auch in der Hauptstadt der Azteken und tausend Kilometer weiter in Yucatan findet.

Alle hier angeführten Kulturen – und es gibt deren noch mehrere – entstanden auf mexikanischem Boden. Eine 2500jährige kulturgeschichtliche Entwicklung war den Azteken vorausgegangen und hatte ihnen ein Erbe hinterlassen, dessen Vervollkommnung und Vernichtung sich in den drei Jahrhunderten ihrer Herrschaft vollziehen sollte.

Die furchterregende Gestalt *des Chac-Mool: Er schaut blicklos in die Ferne und wendet den Kopf ab von der Steinplatte, auf der ihm die noch zuckenden Menschenherzen als Opfer dargebracht wurden.*

2 Der Bauer und seine Familie

DIE GRUNDLAGE der aztekischen Gesellschaft war der «Plebejer» oder «Untertan», wie es bei den spanischen Chronisten heißt – der *macehualli.* Er war Mitglied des Clans und Teil einer Siedlungsgemeinschaft, die auf gegenseitiger Hilfsbereitschaft beruhte; nach unseren Begriffen gesagt: Er war Bauer und Krieger, das heißt Angehöriger einer Bauernmiliz. Im Aussehen entsprach er dem allgemeinen Typ der mexikanischen Eingeborenen: gedrungene Gestalt – zwischen 1,55 und 1,65 Meter groß –, breiter Schädel, schwarze Augen, strähniges Haar. Er war ein ausdauernder Arbeiter und von früher Kindheit an gewöhnt, Lasten bis zu 30 Kilogramm fünfzehn Stunden am Tag zu tragen.

Der *macehualli* trug keinen Bart, und man weiß, daß die Mütter den Jünglingen die Barthaare auszupften oder ihnen heiße Tücher auflegten, um die Haarwurzeln zu zerstören. Cortés berichtet allerdings, daß die Tlaxcalaner «Barbiere hatten, die rasierten».

Die Frauen der Azteken waren klein, aber zäh. Sie folgten ihren Männern auf weiten Märschen und schleppten dabei nicht nur schwere Lasten, sondern trugen auch das jüngste Kind. Sie konnten sehr attraktiv sein. So heißt es beispielsweise von der jungen Indianerin Doña Marina («Die Zunge»), die den Spaniern zu ihrem Sieg über Moctezuma verhalf, daß sie eine «vortreffliche Frau... und voller Anmut» gewesen sei.

Die Kleidung war einfach und zweckmäßig und wurde auch nachts nicht abgelegt. Die Männer trugen bei der Arbeit den Lendenschurz, eine breite Stoffbinde, deren herabhängende Enden meist verziert waren. Außerdem gab es eine Art Mantilla *(tilmantli)* – heute heißt sie *manta,* ein rechteckiges Stück Stoff, das über der Schulter geknotet wurde. Ursprünglich verwebte man die grobe Faser der Maguey-Agave, später, als die Verbindung mit den tropischen Gebieten aufgenommen war, auch Baumwolle.

Das Haar trugen die Azteken entweder in einer Art Pagenschnitt – glatt herabgekämmt und vom Barbier mit einem Obsidianmesser gekürzt – oder zu einem dicken Zopf zusammengeflochten.

Ziemlich einheitlich wirkte auch die Kleidung der Frauen aus den unteren Volksschichten. Sie unterschied sich zwar nicht im Schnitt, aber in der Farbe und Musterung. Im Haus und bei der Arbeit trugen die Frauen einen knöchellangen Unterrock, der reich verziert sein konnte und durch eine poncho-artige, ärmellose Bluse, ein viereckiges Stück Tuch mit einem Schlitz zum Durchstecken des Kopfes, ergänzt wurde – eine prosaische Beschreibung für ein Kleidungsstück, das den damals 23jährigen Bernal Díaz durch seine farbenprächtige Ausgestaltung faszinierte. Wenn die Frauen unterwegs waren und wenn die soziale Stellung es verlangte, trugen sie auch leichte Sandalen. Ihr glänzendes schwarzes Haar steckten sie entweder zu einem Knoten auf oder ließen es offen herabfallen; an Festtagen wurde es mit bunten Bändern durchflochten.

Die Sprache der Azteken war das Nahuatl, das auch bei den Tolteken, Chichimeken und vielen anderen Stämmen gebräuchlich gewesen war und sich durch die Azteken schließlich im Süden bis nach Nicaragua verbreitete. Nach der Konquista wurde es zur *lingua franca* von Mexiko; die Spanier glichen es ihrer Orthographie an, und die Kirche verbreitete es durch ihre Schriften.

Das Nahuatl wird noch heute in Mexiko gesprochen. Es gibt Bücher und Schallplatten mit Nahuatl-Liedern, und gelegentlich verwenden es führende Mexikaner sogar als Umgangssprache. Es ist sehr bildhaft und wie geschaffen, poetische Gefühle auszudrücken. Die ersten Spanier fanden zwar das Suffix «tl» sehr verwirrend, aber die Wissenschaftler des 17. Jahrhunderts bezeichneten das Nahuatl als klar, wohlklingend und formenreich.

Die Frauen *kleideten sich sehr würdevoll, wie diese kleine aztekische Steinplastik zeigt. Sie trugen vielfältig gemusterte farbige Unterröcke und darüber ein reichverziertes, rechteckiges Tuch, das sogenannte «huipil». In ihr langes glänzendes Haar flochten sie bunte Bänder ein.* ▶

Die Kleidung der Azteken:
*Die Landbevölkerung trug einen Lendenschurz und eine Art Poncho; sie ging meist barfuß.
Wer in einen höheren sozialen Rang aufstieg, trug reicher verzierte Gewänder und Sandalen. Diese Zeichnungen stammen aus dem Codex Florentino, einer Bilderfolge, die von aztekischen Künstlern für Bernardino de Sahagún geschaffen wurde.*

Es entspricht der Erdverbundenheit des aztekischen *macehualli* und enthält alle Wörter und Unterscheidungsmöglichkeiten seiner täglichen Bedürfnisse. Der einfache Mann kümmerte sich nicht um die Bedeutung einer Vorsilbe, um Deklination oder Konjugation. In den Calmecac-Schulen von Mexico-Tenochtitlán jedoch bemühte man sich um eine korrekte Sprachform, und jene Gewährsmänner, die den Spaniern bei der Abfassung ihrer Berichte halfen, beherrschten zweifellos die Grammatik des Nahuatl.

Der Gemeinschaft, nicht dem Individuum, gehörte das Land, und die meisten Entscheidungen wurden durch Volkswahl getroffen. Der Indianer wurde in die Sippe oder das *calpulli,* eine Einheit verwandter Familien mit gemeinsamem Siedlungs- und Ackerland, hineingeboren. Ein verheirateter Mann erhielt sein Stück Feld direkt vom Clan. Niemand hatte einen Eigentumsanspruch auf das Land, das er bearbeitete; er durfte es nur nutzen. Starb er ohne Kinder, vernachlässigte er den Boden oder wurde er von seiner Sippe «ausgestoßen», fielen seine Äcker an den Clan zurück. Manche Clans handhabten diese Belehnungen so korrekt, daß sie die Größe und Lage des Feldes und den Namen des Nutzers bilderschriftlich auf Papier *(amatl)* festhielten. Ursprünglich gab es, diesen Bilderdokumenten zufolge, sieben *calpulli;* nach der Gründung des Inselstaates Tenochtitlán erhöhte sich ihre Zahl auf zwanzig.

Jeder dieser Clans besaß außerdem auf dem Festland Grund und Boden, wenn auch anfangs nur in ganz bescheidenem Ausmaß. Ein *calpulli,* das kein Land besaß, legte sich *chinampas,* die sogenannten «schwimmenden Gärten», an, aus Schilfrohr geflochtene Körbe, etwa 2,5 Meter im Durchmesser, die mit Erde und Zweigen gefüllt und in seichtem Wasser verankert wurden. Die Ränder bepflanzte man mit schnell wachsendem Weidengesträuch, dessen Wurzeln das Geflecht durchdrangen, und so wuchsen diese *chinampas* im Seegrund fest. Auf diese ziemlich mühselige Weise konnte ein *calpulli* seinen Ertrag und seinen Grundbesitz in bescheidenem Maße vergrößern. Schließlich aber brachten die Feldzüge genügend Land ein, das proportional unter den Sippen aufgeteilt wurde. Die aztekischen Clans waren zwar keine so strenge Organisation wie das System der *ayllu* bei den Inka, aber doch konsequent auf der gesellschaftlichen Einheit der *calpulli* aufgebaut. «Die mexikanische Gesellschaft», erklärt der amerikanische Archäologe George C. Vaillant, «lebte für das Wohl des Stammes, und man erwartete von jedem Mitglied, daß es seinen Beitrag zur Erhaltung der Gemeinschaft beisteuere.»

Ein in die Sippe hineingeborener Indianer konnte weder sein Sippenrecht noch seinen Anspruch auf das ihm und seiner Familie zustehende Land verlieren; lediglich im Falle eines Verbrechens oder einer asozialen Handlung konnte der Häuptling ihm seine angestammten Rechte absprechen.

Ein Mann war mit zwanzig, ein Mädchen mit sechzehn Jahren heiratsfähig. Ein Verbot, unverheiratet zu bleiben, wie es die Inka hatten, bestand bei den Azteken nicht. Eine ältere Frau spielte meist die Heiratsvermittlerin. Sie trug die Braut auf dem Rücken in das Haus des Bräutigams zum Hochzeitszeremoniell. Schweigend saßen die Familienmitglieder und der Sippenhäuptling auf ihren Matten und hörten die langatmigen Festesformeln – «Hier sind wir versammelt...» – an, während das Rauschgetränk Pulque *(octli)* immer wieder nachgeschenkt wurde.

Nach den Festreden setzten sich Braut und Bräutigam nebeneinander auf die geflochtene Bastmatte. Sie knoteten die Enden ihrer Mäntel *(tilmantli)* zusammen und galten damit als verheiratet («zusammengeknüpft»). Ob sich das junge Paar dem Clan der Frau oder dem des Mannes anschloß, blieb dem einzelnen überlassen.

Die aztekische Frau besaß gewisse Rechte, wenn auch in begrenzterem Maß als der Mann. Sie konnte persönliches Eigentum besitzen, konnte sich bei schlechter Behandlung sogar scheiden lassen und eine neue Ehe schließen. Auch eine Witwe durfte wieder heiraten, allerdings nur innerhalb der

Die Eheschließung *wurde vollzogen, wenn die Braut etwa 16, der Mann 20 Jahre alt war. Als Heiratsvermittler fungierten alte Frauen, die die Braut in der Hochzeitsnacht auf ihrem Rücken ins Haus des Bräutigams trugen. Das Paar nahm auf einer Matte Platz und knüpfte zum Zeichen der vollzogenen Eheschließung die Enden seiner Mäntel zusammen, während die Familienältesten lange Festansprachen hielten. (Aus dem Codex Mendoza.)*

Sippe ihres Mannes. Kinderlosigkeit war für die Frau das schlimmste Verhängnis und für den Mann unweigerlich ein Scheidungsgrund.

Nach der Hochzeit bauten sich die Eheleute ihr eigenes Haus; in den Dörfern waren es einfache, strohgedeckte Hütten, deren geflochtene Wände mit Lehm verschmiert und bemalt wurden, so wie man sie heute noch in der gemäßigteren Zone des Anáhuac-Tals finden kann. Die Grundform des *macehualli*-Hauses lag auch den großen aztekischen Tempeln und Palästen zugrunde. Innerhalb der Stadt baute man mit luftgetrockneten Lehmziegeln, verputzte die Mauern und bemalte sie.

Leider wissen wir über die Häuser der Azteken nur sehr wenig, da sie den Zerstörungen der Konquista zum Opfer fielen. Während man in Machu Picchu oder Ollantytambo in Peru die Entwicklung des *cancha*-Typs der Eingeborenenhäuser bis zum glanzvollen Inka-Palast verfolgen kann, blieben in Mexiko nur die Monumentalbauten, die Tempel-Pyramiden und Ballspiel-Anlagen erhalten; das Zwischenglied zwischen Bauernhütte und Tempel, das einfache Stadthaus, ist hier verschwunden.

Das Innere des Hauses war in Küche und Schlafwohnraum unterteilt. Genauen Aufschluß darüber gibt das Fragment eines aztekischen

Codex, der den Stammbaum der *tlatoani,* der erblichen Häuptlinge von Azcapotzalco, enthält. An dem einen Ende des Hauses befand sich die Feuerstelle. Sie bestand aus groben, in gleichmäßiger Höhe in den Lehmboden eingelassenen Steinen, zwischen die das Brennholz gelegt wurde. Es gab weder Abzugskamine noch Fenster; der Rauch zog durch das Strohdach ab. Nachts ließ man das Feuer weiterglimmen, und am Morgen wurde es von den Frauen durch kräftiges Blasen wieder angefacht.

Vor Tagesanbruch ertönte der Weckruf der hölzernen Trommeln aus den großen Tempeln und pflanzte sich, von den kleineren *teocalli* aufgenommen, durch die ganze Stadt fort. Wenn Venus, der Morgenstern, gegen vier Uhr früh am Himmel erschien, begann das Tagewerk, und die Schneckentrompeten der Priester verstärkten den allgemeinen Lärm zur Begrüßung des neuen Tages. In den Häusern wurden die Feuer angefacht, und bald stiegen allenthalben dünne Rauchfahnen in den wolkenlosen Himmel.

Die Männer begaben sich zum Dampfbad, schütteten Wasser auf die erhitzten Steine, schritten durch den Dampf und kühlten sich anschließend

Das Dampfbad *am frühen Morgen gehörte zum Ritual des täglichen Lebens der Azteken. Die zementierte Steinhütte befand sich meist unmittelbar neben dem Haus.*

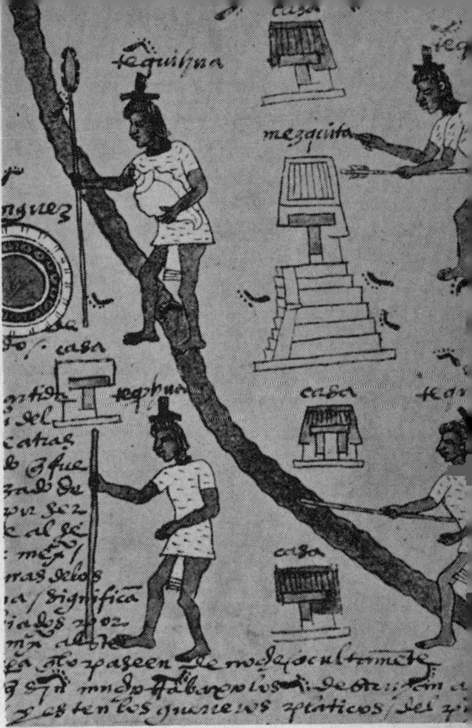

Die Häuser *der einfachen Bevölkerung bestanden aus lehmverstrichenem Flechtwerk. Keine dieser Hütten ist erhalten geblieben, aber diese Abbildung aus dem Codex Mendoza gibt eine ungefähre Vorstellung davon. Das große Gebäude in der Mitte bezeichnet den Tempel, die Diagonale einen Fluß.*

in der Lagune ab. Ob reich, ob arm, ob hoch, ob niedrig, diesem Lebensrhythmus ordneten sich alle unter. Selbst der Herrscher Moctezuma erhob sich vor Sonnenaufgang.

Nach der Mahlzeit im Morgengrauen packten Mann und Frau den Proviant in einen Korb, den sie über die Schulter hängten, und begaben sich an ihr Tagewerk. Die einen arbeiteten auf den *chinampas,* andere fuhren mit dem Kanu zu den auf dem Festland liegenden Feldern, die sie allein oder mit den anderen Sippenangehörigen bestellten. Die häufigen Eroberungszüge der Azteken und die Notwendigkeit, Aufstände unter den neueroberten Stämmen zu unterdrücken, zwang die wehrfähigen Männer sehr oft, an Kriegszügen teilzunehmen.

Der Maisbrei für die Tortillas mußte zweimal täglich zubereitet werden, eine Arbeit, die volle zwei Stunden in Anspruch nahm. Die Körner wurden zunächst in Kalklauge getaucht, dann gekocht, geschält und auf dem Mahlstein *(metatl)* mit einer geriefelten Steinwalze zermahlen. Diese Technik der Maiszubereitung ist sehr alt; Mahlsteine gehören zu den ältesten (wie auch zu den jüngsten) Fundstücken der Archäologen. Der ungesäuerte Maisfladen wurde auf einer flachen Tonplatte gebacken. Dazu aß man Bohnen, Pfefferschoten, Fische und manchmal auch Fleisch. Außerdem zerkochte man den Mais auch zu einer Art Brei (Tamalis oder *atolli*) und würzte ihn mit Honig und Pfefferschoten.

Da es vor der spanischen Eroberung keine Rinder, Ziegen, Schweine oder Pferde gab, kannten die Indianer weder Milch noch Käse. Auch ein Nationalgetränk, wie etwa den Mate (Tee) in Paraguay, gab es in ganz Mexiko nicht, von dem Rauschgetränk *octli* oder Pulque abgesehen. Schokolade (das heißt die Kakaobohne) wurde aus den tropischen Gebieten eingeführt und blieb den begüterten Kreisen vorbehalten.

Bei allen Stämmen von Nicaragua bis Arizona einschließlich der Tempelstädte bildete der Mais die absolute Lebensgrundlage. Mochten die Tafelfreuden der Aztekenhäuptlinge noch so «exotisch» gewesen sein – wie die spanischen Eroberer erstaunt berichten –, die Grundlage der Ernährung blieb der Maisfladen. Keine andere Pflanze hat in der kulturgeschichtlichen Entwicklung jemals eine so große Rolle gespielt.

Am Nachmittag vor Sonnenuntergang kehrten die Arbeiter in ihre Hütten zurück und nahmen zwischen vier und fünf Uhr die Hauptmahlzeit des Tages ein. Als Beigabe zu den unerläßlichen Maisfladen konnte man sich vom Markt Truthühner, Enten, Wild, Bohnen oder Kürbis besorgen. Die Männer saßen beim Essen auf Schilfmatten und bedienten sich mit den Fingern aus den dargereichten Töpfen. Die Frauen aßen gesondert.

Abends erhellte ein Kienspan den Raum. Bei seinem flackernden Licht spannen und webten die Frauen oder bereiteten den Rauschtrank Pulque zu. Die Männer schnitzten Paddel für ihre Kanus, verfertigten Messer, Pfeilspitzen und Fischangeln aus Obsidian oder flochten Bastmatten – Dinge, die sie auf dem Markt gegen Lebensmittel eintauschten.

Eine Frau, die ein Kind erwartete, stand unter dem Schutz des Gottes Tezcatlipoca. Der *Codex Mendoza* enthält eine ganze Bilderfolge über Geburt, Namensgebung, Erziehung, Einzelheiten des Wickelns und den Typ der Wiege. War das Kind geboren, ließen die Eltern aus ihrem Sippentempel einen Zauberer rufen, der das etwa sechs Meter lange «Schicksalsbuch» entrollte und das Horoskop für den Säugling stellte.

Von großer Wichtigkeit war der Tag der Namensgebung. Stand er unter einem ungünstigen Stern, verschob man die Taufe auf einen späteren Zeitpunkt; denn «wer Unglück vermeidet, erfreut den glückverheißenden Gott». Was bedeutet schon ein Name? Für den Indianer alles. Bei vielen Naturvölkern ist es üblich, zwei Namen zu führen: einen für die Öffentlichkeit und einen ganz persönlichen, den nur die engsten Angehörigen gebrauchen, und auch nur selten, aus Furcht, er könne seine Kraft verlieren,

Göttin der Erde und der Geburt, *Jadesteinfigur der Göttin Tlazolteotl, dargestellt im Augenblick der Geburt. Mutterliebe und Kinderreichtum spielten eine wichtige Rolle im Leben der Azteken.*

wenn er zu oft genannt wird. Einen Sterbenden versuchte der Medizinmann mit diesem persönlichen Namen ins Leben zurückzurufen. Die Knaben wurden nach ihrem Vater oder Großvater benannt, etwa «Rauchender Gipfel» *(Chimal-popoca)*, «Obsidianschlange» *(Itzcoatl)* oder «Sprechender Adler» *(Quauhtlatoa)*. Die Mädchen hießen höchst poetisch nach Blumen, Sternen oder Vögeln, etwa «Ibis» *(Atototl)*, «Grüne Blume» *(Matlal-xochitl)* oder «Regenblume» *(Quiauh-xochitl)*.

Für die Knaben wurde im Sippenhaus eine Art Schule abgehalten, die der Leitung eines Meisters unterstand. Als Lehrer fungierte entweder ein berühmter Krieger oder einer der Sippenältesten, von denen die Knaben die Mythen ihres Volkes, die verschiedenen Rituale und vor allem das Kriegshandwerk lernten.

Im großen und ganzen aber lag die Erziehung des Kindes in den Händen der Eltern. Aus dem *Codex Mendoza* geht hervor, daß der Knabe mit drei Jahren täglich eine halbe Mais-Tortilla essen durfte; dem Dreizehnjährigen standen täglich zwei Stück dieser etwa tellergroßen Maisfladen zu. Man hängte dem Knaben einen kleinen Schultersack um den Hals, dessen Last man monatlich erhöhte, bis er lernte, wie sein Vater an die dreißig Kilogramm zu tragen. Man unterwies ihn im Fischen und Pflanzen, er baute Kanus, sammelte Binsenhalme, webte *petlatli*, verfertigte Sandalen. Auch verschiedene Arten von Strafen sind uns in der Bilderfolge überliefert: Man stach das Kind mit einem Agavendorn in die Hand, bis das Blut kam, oder man hielt ihm den Kopf über das rauchende Feuer, offenbar mit den entsprechenden Belehrungen und Anmerkungen, wie die gemalte Zunge vor dem Gesicht des Vaters beweist.

Die heranwachsenden Mädchen trugen die gleiche Kleidung wie ihre Mütter. Mit sechs Jahren lernten sie spinnen, mit acht Jahren fegten sie den Fußboden und durften – wie aus dem *Codex Mendoza* hervorgeht – täglich eineinhalb Maisfladen essen; mit dreizehn konnten sie die Tortillas schon selbst zubereiten.

Die aztekische Gesellschaftsform beruhte auf alten, durch Tradition diktierten moralischen Begriffen, die durch Sitte und Autorität der Eltern weitervererbt wurden. Die Azteken verstanden ihre Tugend im gleichen Sinn wie die alten Römer. Und wenn auch durch Zeit und Raum voneinander getrennt, könnte für die Azteken wiederholt werden, was von den römischen Bauern-Soldaten gesagt worden ist: «Unablässige Arbeit ist das Los des Bauern; denn die Jahreszeiten richten sich nicht nach dem Menschen... Zufälligkeit des Wetters und Seuchen mögen ihm schaden, er muß sich damit abfinden und geduldig sein... Gewohnheit ist die Ordnung seines Lebens... das Leben der Felder ist sein Leben... für ihn ist das aus der Erfahrung erwachsene Wissen mehr wert als spekulative Theorie. Seine Tugenden sind Rechtschaffenheit und Sparsamkeit, Vorbedacht und Geduld, Fleiß, Ausdauer und Mut, Selbstvertrauen, Einfachheit und Demut angesichts dessen, was größer ist als er.»

Erziehung der Kinder *von 11 bis 14 Jahren: links die Knaben, rechts die Mädchen. Das jeweilige Alter ist aus der Anzahl der Punkte ersichtlich, neben denen die täglich zugemessene Menge Maisfladen (tortillas) aufgezeichnet ist. 11 Jahre: Bestrafung durch Einatmen von Pfefferdämpfen. 12 Jahre: Ein Knabe wird zur Strafe nackt auf die heißen Steine des Dampfbades gelegt; das Mädchen muß unter den Augen der Mutter den Boden fegen (das dunkle Kreissegment zeigt die Nacht an). 13 Jahre: Der Knabe trägt Binsen und stakt ein Kanu; das Mädchen bäckt Maisfladen. 14 Jahre: Der Knabe lernt fischen; das Mädchen wird von seiner Mutter im Weben unterwiesen.*

un tortilla y media
esta pintura significa la noche
una tortilla y media
dos tortillas
dos tortillas
dos tortillas
tortillas
comal
olla

3 Arbeit, Spiel und Krieg

IM MITTELPUNKT des aztekischen Lebens stand die *milpa,* das Maisfeld. Von keiner anderen Zivilisation könnte man behaupten, daß sie – wie die aztekische – auf dem Anbau einer einzigen Pflanze beruht. Die Völker des Mittleren Ostens, Assyrer, Sumerer, Ägypter, bauten schon seit 3000 v. Chr. die verschiedensten Hülsenfrüchte an, Erbsen, Linsen, Wicken, die sich infolge ihres hohen Proteingehalts in Steppengebieten besonders gut einlagern lassen. Getreide, wie beispielsweise Weizen, wurde in Indien seit der mesolithischen Zeit kultiviert. Weizen, Gerste, Roggen, Hirse waren allen Völkern Mesopotamiens bekannt. Keine dieser Zivilisationen beruhte, wie im Falle von Mexiko oder Yucatan, auf dem Anbau einer einzigen Pflanze.

Die Ägypter beispielsweise kannten, wie aus dem Harris-Papyrus (XX. Dynastie, etwa 1200 v. Chr.) hervorgeht, mehr als dreißig verschiedene Brotsorten – die Azteken nur eine. Die Kost der Ägypter war vielfältig: Erbsen, Linsen, Wassermelonen, Artischocken, Lattich, Endivien, Rettich, Zwiebeln und Lauch. Sie hatten Rindfleisch, Honig, Datteln, Milch, Käse und sogar Butter, Nahrungsmittel, die den Azteken bis 1525 völlig fremd waren.

a *b* *c*

Das Maisfeld, *die milpa, steht im Mittelpunkt des aztekischen Lebens. Der* Codex Florentino *gibt eine Vorstellung vom Maisanbau: a) die Körner werden in Erdlöcher eingesenkt; b) die Saat ist aufgegangen, die Erde wird angehäufelt; c) der Mais reift, und die Kolben werden geerntet.*

Da die Bewohner Mexikos den Mais als einzige Getreideart kannten, spielte er begreiflicherweise im Ritual wie im täglichen Leben eine große Rolle. Über die Herkunft des Maises sind sich die Botaniker nicht einig. Einige halten Mexiko für seine Heimat, andere behaupten, der Mais komme aus Südamerika. Schließlich einigte man sich, «eine Verbreitung der frühen Formen von einem unbekannten Zentrum aus nach allen Richtungen hin» anzunehmen.

Die Art des Maisanbaus ist dreitausend Jahre lang unverändert geblieben. Die *milpa* der Azteken lagen meist einige Meilen von den Siedlungen entfernt. Mußte der Ackerboden erst gerodet werden, fällte man die Bäume mit axtförmigen Steinbeilen, verbrannte das Unterholz und mischte die Asche mit in den Boden, den man mit einem Grabstock bearbeitete. Größere Bäume ließ man verfaulen und zu Humus werden. Im März steckte man die Maiskörner in etwa zehn bis dreizehn Zentimeter tiefe Löcher. In den gemäßigten Zonen säte man Bohnen und Kürbis *(Cucurbita)* etwa um die gleiche Zeit und ließ sie im Schutz des schneller wachsenden Maises heranreifen. Der April brachte gewöhnlich Regen; ließ er auf sich warten, opferte man Tlaloc, dem Regengott.

Fast jeder der achtzehn aztekischen Monate hatte seine bestimmten Kulthandlungen, die mit dem Wachstum und der Ernte des Maises in Verbindung standen. Zur Zeit der Reife, im Juli, feierte man die Göttin des jungen Maises, im August brachte man der Göttin des reifen Maiskorns ein Opfer zur Verhütung des Regens dar, damit die Pflanzungen nicht weggeschwemmt werden sollten.

a *b* *c*

Amarant *diente vorwiegend zeremoniellen Zwecken: a) die Schößlinge werden abgepflückt; b) gebündelt und die Wurzelstöcke herausgezogen; c) Wurzelstöcke und getrocknete Schößlinge werden in Krüge eingelegt. Im alten Griechenland schrieb man dem Amarant besondere Heilkräfte zu.*

Was brachte dies alles den Indianern nun an Ertrag? Eine aztekische Familie erntete jährlich rund 200 Scheffel, also etwa 11 200 Pfund Mais. Zur Bearbeitung des Bodens, zum Pflanzen, Jäten und Ernten, wandte der Azteke mit Hilfe seiner Frau und vier halberwachsenen Kindern ungefähr 200 Tage auf. Da er auf dem Maisfeld gleichzeitig auch Bohnen, Kürbisse und Melonen anbaute, erhöhte sich sein Ertrag bei gleichbleibendem Arbeitsaufwand. In den 165 Tagen, die der Bauer nicht auf seinem Feld verbrachte, konnte er sich – falls er nicht Kriegsdienste leisten mußte – anderen Beschäftigungen widmen, wie beispielsweise der Herstellung von Schilfmatten, Bastsandalen, Kanus oder Waffen, die er auf dem Markt für Tauschzwecke brauchte.

Die Kartoffel, von der sich das halbe prähistorische Südamerika ernährte, lernten die Azteken erst durch die Spanier kennen. Sie kannten zwar eine Art süßer weißer Kartoffeln, die jedoch nur in den wärmeren Tälern unterhalb von 1800 Metern gediehen und in der Ernährung keine große Rolle spielten.

Die Bodenbearbeitung und der Maisanbau wurden gemeinschaftlich durchgeführt. Die Mitglieder der Sippe halfen einander, und war ein Bauernkrieger in den Kampf gezogen, wurden seine Felder von den anderen Sippenangehörigen mitbestellt. Obwohl die Zahl der bebauten Felder recht beachtlich erscheint, spielte die Landwirtschaft und vor allem die Bodenbearbeitung bei den Azteken keine so große Rolle wie bei den Inka, die regelrechte Terrassen an den Hängen der Anden anlegten und als Düngemittel Guano und Lamamist verwendeten. Die Azteken verwendeten nur menschliche Fäkalien, kannten keine besondere Bewässerungstechnik, wie etwa die Inka, und keine Regenwasserspeicher. Die Abhängigkeit der Azteken von den Niederschlägen ist einer der Hauptgründe ihrer ständigen Kriege: da sie sich ausschließlich von der Gunst des Regengottes abhängig fühlten, mußten sie ihm immer wieder Menschenopfer bringen. Und dazu brauchte man Gefangene...

Da die Azteken keine Geldwährung kannten, mußten die Steuern in Form von Dienstleistungen entrichtet werden. Der Stammesrat verteilte das Land unter die einzelnen Clans, deren Anführer jeder Familie ihren entsprechenden Anteil zuwiesen. Der Ertrag bestimmter Gebiete stand dem Vorsteher der Tempelgemeinschaft zu oder diente als Kriegsvorrat und Tributzahlung. Andere Teile dieses «Kollektiv»-Landes, einer Art Allmende, wurden gemeinschaftlich bearbeitet; den Ertrag beanspruchte der Zentralstammesrat. Die Vorräte dienten zur Erhaltung des Kultwesens, des Krieges, des «Königs» und seines steuerfreien Gefolges (Priestern, Soldaten, Handwerkern, Konkubinen, Wächtern des königlichen Vogelhauses) und schließlich für alle möglichen anderen Belange des Staates.

Eine Seite aus Moctezumas Tributrolle. *Die Azteken eroberten die Gebiete anderer Stämme und legten ihnen Tributzahlungen auf. Zur Zeit Moctezumas gab es 371 tributpflichtige Städte und Dörfer. Diese 1535 kopierte Rolle ist nur ein Beispiel von vielen. Links sind die Bildzeichen der tributpflichtigen Dörfer (die Namen fügte der spanische Kopist hinzu), rechts die abzugebenden Objekte verzeichnet: zweimal jährlich sechs Garnituren von Mänteln für Würdenträger, Tuniken und Röcken für Frauen (die Feder bedeutet: 400 Federn müssen bei jedem Gewandstück verarbeitet sein; zwei Federn bedeuten entsprechend 800); einmal jährlich ein lebender Adler, zwei Kriegsgewänder und zwei Schilde; vier Kästen Maiskörner.*

Außer zu Naturalabgaben, die in die Zentralkornspeicher wanderten und über die ein Verwaltungsbeamter des «Ersten Sprechers» genau Buch führte, wurde die Sippe auch zu Dienstleistungen bei der Errichtung öffentlicher Gebäude herangezogen. Unter der Anleitung von Baumeistern, die selbst keine Steuern zu zahlen brauchten, wurden Dämme, Wasserleitungen und Straßen gebaut. Auch der «König» der Azteken besaß Grund und Boden, zu dessen Bearbeitung die verschiedenen Sippen abwechselnd verpflichtet waren und dessen Ertrag in die Zentralspeicher floß. Die Vorräte dienten nicht nur zur Ernährung der herrschenden Klasse, sondern auch zur Bezahlung gewisser Facharbeiter und nicht zuletzt als «eiserne Ration» für den Fall von Mißernten. Die Tatsache, daß Rechnungsbücher geführt werden mußten, halten einige Archäologen für einen mitbestimmenden Anlaß zur Erfindung der Schrift.

Die Herstellung von Textilien war ausschließlich die Domäne der Frauen. Sie sammelten die Fasern, präparierten sie, spannen, färbten und ver-

Das Weben *war die Aufgabe der Frau. Wie alle Tätigkeiten, hatte auch die Weberei ihre eigene Göttin (Xochiquetzal) und ihre besonderen Vorschriften. Die Baumwolle wurde mit einer Spindel, die auf einer Tonschale auflag, gesponnen (rechts). Der primitive Handwebapparat wurde mit dem Kettbaum an einem Ast oder einem Pflock festgebunden, den Brustbaum knüpften sich die Frauen hinter dem Rücken fest.*

arbeiteten das Garn. Von der Webkunst der Frauen, von den farbenprächtigen Mustern der aztekischen Textilien ist uns leider nicht mehr überliefert als die Anhaltspunkte im Tributbuch und die Dekors auf Tongefäßen und Mauern.

Der aztekische Handwebapparat war primitiv und in seiner Art mit kleineren Abweichungen in ganz Amerika bekannt. Die Weberin kauerte dabei auf dem Boden, hängte den Kettbaum an einem Ast oder Wandpflock auf und zog die Kettfäden dadurch straff, daß sie den Brustbaum mit einem Gurt um den Leib befestigte. Auf diese höchst simple Weise entstanden jene herrlichen Webereien, von denen die Konquistadoren so begeistert berichteten: «Acht junge Mädchen waren es», schrieb Bernal Díaz, «und alle waren sie in kostbare, herrlich gemusterte Gewänder gekleidet...»

Die Baumwolle wurde auf der traditionellen Spindel gesponnen, einem dünnen Holzstab von etwa dreißig Zentimeter Länge, den ein Tongewinde am unteren Ende im Gleichgewicht hielt. Die Farbe der Webmuster spielte eine entscheidende Rolle, sie war ein Symbol und eine Realität zugleich: Rot bedeutete nicht nur Blut – es *war* Blut. Schwarz war die Farbe des Krieges wie auch – im Hinblick auf die schwarzen Gewänder der Priester – die Farbe der Religion. Gelb bedeutete Nahrung, denn es entsprach der Farbe des Maiskorns; Blau hieß Opfer; Grün, die Farbe der Quetzalfedern, war das Symbol des Königs.

Die Weberin unterstand dem besonderen Schutz der Göttin Xochiquetzal und durfte alles ausdrücken, was sie empfand: Natur und Wirklichkeit dienten ihr als Vorlage, Sonne, Fische, Schnecken, Kakteen, Vogelfedern, Jaguarfelle. Geometrische Muster und stilisierte Tiere wurden zum Teil aus der bildenden Kunst übernommen.

Für sich selbst webten die Frauen die knöchellangen Röcke mit hübschen Kanten und das lose fallende, bereits erwähnte *huipil.* Sie entwickelten

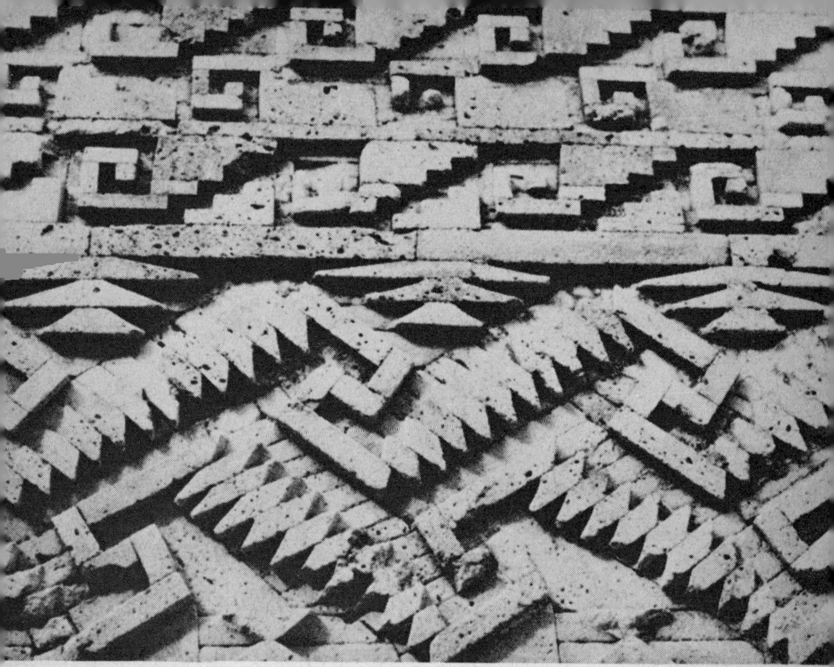

«Steingewordene Weberei»: *Dieser Ornamentfries scheint direkt von Textilentwürfen angeregt zu sein. Ein besonders gut erhaltenes Beispiel von Mitla, das noch aus der Zeit vor der aztekischen Eroberung stammt.*

dabei eine erstaunliche Kunstfertigkeit und erzielten überraschende Farbeffekte. Einer der Missionare beschreibt eines der Monatsfeste, bei dem die Frauen, besonders die prächtig gekleideten Konkubinen des «Königs», mit den Soldaten tanzten: «...und alle waren prächtig herausgeputzt; sie trugen wunderschön gearbeitete Röcke und hübsche *huipilli.* In die Röcke waren Muster von Herzen, Fischen, Spiralen oder Blättern eingewebt; manche Stoffe waren ungemustert, aber alle hatten Borten, Säume und Fransen... Die Blusen waren entweder grau oder schwarz gestreift und zum Teil mit dunkelfarbigen Fisch- oder Hausornamenten verziert...»

Die Töpferwaren gehörten wie die Webkunst und der Hausbau zu den Kulturgütern der Azteken. Jeder einzelne verstand sich auf die Herstellung von Tongefäßen, und seien es die einfachsten Schalen für den eigenen täglichen Gebrauch. Diese Selbstgenügsamkeit faszinierte Aldous Huxley auf seinen Reisen in Mexiko mehr als alles andere und ließ ihn immer wieder die «Universalität der Primitiven» preisen. In der Töpferei sah er die Bestätigung

Die aztekischen Töpferwaren *reichen von den einfachsten Gebrauchsgefäßen bis zu den kunstvollsten Keramiken. Oben rechts: Dreifüßiges Gefäß aus Teotihuacán mit eingeritztem rot-weißem Dekor. Unten rechts: Schale aus Azcapotzalco mit schwarzem Ornament auf gelblichem Grund. Unten links: «Cajete» mit geritztem Grund zum Zerreiben der Pfefferschoten. Oben links: Späte aztekische Arbeit mit Spiralenmuster.*

dafür, daß «ein Primitiver gezwungen ist, ein Universalgenie zu sein – ein Mensch, der imstande sein muß, sämtliche innerhalb einer Gemeinschaft erforderlichen Fertigkeiten auszuüben... Wenn er das nicht kann, geht er zugrunde.»

Besonders berühmt waren die roten und schwarzen Keramiken von Cholula. Man betrieb die Töpferei ursprünglich als «Heimarbeit», soweit die Feldbestellung dazu Zeit ließ. Schließlich, als sich ein regelrechter Berufsstand daraus entwickelt hatte, wurde auch eine Töpfergilde gegründet. Die Gebrauchskeramik war grobkörnig, sehr widerstandsfähig und diente als Kochgeschirr, wie beispielsweise die dreifüßigen Töpfe, die Platte zum Backen der Tortilla *(cumal)*, die Reibeschalen für Pfefferschoten und Trinkbecher für den Pulque. Die dünnwandigen Keramiken, die man in den Gräbern fand, waren von vornherein als Beigaben für die Toten bestimmt.

Außer Töpfen, Pfannen, Schalen und Trinkbechern verfertigte man Spindelstöcke und Spindelgewinde, kleine Tonpüppchen mit beweglichen Armen als Kinderspielzeug. Auch die verschiedensten Götterfigürchen – Symbole der Fruchtbarkeit, des Maises usw. – wurden nach Modellen in großen Mengen angefertigt und auf dem Markt eingetauscht. Der Bauer stellte sie als eine Art Amulett in seiner Hütte auf oder grub sie mit Beschwörungssprüchen und Gebeten in sein Maisfeld ein.

Der Markt der Azteken versetzte die Spanier in Erstaunen. «Als wir auf dem großen Marktplatz ankamen», heißt es in einem der Berichte, «waren wir überrascht von der großen Menschenmenge, von der Vielfalt der Waren und der guten Ordnung und Aufsicht, die hier herrschten...» «Es finden sich dort mehr als 60 000 Menschen täglich zusammen», berichtet Hernando Cortés, «die tauschen und verkaufen... Der Platz ist zweimal so groß wie

Der Markt, *wie die Azteken ihn gekannt haben müssen: Die Tonplastik zeigt den Dorfplatz eines taraskischen Stammes mit zahlreichen Figuren; im Vordergrund eine Indianerin, die Mais für Tortillas verkauft; links Frauen bei der Küchenarbeit.*

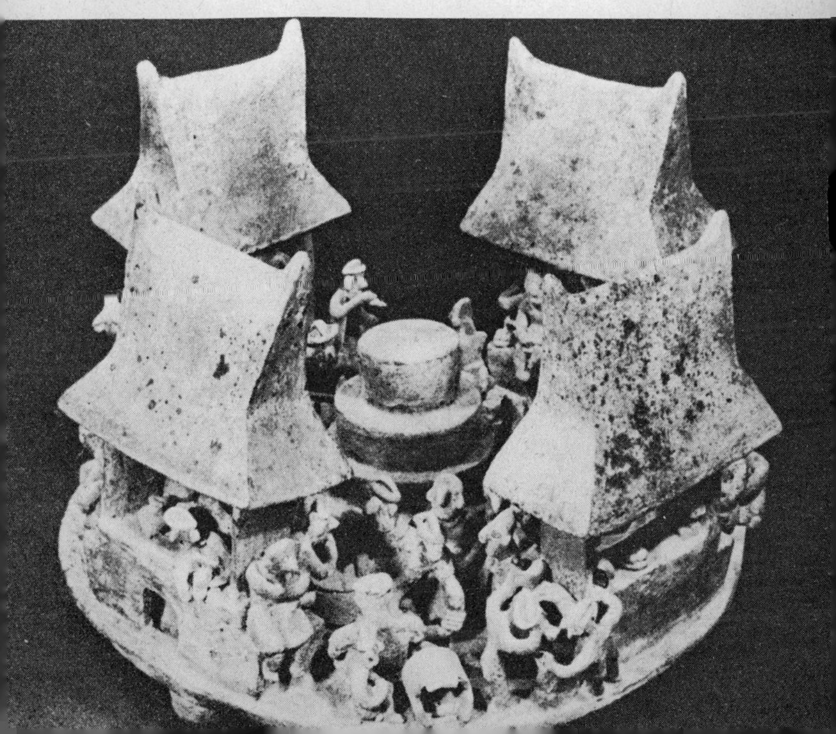

Salamanca..., alle Arten von Waren werden verkauft... Da gibt es eine Straße für den Verkauf von Wild (Rebhühnern, Truthühnern, Wachteln, Tauben, Papageien, Eulen, Falken)..., eine Straße für Gewürze, Wurzeln und Heilkräuter..., Verkaufsstände der Apotheker, in denen sie ihre Arzneien feilbieten... Da gibt es Barbierläden, wo man sich die Haare waschen und schneiden lassen kann...»

Auch Bernal Díaz zählt in seinen Berichten immer neue Dinge auf: «Indianische Sklaven, Männer und Frauen, die man auf den Markt zum Verkauf brachte, wie die Portugiesen die Neger aus Guinea, in langer Reihe mit einem Halsband aneinandergebunden. Andere Händler verkauften große Mengen Baumwolle...» Lebhafte Nachfrage herrschte auch nach Bast, Stoffen und Sandalen. Cortés beschreibt die verschiedenen angebotenen Tierhäute und die «sehr qualitätvollen» Töpferwaren, während sein Gefährte das zum Verkauf stehende «Papier» erwähnt, «das man hierzulande *amatl* nennt, ferner das mit flüssiger Ambra getränkte Duftrohr, Tabakblätter, Cochenille-Farben.»

Da gab es «Gold- und Silberhändler (was in Peru unmöglich gewesen wäre, da dort alle Metalle dem Herrscher der Inka gehörten) und Händler, die kostbare Steine, Federn und Mäntel verkauften...» Trotz dieses bunten Treibens herrschte mustergültige Ordnung. «Nur leises Summen erhob sich über dem Platz», heißt es bei George C. Vaillant, «kein Schreien und Anpreisen wie oft auf europäischen Märkten. Das Feilschen um Waren ging gedämpft und ruhig, trotzdem nicht weniger intensiv vor sich. Zwischen der Menge gingen Krieger auf und ab, die als Polizisten fungierten. Wenn sich Meinungsverschiedenheiten ergaben, schleppten sie die Streitenden vor ein Gericht.» Es befand sich unmittelbar neben dem Markt in einem großen Gebäude, von dem Cortés an seinen kaiserlichen Herrn, Karl v., nach Spanien berichtete «Ein sehr schönes Haus steht auf dem großen Platz und dient als eine Art Polizeigebäude. Zehn bis zwölf Personen halten dort ein Schnellgericht ab, das alle aus dem Marktbetrieb erwachsenden Streitigkeiten sofort schlichtet und die Übeltäter verurteilt.»

Der aztekische Markt, auf dem auch Tributgüter gehandelt wurden, entwickelte sich wohl ganz folgerichtig aus dem Tributsystem und wurde schließlich zu einer regelmäßigen Einrichtung. Alle sechs Monate brachten 371 Tributstädte ihre Abgaben in solcher Vielfalt und Menge ein, daß man zur Kontrolle sorgfältig geführte Rechnungsbücher anlegen mußte.

Im Anschluß an den Markt fanden die Feste statt. Es gab so viele Anlässe dazu, daß den spanischen Konquistadoren das Leben der Indianer als eine Kette von Festen erschien und man noch heute die rein weltlichen, ausgelassen fröhlichen Feste kaum von den zeremoniellen religiösen Feiern unterscheiden kann.

Zeremonieller Kannibalismus, *von einem mexikanischen Eingeborenen nach der Eroberung aus seiner Phantasie heraus dargestellt. Die Frage, inwieweit wirklich Menschenfleisch gegessen wurde, ist nicht geklärt; man weiß nur, daß die Priester als symbolische Handlung gelegentlich – möglicherweise auch nur andeutungsweise – Menschenfleisch verzehrten.*

Wie alle anderen «fortschrittlichen» Stämme, besaßen die Azteken einen Kalender, der in achtzehn Monate mit jeweils bestimmten Festen und Kulthandlungen unterteilt war. Der erste Monat hieß Atlcoulaco («Mangel an Wasser»), der zweite Tlacaxipeualiztli (die «Knochenwerdung des Menschen»), eine Abfolge von sechzehn Festtagen, an denen die Priester feierliche Prozessionen veranstalteten. Einem geweihten Menschenopfer, das als Repräsentant des Gottes Xipé galt, riß man die Haut ab und zog sie einem jungen Priester über – eine kultische Handlung, die symbolisch zum Ausdruck bringen sollte, daß auch die Erde eine «neue Haut», die frische grüne Vegetation, anlege.

Bei demselben Fest fesselte man einen Gefangenen an ein erhöhtes leiterartiges Gerüst und beschoß ihn mit Pfeilen; die Azteken nannten es «die Erde ritzen», das heißt aus dem Winterschlaf erwecken und zur neuen Aussaat vorbereiten. Der dritte Monat, Tozoztontli, begann mit einem allgemeinen «Fasten». Ließ sich der Regengott Tlaloc dadurch nicht erweichen, riefen die Priester mit ihren «Hauttänzen» erneut den Gott Xipé an. Der vierte Monat diente der Anbetung des neuen Maises; man errichtete ihm Altäre, und die jungen Mädchen weihten die Saatkörner. Der fünfte Monat (vom 3. bis 22. Mai) fiel in die Regenzeit: Man ließ den personifizierten Gott selbst an den Festen teilnehmen und brachte ihm Kinder als Dankopfer dar. Bernal Díaz schrieb: «Ich habe sagen hören, daß sie für Moctezuma das Fleisch kleiner Knaben zu kochen pflegten.» Falls dies den Tatsachen entsprechen sollte, müßte es sich um eine Art Ritual-Kannibalismus gehandelt haben.

Das wichtigste Fest des siebenten Monats (12. Juni bis 1. Juli) waren die mimischen Tänze der Salzsieder, die das Salz aus den einheimischen Seen gewannen. Im achten Monat (2. bis 21. Juli) wurde das Maisessen gefeiert, als dessen Auftakt ein schönes junges Sklavenmädchen – als Maisgöttin

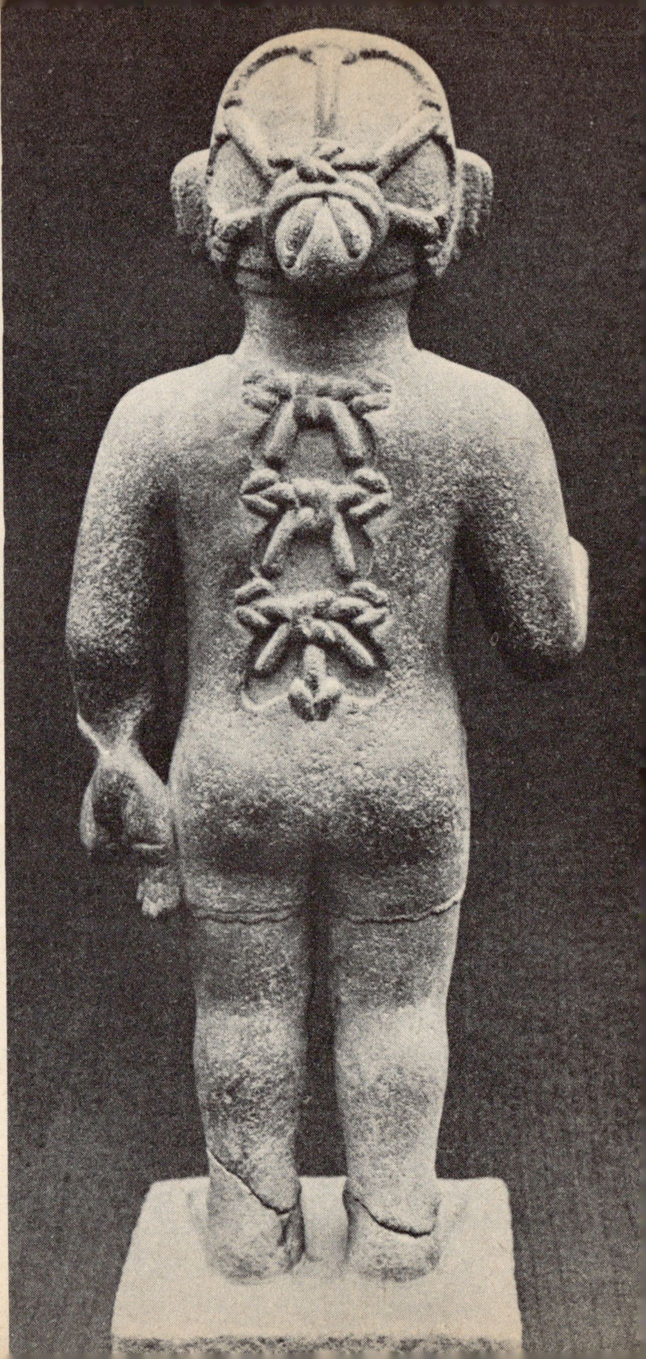

Der Gott Xipé. *Sein Körper ist mit Menschenhaut überzogen, die am Hinterkopf und auf dem Rücken säuberlich verknotet ist; am linken Handgelenk hängt ihm eine Menschenhand herab. Im zweiten Monat des aztekischen Kalenders tanzten die Priester in der abgezogenen Haut der Sakralopfer.*

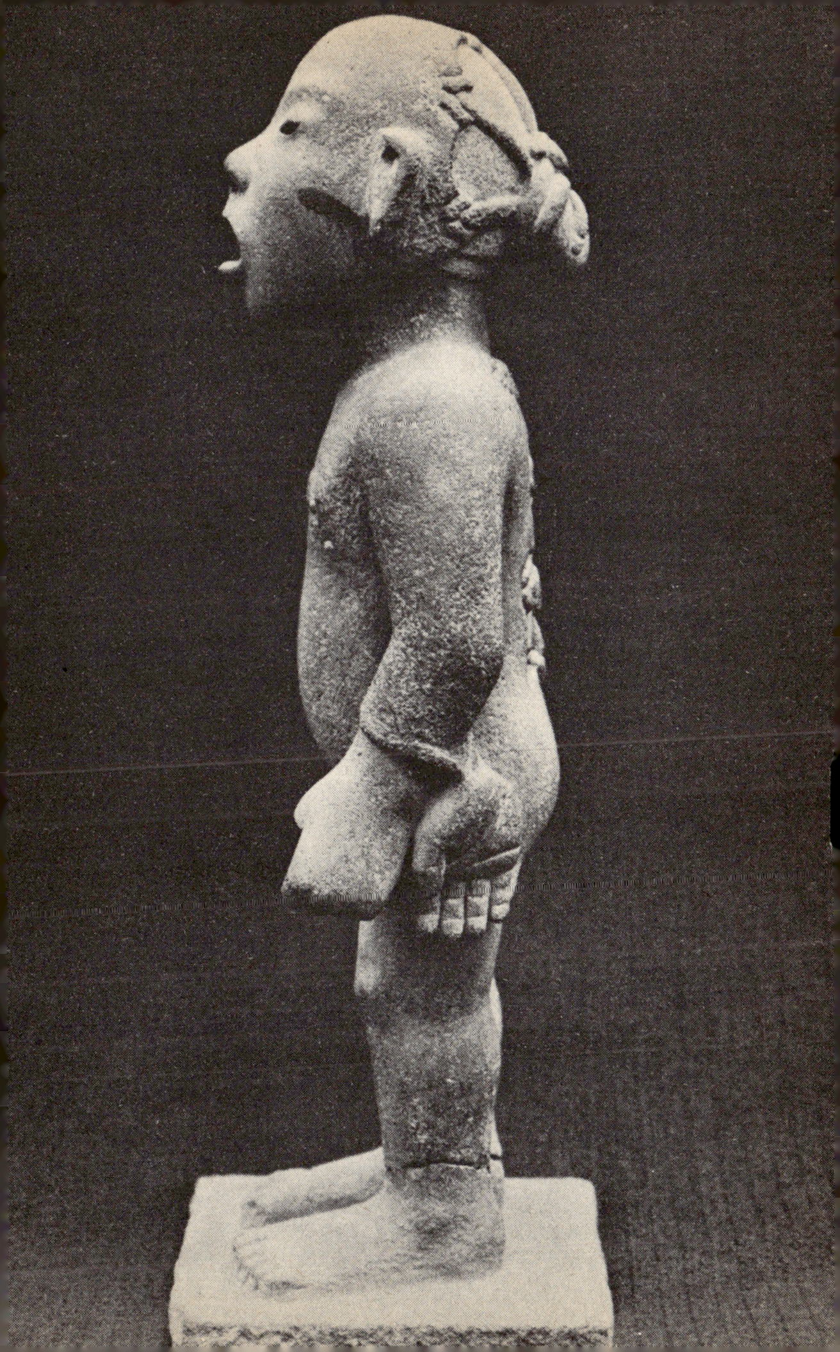

Menschenherzen *brachten die Azteken den Göttern als Nahrung dar. Als der große Tempel des Huitzilopochtli 1486 geweiht wurde, mußten angeblich 20000 Gefangene unter dem Messer des Priesters ihr Leben lassen.*

Oben: Vier Männer halten das Opfer fest, der Priester schneidet ihm das Herz heraus und hält es dem Gott entgegen. Noch zuckend wird es auf die Opferschale des Chac-Mool gelegt; der Körper des Toten rollt die Tempelstufen hinab.

Rechts: Auch von den Konquistadoren fanden einige auf dem Opferstein ein blutiges Ende. (Die Abbildung stammt von Theodorus de Bry.)

geschmückt – vom Priester geopfert wurde. Während des neunten Monats, des Tlaxochimaco («Geburt der Blumen») fanden ebenfalls mehrtägige Feste statt, bei denen ausnahmsweise Männer und Frauen miteinander tanzten; «man darf die Frauen sogar anfassen», wie ein alter Azteke erklärte. Diese Feste wurden von der aufstrebenden Klasse der Händler *(pochteca)* veranstaltet und galten der Verherrlichung ihres Schutzherrn, des Gottes Yacatecuhtli.

Im zehnten Monat feierten die Azteken den «Fall der Früchte», ein Fest, das mit strengen rituellen Opfern verbunden war. Man tanzte mit den Gefangenen, um die versammelte Volksmenge in festliche Stimmung zu bringen. Dann mußten die Gefangenen, wie Dr. Vaillant berichtet, eine Plattform besteigen; dort stäubte man ihnen *yauhtli,* ein schmerzbetäubendes Pulver, ins Gesicht, das sie für die nächsten Minuten einigermaßen empfindungslos machte. In diesem Zustand schwenkte man sie über einem lodernden Feuer, warf sie in die Glut, holte die halb Bewußtlosen wieder heraus und schnitt ihnen das Herz aus der Brust, das noch zuckend den Göttern dargebracht wurde. Anschließend versammelten sich die Festteilnehmer zum feierlichen Mahl, das man mit dem Rauschgetränk *octli* würzte, und zu dem traditionellen Wettklettern, dessen Ziel darin bestand, von der Spitze eines fünfzehn Meter hohen Mastes verschiedene Papierzeichen herabzuholen.

Auch der elfte Monat, Ochpaniztli («Monat des Besens»), von Ende August bis 19. September, brachte die üblichen Opferungen, verbunden mit einer Heerschau sämtlicher Sippen in vollen Waffen und Wappenschmuck und einem Aufmarsch der Adler- und Jaguarkrieger (in Jaguarfelle gehüllt), einer Art Orden mit besonderen Privilegien. Das Fest endete mit einem Gladiatorenkampf.

Der zwölfte Monat, Teotleco, stand im Zeichen der Rückkehr des Erdgottes (*teo* = Gott, *tleco* = Rückkehr), und die Feststimmung durfte so ausgelassene Formen annehmen, daß angeblich sogar zeremonielle Trunkenheit zur Bedingung gemacht wurde.

Der dreizehnte Monat (10. bis 29. Oktober) war Tlacoc, dem opferfordernden Regengott, geweiht. Der vierzehnte Monat brachte eine viertägige allgemeine Buße und Enthaltsamkeit. Das Panquetzaliztli («Fest der Fahnen»), das im fünfzehnten Monat zu Ehren des Kriegsgottes stattfand, begann mit Scheingefechten; «dann tanzten und sangen die Frauen», berichtet Sahagún, «später auch mit den Männern zusammen». Sie gossen sich aus Krügen Wasser über den Kopf – ähnlich wie beim Karneval in Lima –, zogen die nassen Gewänder aus, bestrichen sich Arme und Beine mit blauer Farbe und kleideten sich in *amatl* (Papier). Auch die für die Opferung bestimmten Personen kleidete man in Papier.

Während des sechzehnten Monats (9. bis 28. Dezember) regnete es normalerweise, wie schon sein Name Atemoztli («Zeit der Regenfälle») besagt.

Das Pfeilopfer *(oben): Der Gefangene wird an einer Leiter festgebunden und mit Pfeilen beschossen, bis er stachelig wie ein Igel aussieht. Diese Art der Opferung war sowohl bei den Azteken und den Pawnees als auch bei den Maya verbreitet.*

Das Fliegerspiel, *eine zeremonielle Handlung, bei der vier als Vögel kostümierte Männer, mit langen Stricken an einem Mastbaum hängend, eine Art Rundlauf vollführen. Wahrscheinlich sollte das Spiel die Illusion fliegender Vögel erwecken; es ist heute noch in entlegeneren Gebieten Mexikos verbreitet.*

Es gab wieder ein Fest, das man durch ein vorangegangenes fünftägiges Fasten einleitete.

Der siebzehnte Monat brachte – Ende Dezember – die kalten Tage. Noch einmal bemühte man sich um die Gunst des Regengottes. Die Männer stimmten in das Wehklagen der Frauen ein, die sie vorher mit strohgefüllten Säcken beworfen hatten, um die Tränen schneller auszulösen. Der achtzehnte und letzte Monat des Jahres war Izcalli, die Zeit der Massenopferungen: Man steckte die als Opfer bestimmten Frauen in *amatl* (Papier), führte sie nach Cuauhtitlán, wo auch die Kriegsgefangenen – wie bei den Pawnees in den westlichen Ebenen – an Leitern festgebunden wurden, und tötete sie mit Pfeilen.

Insgesamt umfaßte die Monatsrechnung der Azteken 360 Tage. Dann folgten die *nemontemi,* die «fünf leeren Tage» (7. bis 11. Februar). Man tat nichts..., es brannte kein Feuer, es ertönte keine Musik, es gab keinen Geschlechtsverkehr; man saß beisammen und wartete, wartete...

Die Musik der Azteken stand – wie bei fast allen Naturvölkern – in unmittelbarer Verbindung mit dem Tanz. Soweit sich aus der Überlieferung schließen läßt, lag ihr Reiz vor allem im Rhythmus und weniger im Klang.

Aztekische Musikanten, *dirigiert vom Schutzgott der Musik. Trommeln, Rasseln, ausgehöhlte Kürbisse und Schneckentrompeten geben den Rhythmus, Flöten die Melodie an (Codex Magliabecchi).*

Hölzerne Zweiton-Trommel *in Form eines Koyoten (Präriewolf). Sie wurde mit gummi-überzogenen Klöppeln geschlagen und diente vor allem als Signalinstrument. Die Musik der Azteken beruhte mehr auf dem Rhythmus und weniger auf der Melodie.*

Das läßt sich zumindest aus den Instrumenten schließen. Die große hölzerne Standtrommel wurde mit der bloßen Hand geschlagen und konnte in Lautstärke und Klang variiert werden. Dann gab es noch die kleine Trommel, die man am Hals befestigte und mit beiden Händen schlug, und die Zweitontrommel, die mit zwei gummiüberzogenen Schlegeln betätigt wurde. Ein anderes Instrument war die Schneckentrompete, die einen effektvollen, tiefen Ton ergab und frühmorgens zum Wecken verwendet wurde. Außerdem kannten die Azteken Flöten aus Ton oder Rohr (ähnlich der Panflöte), Pfeifen, Rasseln (mit Samenkörnern gefüllte Kürbisse), an den Fußgelenken festgebundene Mais- oder Muschelketten, wie man sie bei den Yaqui (aztekisch *yaque,* die «Auswanderer») noch heute kennt. Auf eingekerbten Knochen – meist menschlichen Schenkelknochen – erzeugte man eine etwa der heutigen *musica Cubana* entsprechende Musik. Entscheidend war in jedem Falle der Rhythmus, der zugleich anfeuernd und hypnotisierend wirkte, und nicht die Melodie.

Die Spiele der Azteken waren mehr als nur eine Belustigung, sie hatten rituelle und magische Bedeutung. Welche Leidenschaft ein Mensch dabei entwickeln kann, läßt sich am besten an einem Spiel verfolgen, das von Honduras bis Arizona verbreitet war: am *tlachtli.* Es begann als Ritual und endete als Sport. Niemand kann sagen, von woher es seinen Ausgang nahm. Man weiß nur, daß es die Olmeken, die in den tropischen Gebieten der Golfküste, der Heimat des Gummibaums, lebten, schon um 500 v. Chr. kannten. In ihrem Tempelbezirk von La Venta fand man einen Ballspielplatz, und ihr Name ist von dem Wort für Gummi *(olli)* abgeleitet (*Ol-mec:* «die Gummi-Leute»).

Das *tlachtli* war bei den Azteken stark «formalisiert». Es wurde auf einem von hohen Wällen umgebenen, I-förmigen Platz gespielt, in die Seitenwände waren senkrechte Stein- oder Holzringe eingelassen, die «Tore», die der Ball, eine harte, massive Gummikugel, bei einem Hauptwurf passieren mußte. Der Ball durfte nur mit den Hüften, dem Gesäß oder dem Ellenbogen berührt werden.

Trotz seiner weiten Verbreitung und Profanierung war das *tlachtli* ursprünglich ein mit tiefer Symbolik erfüllter Kultakt. In Mexico-Tenochtitlán befand sich der Ballspielplatz im heiligen Bezirk vor den Schädelgerüsten und grenzte an den Tempel der Adlerritter.

Auch ihre verschiedenen anderen Spiele bedeuteten für die Azteken eine durchaus ernstzunehmende Angelegenheit. Das ebenfalls weit verbreitete *patolli,* eine Art Brettspiel, wurde auf einem kreuzförmigen Holz- oder Papierfeld mit je sechs Kieseln als Steinen und mit Bohnen als Würfeln gespielt. Die Aufgabe bestand darin, alle Felder oder «Häuser» des Kreuzes zu durchwandern und als «Sieger» heimzukehren. Es handelt sich zweifellos um jenes Spiel, zu dem sich Cortés mit Moctezuma zusammensetzte, als er den König in seinem eigenen Palast gefangenhielt. Das *totoloque,* wie Bernal Díaz es nannte, war ein Glücksspiel und wurde mit kleinen Kügelchen und Plättchen aus Gold gespielt. Mit fünf Schlägen oder Zügen konnte man die kostbaren Goldkügelchen gewonnen oder verloren haben...

Das Ballspiel *(tlachtli) war in ganz Mexiko verbreitet. Die Tonplastik aus Tarasco zeigt ein Spielfeld mit Zuschauern an den Seiten und einem Schiedsrichter.*

Krieger oder Ballspieler: *Tonfigur aus Jalisco mit Helm und dicker Schutzkleidung; das Schlagholz könnte auf einen Ballspieler schließen lassen.*

«Patolli», eine Art Würfelspiel mit einem kreuzförmigen Spielfeld. Die Zungen über den Gestalten lassen auf eine Auseinandersetzung über den Stand des Spieles schließen. Das Spiel unterstand dem besonderen Schutz des Macuil-xochitl, des Fünf-Blumen-Gottes.

Man spielte es zu zweien, aber jeder hatte seine eigenen Punktezähler. Cortés hatte Pedro de Alvarado (den die Azteken um seines weißblonden Haares willen «die Sonne» nannten), und Moctezuma beobachtete, daß Alvarado stets mehr Punkte anzeichnete, als Cortés zustanden, und «höflich lächelnd meinte er, daß man ihn schlecht behandele, da Cortés so viel *yxoxol* mache», das heißt: so viel «schwindle».

Die aztekische Gesellschaftsform diente dem Wohl ihrer einzelnen Glieder. Diebstahl bedeutete ein Vergehen, das mit Rückerstattung gesühnt werden mußte. Auf Verbrechen, die nicht wiedergutgemacht werden konnten, stand die Todesstrafe, die Verstoßung aus der Sippe (die der Todesstrafe an Härte gleichkam) oder Sklaverei. Ehebruch wurde mit dem Tode bestraft, in welcher Form, hing ganz von den beteiligten Personen ab. Schwere Strafen drohten auch demjenigen, der den «Weg des Königs», die aztekische Straße, mißbräuchlich benützte. Wer Kaufleute beraubte, die ihrem «heiligen Geschäft» nachgingen, wurde gesteinigt. Der Handel und der «Weg des Königs» waren sakrosankt. Auch Morde wurden unweigerlich mit dem Tode bestraft.

Als schlimmste Missetaten galten Vergehen gegen die Religion. Die Plünderung eines Tempels, eine Untat, die den Zorn der Götter auslösen konnte, der Zweifel an der Kraft der Gebete und jede Art von Gotteslästerung wurden mit sofortigem Tode bestraft. Bei Hexerei, einer in allen Naturvölkern verwurzelten fixen Idee, ging der Vollstreckung des Todesurteils eine lange Folterung voraus.

Der Tod eines Menschen löste ein langes und umständliches Zeremoniell aus. Der Zauberer mußte gerufen werden und dem Sterbenden sein Bekenntnis, eine Art «Beichte», abnehmen und den Göttern versichern, daß hier ein Azteke reinen Sinnes starb. Dann bereitete man den Leichnam für das Begräbnis vor: als erstes wurde ihm ein grüner Stein in den Mund gelegt, der das Herz versinnbildlichte (er hatte nicht die Bedeutung des Obolus, den die Griechen ihren Verstorbenen in den Mund steckten, damit sie die Fahrt über den Styx bezahlen konnten). Man richtete dem Toten eine letzte Mahlzeit, stellte einen Trunk bereit und wickelte den Leichnam wie eine Mumie ein. Je nach ihrem sozialen Rang wurden die Toten entweder begraben, wie beispielsweise alle Häuptlinge, oder verbrannt. Einer der Konquistadoren entdeckte nach der Plünderung von Mexico-Tenochtitlán eine solche Grabstätte: eine sitzende Mumie mit Waffen, Schwert und Juwelen im Wert von «3000 Castellanos».

Die Abgeschiedenen gingen in den Kreis derjenigen Götter und Geister ein, die sie im Leben beschützt hatten. Die Adlerritter, im Kampf gefallene Krieger und tapfere Frauen (die man den Kriegern gleichsetzte) kamen ins Reich des Regengottes Tlaloc, der als Gott des Wassers auch die Seelen der Ertrunkenen aufnahm. Der Lebenswandel eines Menschen hatte keinen Einfluß auf seine Stellung im Jenseits. Wenn die Seele im Reich des Totengottes eintraf, wurde sie einer der neun Höllen zugeteilt. Der im Mund festgebundene Jadeitstein wurde als Pfand in der siebenten Hölle zurückgelassen.

Unterdessen mußten die Lebenden achtzig Tage lang trauern. Dabei waren eine ganze Reihe Vorschriften einzuhalten, die sowohl Nahrung und Kleidung als auch den Geschlechtsverkehr betrafen. Es mußten regelmäßig Speisen an die Urne

Aztekische Strafordnung *nach einer indianischen Zeichnung. Oben: Ein Musikant wird mit Kopfhieben bestraft und in einen Käfig gesperrt. Mitte: Für ein leichtes Vergehen spickt man den Körper des Übeltäters mit Agavenstacheln. Unten: Die Todesstrafe durch den Strang wird unter den Augen eines Richters vollzogen.*

gebracht werden, man hatte Gebete zu verrichten und aus Ohren und Zunge entnommenes Blut dem Toten zu opfern. Alles das geschah, um sich den Verstorbenen geneigt zu erhalten; seine Ungunst hätte alle Angehörigen der Sippe in Mitleidenschaft gezogen. Nach achtzig Tagen wurde das Tabu aufgehoben. Es kam jedoch vor, daß die Trauer innerhalb von vier Jahren bisweilen wiederholt wurde.

Tod und Begräbnis: *Der Leichnam wird wie eine Mumie umwickelt und mit den Dingen umgeben, die der Verstorbene im täglichen Leben gebraucht hat (Nahrungsmittel, Getränke, Kupferglocken, Waffen und ein komplettes Jaguarfell).*

4 «Einer der spricht» und sein Hofstaat

DER HERRSCHER DER AZTEKEN trug den Titel «Einer der spricht». Er wurde gewählt. So hatte William Prescott, der Geschichtsschreiber der Eroberung Mexikos, nicht ganz unrecht, wenn er diese Regierungsform als «Wahlmonarchie» bezeichnete. Land und Menschen galten nicht, wie in der Theokratie der Inka, als absolutes Eigentum des Herrschers; die Azteken waren der Theorie nach demokratisch. Jede Familie gehörte einer Bodennutzungsgemeinschaft an; mehrere solcher Familien bildeten einen Clan. Der Stamm der Tenocha bestand beispielsweise aus zwanzig Clans. Jeder Clan hatte seinen eigenen «Rat», aus dem man die vier angesehensten und erfahrensten Männer in einen zwischen den Sippen und der Stammesregierung vermittelnden Ältestenrat berief. Diese vier Männer (*tlatoani*) wählten auch den König, jenen edlen Abkömmling aus der Familie des vorangegangenen Herrschers, der sich durch Kraft, Tapferkeit und Wissen hervortat, wie beispielsweise Moctezuma, der 1503 «gekrönt» wurde.

«Moctezuma persönlich», schrieb Cortés, «kam uns mit einigen hundert Würdenträgern entgegen... Er wurde in der Mitte der Straße getragen, rechts und links von je einem Würdenträger flankiert... Moctezuma hatte Sandalen an den Füßen, während die anderen barfuß gingen.»

Wie verlief diese historische Begegnung der Vertreter zweier Welten? Moctezuma begrüßte Cortés als den Abgesandten eines Landes «aus Wolken und Nebel, das allen verborgen ist»: «Ihr seid in unser Land gelangt, zu Euerm Volk und Euerm Hause Mexiko. Ihr seid gekommen, auf Euerm Thron und Euerm Stuhl zu sitzen. Das alles habe ich etliche Tage in Euerm Namen zu eigen besessen, und andere Gebieter, die jetzt tot sind, hatten es vor mir», läßt Salvador de Madariaga in seinem historisch-biographischen Werk *Cortés, Eroberer Mexikos* den Herrscher der Azteken sprechen: «Das ist fürwahr, was uns die Könige der Vorzeit berichtet haben: daß Ihr in dieses Land zurückkehren und es beherrschen, daß Ihr auf Euerm Thron und Stuhl sitzen würdet... auf Eurer langen Reise müßt Ihr viele Entbehrungen erduldet haben. Ruhet jetzt aus! Hier ist Euer Haus, hier sind Eure Paläste.»

Cortés ließ ihm durch seine Dolmetscherin Doña Marina erwidern, daß er nichts zu befürchten habe und niemand ihm ein Leid antun werde. «Cortés trug eine Halskette aus ‹Margueriten›, Glasperlen mit bunten

Acamapichtli 1375–1395 · *Huitzilhuitl* 1395–1414 · *Chimalpopoca* 1414–1428 · *Itzcoatl* 1428–1440 · *Moctezuma I.* 1440–1469 · *Axayacatl* 1469–1481

Mustern, die auf Goldfäden aufgezogen und mit Moschus parfümiert waren. Diese nahm er ab und legte sie dem Kaiser um den Hals. Dann schritten alle Würdenträger, die mit Moctezuma gekommen waren, an Cortés vorüber und küßten den Erdboden. Als das geschehen war, ging Moctezuma mit seinem Neffen Cacama stadtwärts, während Cuitlahuac auf seine Weisung zurückblieb, um Cortés zu geleiten. So gingen sie eine Weile: vorn der Kaiser mit seinem Neffen, ein Stückchen dahinter Cortés, Hand in Hand mit Cuitlahuac, der keinem, mochte er Kastilier oder Indianer sein, erlaubte, sich ihm zu nähern, und das war die höchste Ehrung, die Moctezuma Cortés erweisen konnte.

Die Begegnung, die Höflichkeit, besonders aber die symbolische Tatsache, daß Moctezuma, der Cortés in einer prächtigen Sänfte entgegengetragen worden war, jetzt den Rückzug mit ihm zu Fuß antrat, das alles muß einen tiefen Eindruck auf sein Volk gemacht haben, welches weniger nachzudenken als das Leben mit den Sinnen aufzunehmen gewohnt war... Die Bewunderung der Menge mußte ihren Gipfel erreichen», heißt es bei Salvador de Madariaga weiter, «als sie sahen, wie Moctezuma die Fremden zu dem ehrwürdigsten, geräumigsten und luxuriösesten Bauwerk der Stadt führte, das ihnen zum Wohnsitz bestimmt worden war: der Palast oder die ‹Häuser› seines Vaters, des Kaisers Axayacatl, die zu jener Zeit als Tempel, als Priesterinnenkonvent und als kaiserliches Schatzhaus dienten. Dieser Bau oder diese Gruppe von Bauten war so geräumig, daß für alle Spanier mitsamt ihren zweitausend indianischen Hilfstruppen und dem Schwarm von Frauen, die sie als Dienerinnen mitbrachten, gut gesorgt war. Manche Räume waren groß genug, um hundertfünfzig Spanier aufzunehmen. Alles war makellos sauber, poliert, mit Teppichen ausgelegt und mit bunten Baumwoll- oder Federtüchern bespannt. Die Spanier bekamen Mattendecken nach mexikanischer Art, da, wie Bernal Díaz es gewunden ausdrückt, ‹sie einem keine Betten geben, so großmächtig man auch sein mag, weil sie solche nicht benutzen›. In allen Räumen brannten Kohlenbecken, was im November in dem hochgelegenen Mexiko nicht unangenehm war.

Tizoc
1481–1486

Ahuitzotl
1486–1503

Die aztekischen Könige,
ihre Namen und Zeichen:
Der Herrscher der Azteken war der «Erste Sprecher», der von einem Viermännerrat gewählt wurde.

Moctezuma *regierte von 1503 bis 1520, zur Zeit der spanischen Eroberung. Die Konquistadoren rühmten den «Ernst und die Beständigkeit» des Kriegers und Priesters Moctezuma.*

Den Umstand, daß darauf Weihrauch verbrannt wurde, dürfen wir als Beweis für die Empfindlichkeit mexikanischer Nasen ansehen, die einen Haufen weitgereister spanischer Soldateska gerochen hatten. Überall waren Schwärme von Dienern, ‹ein deutlicher Beweis für die Größe jenes Fürsten›.»

Der große Moctezuma war etwa vierzig Jahre alt, mittelgroß, schlank, nicht sehr dunkelhäutig... Er trug sein Haar nicht lang..., sein schütterer Bart war gut geformt. Sein Gesicht war oval und wirkte heiter... Er sah sehr reinlich und gepflegt aus; denn er badete jeden Nachmittag. Er hatte eine Menge Konkubinen, Töchter von Häuptlingen, und zwei große Kazikinnen als legitime Frauen. Seine getragenen Kleider legte er frühestens nach vier Tagen wieder an (der Herrscher der Inka trug jedes Gewand nur einmal).

Moctezuma wurde mit der Übernahme seiner Herrschaft zugleich in den Rang eines Halbgottes erhoben. Er war Hoherpriester, Oberbefehlshaber der Armee und Staatsoberhaupt, der neunte Herrscher seines Geschlechts, Neffe seines Vorgängers Ahuitzotl und Enkel von Moctezuma I. («Der zürnende Fürst»). Moctezuma II. war, wie jeder Anwärter auf die Herrschaft, in einer «religiösen» Schule, dem *calmecac* («Haus der großen Korridore»), auf seine Aufgaben vorbereitet worden. Dort hatte er, unter dem Bildnis Quetzalcoatls, die Bilderschrift und die Geschichte der Tenocha, die Sternenkunde, die Astrologie, den Kalender und durch ständiges Lesen des

Eine Kette böser Omen *wurde vor dem Einbruch der Spanier beobachtet: a) Moctezuma konsultiert den Zaubervogel, dessen Kopf aus einem Spiegel besteht, in dem der «König» ganze Scharen seltsam bewaffneter Männer sieht; b) ein Kind mit zwei Köpfen wird geboren; c) ein neuer Komet erscheint; d) einer der Tempel brennt auf unerklärliche Weise nieder; e) es schneit in Tenochtitlán; f) eine Feuersäule schießt aus der Erde und läßt neue Sterne vom Himmel sprühen.*

tonalamatl (einer Art Wahrsagekalender) die Bedeutung des Rituals und die Interpretation der Naturphänomene gelernt. Als junger Mann hatte er sich in der Kriegskunst geschult und im Kampf ausgezeichnet; später widmete er sich vor allem der Religion und war «gewissenhaft darauf bedacht, alle mühseligen Kulthandlungen des aztekischen Gottesdienstes genau zu beachten». José de Acosta berichtet von Moctezumas ernstem, schweigsamem Wesen und der respektvollen Hochachtung, die man ihm entgegenbrachte: «Er schritt so würdevoll einher, daß alle sagten, sein Name Moctezuma stimme sehr gut mit seinem Wesen überein.»

Moctezuma war mit einer Art Mitra «gekrönt» worden. Die symbolische Farbe seiner Macht war Blau-Grün. Unmittelbar nach seiner Amtsübernahme entfernte er die Leute niedrigen Ranges aus seiner Umgebung und bestimmte, daß «nur die vornehmsten und berühmtesten Männer seines Reiches in seinem Palast leben sollten»; damit sprengte er allerdings die demokratische Grundlage des «Ersten Sprechers». Seit den Zeiten des Königs Itzcoatl, dessen Mutter eine Sklavin im Hause seines Vaters gewesen war, hatten sich die Herrscher mit Menschen jeder Farbe und jedes Standes umgeben. Moctezuma scheint gewisse Vorrechte eines Gottes für sich in Anspruch genommen zu haben.

Die Kleidung Moctezumas unterschied sich von der des geringen Mannes nur dadurch, daß sie kostbarer war. Auch er trug den Lendenschurz, die kunstvoll gearbeiteten Sandalen, den Mantel (*tilmantli*) und alle anderen Dinge, die von den Eroberern so sehr gepriesen wurden.

Seine zahlreichen Nachkommen wurden – nicht anders als bei den Inka – für führende Ämter herangebildet. Moctezuma verstand es, sein Reich in weit größerem Maße als seine Vorgänger zu erweitern. 371 Städte waren ihm tributpflichtig. Er sorgte für eine geordnete Rechtsprechung. «Oft kontrollierte er inkognito seine Minister... Ertappte er sie bei Unregelmäßigkeiten, wurden sie bestraft. Er war nicht nur ein gerechter und edler, sondern auch ein tapferer und glücklicher Mensch... Er errang große Siege und machte seinem Namen alle Ehre.»

Aber die Zeit war aus den Angeln. Himmel und Hölle öffneten ihre Schleusen, ihn heimzusuchen. Was man normalerweise als Naturphänomene bezeichnen würde, werteten die Azteken als böse Omen: es schneite in Mexiko; der Vulkan Popocatepetl wurde seit Menschengedenken zum erstenmal wieder aktiv; ein Kind mit zwei Köpfen wurde geboren; der König von

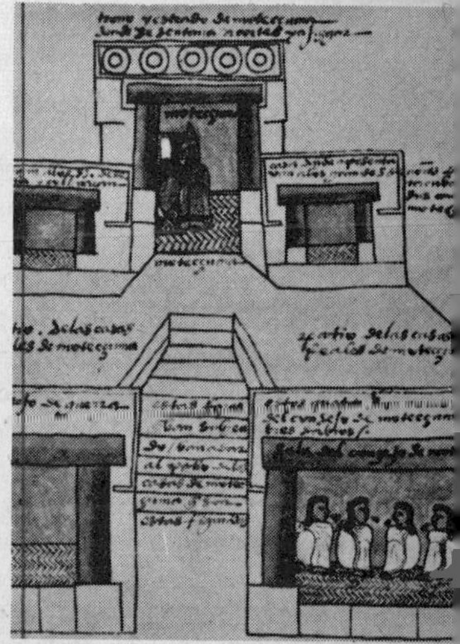

Moctezumas Palast *erhob sich einst an der Stelle des heutigen Rathauses von Mexico-City. Die Abbildung aus dem Codex Mendoza zeigt den Innenhof und die Treppe zum «Thronzimmer».*

Texcoco, der angeblich «mehr als 2000 Konkubinen» hatte und als «großer Magier» galt, erschien eines Tages zu außergewöhnlicher Stunde vor Moctezuma und teilte ihm mit, daß die Götter ihm verkündet hätten, Moctezuma würde sein ganzes Reich verlieren. Der große Gott Quetzalcoatl war einst auf den Atlantik hinausgesegelt mit der Prophezeiung, er werde «wiederkommen im Jahr seiner Geburt, um sein Reich erneut aufzurichten». Da er im Jahre Ein-Rohr (Ce-Acatl) geboren war, konnte diese «Wiederkehr» nur in den Jahren 1363, 1467 oder 1519 erfolgen.

Seit Jahren hatte Moctezuma alle Ämter aus der Hand gegeben und nur die militärische Leitung seiner Regierung beibehalten. Er hatte sich mit einer ganzen Schar von Astrologen, Auguren, Nekromanten und Medien umgeben, von denen er sich die unheilvollen Vorzeichen deuten und sich beraten ließ, wie man die Gunst der Götter wiedergewinnen könnte.

Was geschah wirklich? Weiße Männer hatten die Küste Amerikas erreicht. Im Jahre 1502, ein Jahr vor der «Krönung» Moctezumas, hatte Christoph Kolumbus auf seiner vierten und letzten Fahrt Verbindung mit den Maya aufgenommen. Es dauerte nicht lange, bis die Kunde von diesem Ereignis über die Grenzen des Maya-Reiches drang und von den zum Markt ziehenden Händlern von Stamm zu Stamm weiterberichtet wurde. Als Yañez Pinzón und Juan Díaz de Solís die Küste Yucatans entlangfuhren, eilte ihnen das Gerücht ihres Auftauchens mit Windeseile voraus. Ein Schriftkundiger zeichnete die Nachricht in Bilderschrift auf und schickte sie zu Moctezuma: «Seltsame bärtige Männer in großen Booten sind vom Ozean her gekommen.»

Kein aztekischer «König» war je vor eine so furchtbare Aufgabe gestellt worden wie Moctezuma.

Die staatliche Organisation in Tenochtitlán lag in ihrer Hierarchie begründet: Der «König», Uei Tlatoani, trug seine Wünsche dem Viermännerrat vor, der sie an die Sippenführer weitergab, die wiederum den Clan informierten, wo ein anderer Beauftragter (der für Ruhe und Ordnung im Frieden sorgen und während des Krieges die Sippe betreuen mußte) die Wünsche der höheren Stellen den einzelnen Clansmitgliedern bekanntgab.

Offenbar trafen die Azteken keinerlei Zwangsmaßnahmen. Im Unterschied zu den Inka in Peru, die ihre *mitimaes* («sichere Leute» der Quechua sprechenden Völker) in die neueroberten Gebiete schickten, um sie auf diese Weise nicht nur militärisch, sondern auch geistig zu unterwerfen. Die Azteken legten den Besiegten einen Tribut auf, der – von den Sakralopfern abgesehen – nicht übermäßig hoch war und alle sechs Monate in Tenochtitlán abgeliefert werden mußte.

Die Azteken hatten genau die gleiche Entwicklung durchlaufen wie alle neolithischen Gemeinwesen. Sie wanderten vom Lande – das heißt aus

Die «schwimmenden Gärten» von Tenochtitlán: Dem Mangel an Ackerland versuchten die Bewohner der beiden Inseln durch die Bepflanzung erdgefüllter Schilfkörbe abzuhelfen. Tausende solcher «chinampas» wurden rings um Tenochtitlán angelegt und gaben, im seichten Ufergrund des Sees verwurzelt, der Inselsiedlung das Aussehen einer Spreewaldlandschaft.

der Landwirtschaft – ab in die Stadt, wurden Architekten, Steinmetzen, Edelsteinschneider, Juweliere oder Priester. Sie erbauten einen Tempelbezirk, bildeten einen Stadtstaat mit Satellitenstädten. In Tenochtitlán entwickelte sich eine zahlenmäßig starke Priesterklasse, die als Tribut die «ersten Früchte» für den Tempel einforderte. Schließlich gingen die Azteken auf Eroberungen aus. Ihr Land bot ihnen keinen Luxus; Baumwolle, die herrlichen Vogelfedern, Kakaobohnen, Gold, Gummi mußten sie sich erobern. Sie begannen Handel zu treiben – ein schwieriges Unterfangen in einem so zersplitterten Gebiet – und die neuen Produkte nicht nur einzuführen, sondern auch zu verarbeiten. Der Handel gewann für Mexiko eine entscheidende Bedeutung. Die von den Besiegten in Naturalien einlaufenden Tribute wurden unter den Sippen verteilt und gaben den einzelnen Sippenmitgliedern Gelegenheit, damit entsprechend Handel zu treiben.

Eine privilegierte Klasse von Kaufleuten entstand, die *pochteca,* die ihren eigenen Gott hatten und eine eigene Zunft bildeten. In gleichmäßigen Zeitabständen zogen sie mit ganzen Karawanen von Lastträgern – jeder einzelne trug 60 Pfund auf dem Rücken – ins südliche Mexiko, über Guatemala bis nach Nicaragua. Dort tauschten sie die handwerklichen Erzeugnisse der Azteken gegen die Rohprodukte der Tropenländer ein: Smaragde, die man ursprünglich in prähistorischer Zeit nur in Muzo in Kolumbien kannte, Gold aus Panama, Federn aus Guatemala, Jaguarfelle, Adlerfedern, Baumwolle, Kakaobohnen, Kautschuk und lebende Vögel für das königliche Vogelhaus (von dem die Federarbeiter ihr Rohmaterial bezogen). Man begann Straßen zu bauen und an strategisch wichtigen Punkten oder in den neueroberten Gebieten Garnisonen zu errichten.

Oft folgte dem friedlichen Handel ein kriegerischer Feldzug, wenn die *pochteca* Nachricht von den Reichtümern anderer Stämme gebracht hatten.

Chapultepec
Tlacopán
Coyoacán
TENOCHTITLÁN
XOCHIMILCO-SEE
Xochimilco
Culhuacán
Ixtapalapa
Cuitlahuac
CHALCO-SEE
Chalco

W
S
N
O
capotzalco
Tenayuca
Tepeyac
ZUMPANGO-SEE
XALTOCAN SEE
TEXCOCO-SEE
Texcoco
Teotihuacán

Manchmal war es auch umgekehrt: Dörfer und Stadtstaaten, das Ziel harter Eroberungskriege, wurden tributpflichtig gemacht und dem Handel erschlossen. Zur Zeit Moctezumas hatten sich die Azteken auf diese Weise 371 Orte tributpflichtig gemacht, deren Reichtümer in die Hauptstadt strömten.

Mexico-Tenochtitlán war eine Insel, eine Lagunenstadt wie Venedig, mit engen Straßen, mit Kanälen, Brücken und Dämmen. So wie einst die ersten Venezianer die Sandbänke der Adria in Besitz nahmen und das öde Sumpfgebiet in eine Stadt mit Kanälen und Wasserwegen verwandelten, so hatten auch die Azteken auf den beiden versumpften Inselchen im Texcoco-See Zuflucht und Sicherheit gesucht.

Das ovalrunde, 2200 Meter über dem Meeresspiegel gelegene Hochtal bestand aus einem Seengebiet, dessen einzelne ineinander übergehende Seen teils Süß-, teils Salzwasser enthielten und fünf verschiedene Namen trugen. Der größte war der Texcoco-See, in dem – direkt am Ausgang des Waldgebietes von Chapultepec – zwei kleine Inseln lagen. Auf diesen schilfumwachsenen Felseneilanden entstand Tenochtitlán.

Die ersten Unterkünfte waren Lehmhütten, wie man sie noch heute bei den Hochlandbauern findet. Dann wurde ein Sakralbau errichtet und von Jahrhundert zu Jahrhundert vergrößert, bis der eindrucksvolle Tempel des Huitzilopochtli entstand (an seiner Stelle erhebt sich heute die Kathedrale von Mexico-City). Mit Hilfe der *chinampas,* der «schwimmenden Gärten», vermehrten die Azteken ihren Grundbesitz und bezogen die gegenüberliegenden seichten Ufer allmählich in das Stadtgebiet ein. So entstand Groß-Mexico-Tenochtitlán (Tenochtitlán und Tlaltelolco), ein besiedeltes und landwirtschaftlich genutztes Gebiet von rund tausend Hektar. Dies war eine beachtliche Größe, wenn man bedenkt, daß die römischen Stadtmauern zur Zeit Marc Aurels nur ein Areal von 1500 Hektar umschlossen und London zur Zeit des Samuel Pepys kaum größer war.

«Die große Stadt Tenochtitlán», schrieb Cortés, «liegt zwei Seemeilen von jedem Punkt des Festlandes entfernt. Vier Dämme führen zu ihr..., etwa dreieinhalb Meter breit.» Er kam, als er im Jahr 1519 in die Stadt einzog, von Iztapalapa her.

Dieser Damm stieß nach etwa einer Meile mit einem anderen Damm zusammen, der von der Stadt Coyoacán kam. Wo sie zusammentrafen, befand sich ein Fort mit Befestigungen und einer Art Zugbrücke, dann verliefen die beiden Dämme gemeinsam etwa zwei Meilen weiter bis zum nördlichen Zugang der Stadt. Der zweite Damm war eine Ausweichstraße mit einer Wasserleitung und mündete unmittelbar vor der Stadt in den Hauptdamm ein. Der dritte Damm verlief westlich in Richtung Chapultepec (mit einer Abzweigung nach Tlacopán) und führte mitten in die Stadt.

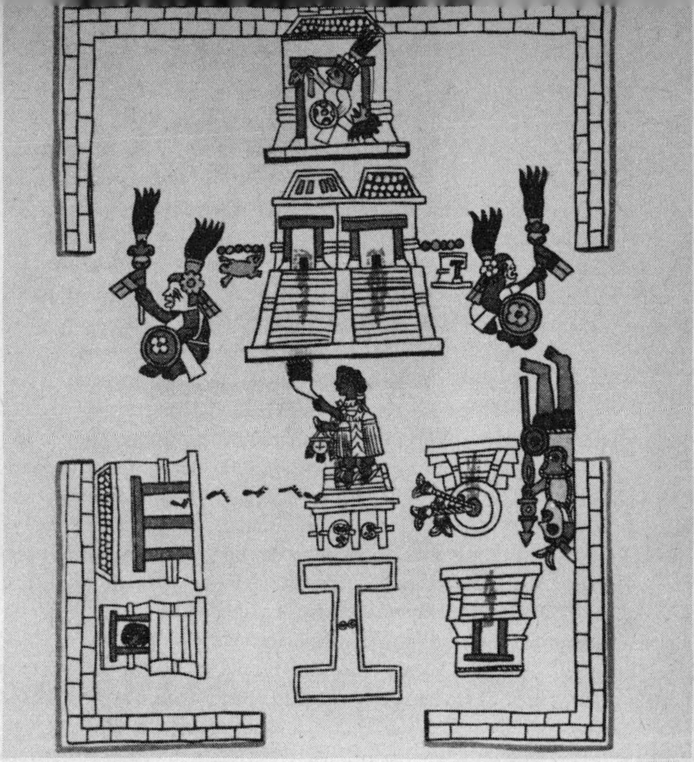

Das «Herz» der Stadt, *eine Abbildung aus dem Codex Florentino: Oben der Tempel des Huitzilopochtli, darunter der Doppelschrein des Huitzilopochtli und Tlaloc, flankiert von der Göttin der Blumen mit dem Datum Fünf-Eidechse (links) und Fünf-Haus (rechts). Zu Füßen des Schreins ein Priester (die Fußabdrücke zeigen an, daß er soeben aus dem Haus links herausgekommen ist), das Schädelgerüst und der Ballspielplatz. Links das Haus der Adlerritter; rechts der Opferstein, der Gott Xipé (auf dem Kopf stehend) und sein Tempel. Den heiligen Bezirk umschließt eine Mauer.*

«Entlang... dieses Dammes sind zwei Röhren gebaut, jede zwei Doppelschritte breit und etwa mannshoch. In der einen fließt sehr klares und frisches Wasser, die zweite nahm man nur dann in Betrieb, wenn die erste gereinigt wurde. Da der Zugang auf den Dämmen im Kriegsfalle durch auswechselbare Brückenbohlen abgeschnitten werden konnte, mündete die Frischwasserleitung», wie Hernando Cortés erklärte, «in einen schweren tönernen Trog, etwa halb so breit wie die Brücke.» Der vierte und mit knapp einer Meile Länge zugleich kürzeste Damm verband die Stadt mit dem Festland bei Tepeyac (Tepeaca).

Diese Dämme, die größte technische Leistung der Azteken, dienten einem doppelten Zweck: Sie stellten die Verbindung zum Festland her und boten Schutz gegen das Wasser (der Wasserspiegel wechselte ständig und stieg besonders bei Regen rapid an); bei starkem Wind schlugen die Wellen meterhoch gegen die Dämme, und oft genug kam es – wie noch heute – zu Überschwemmungen in der Stadt.

Tenochtitlán war – wie Cuzco, die Hauptstadt der Inka in Peru – in vier Bezirke, den Dämmen entsprechend, eingeteilt. An den Toren wurde Zoll auf alle eingeführten Waren erhoben.

Die Form und Größe der Häuser hing vom Rang ihres Besitzers ab. Sie waren entweder auf einem steinernen Sockel (zum Schutz gegen Überschwemmungen) aus Lehmziegeln errichtet, verputzt und farbenprächtig bemalt, oder es handelte sich um einfache, strohbedeckte Lehmhütten mit einem kleinen Innenhof (Patio). Aus dem gewöhnlichen einstöckigen Haus führte die hintere Tür zur Straße, während sich der Hauptzugang an der Kanalseite, dem Anlegeplatz für das Kanu, befand. Die vornehmen Häuser waren zweigeschossig mit flachem Balkendach und aus porösem vulkanischem Gestein (*tezontli*) erbaut. Zu jedem Haus gehörte ein Fleckchen Gartenland, wie aus dem Fragment eines alten aztekischen Stadtplans hervorgeht. Die große steingepflasterte Plaza entsprach den Ausmaßen des heutigen Zentralplatzes von Mexico-City. Hier befand sich der große Tempelbezirk (*teocalli,* d. h. Gotteshaus), in dessen Bereich auch der Tempel des Quetzalcoatl lag. Zwischen der Residenz des amtierenden Priesters und dem Haus der Adlerritter lag der Ballspielplatz. Ganz in der Nähe befand sich das Schädelgerüst.

Auch das Trinkwasser wurde auf die Plaza geleitet und von dort entweder in kleineren Rinnen weitergeführt oder in Wasserkrügen entnommen. Die andere Hälfte des großen Platzes diente als Markt, begrenzt vom heiligen Kriegsstein des Tizoc und vom Kalenderstein. Hier erhob sich der neue Palast des Moctezuma. Er enthielt ganze Zimmerfluchten für die «Könige» der Stadtstaaten Texcoco und Tlacopán, mit denen die Azteken verbündet waren, und besondere Räume für die etwa 300 Gefolgsleute. Es herrschte ein ständiges Kommen und Gehen. Im Erdgeschoß befanden sich die Gerichtssäle, das öffentliche Lagerhaus, in dem die Abgaben der 371 tributpflichtigen Städte aufgestapelt waren. «Es wurde von einem großen Kaziken verwaltet», berichtet Bernal Díaz, «der genau über alle Einnahmen Moctezumas Buch führte... Ein Haus war angefüllt mit allen Arten von Waffen..., in anderen lagerten Baumwolle, Nahrungsmittel, Federn, Gold, Juwelen – alles Abgaben der Tributstädte.»

Im zweiten Stockwerk befanden sich die Räume von Moctezumas Gemahlinnen, seinen Konkubinen und deren Kindern, seinen zahlreichen

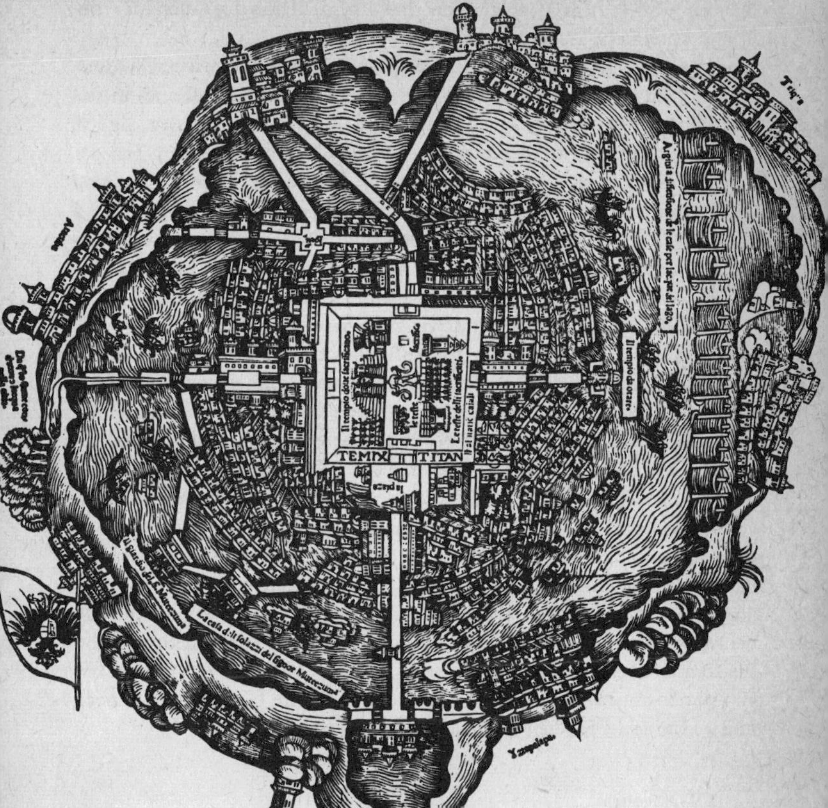

Den ersten Plan *von Mexico-Tenochtitlán zeichnete Hernando Cortés als Illustration zu seinen Briefen, von denen zwei im Jahr 1524 in Nürnberg gedruckt wurden. Die Karte soll angeblich von Albrecht Dürer (der den Aztekenschatz sah und beschrieb) oder einem seiner Brüder stammen. Sie zeigt die Schwesternstädte Tenochtitlán (mit der großen Plaza im Zentrum) und Tlaltelolco (mit dem kleinen Platz in der Mitte), die Dämme und den Aquädukt (links), über den das Trinkwasser von Chapultepec zur Stadt geleitet wurde. Auch die Häuser, Straßen, Kanäle und Brücken sind deutlich zu erkennen.*

Wachen und seinem Gefolge. Innerhalb des Palastes lag auch das berühmte königliche Vogelhaus.

«In zehn Wasserbecken hielten sie alle Arten der einheimischen Wasservögel... Und ich kann Euer Majestät versichern», beteuerte Cortés in seinem Schreiben an Karl v., «daß diese Vögel, die nur Fische fressen, täglich zweihundertfünfzig Pfund Futter bekommen.» In einem anderen Teil des Gartens befanden sich sinnvoll konstruierte Käfige, in denen Moctezuma «große, kleine und winzigste Vögel mit vielfarbigem Gefieder» halten und von dreihundert Männern versorgen ließ. Die Vögel brüteten auch in den Käfigen, und von hier stammten die herrlichen Federn, aus denen die prächtigen Gewänder für Moctezuma und seinen Hofstaat angefertigt wurden.

Wie groß war die Stadt und wie groß das tributpflichtige Gebiet des Stadtstaates Tenochtitlán? Niemand kann das sagen. Cortés gab zu, daß es ihm «unmöglich» sei, die genaue Ausdehnung des Königreiches festzustellen; er nahm an, etwa «so groß wie Spanien». Auch die vermutliche Einwohnerzahl ist schwer zu schätzen. Die Konquistadoren sprechen von 70000 bis 100000 bewohnten Häusern. Wenn man einen Durchschnitt von sechs Personen je Behausung rechnet, würde man auf etwa eine halbe Million Einwohner kommen. Cortés' kleine Armee von tausend Mann, einschließlich seiner indianischen Hilfstruppen, hätte diese Anzahl nie in Schach halten können. Einige Historiker geben 30000 an, während ein moderner französischer Wissenschaftler sich auf die alten Zahlen beruft und von «sicherlich mehr als 500000 und vielleicht weniger als einer Million Einwohnern» spricht. Tatsächlich aber muß die Bevölkerungszahl von Mexico-Tenochtitlán mit etwa 90000 angesetzt werden. Selbst in «reduziertem» Umfang darf es noch immer als eine der größten Tempelstädte der Welt gelten.

5 *Das unvergängliche Erbe*

DIE STÄDTE UND TEMPEL der Azteken fielen der spanischen Eroberung zum Opfer. Alle jene Gebäude, die an den Ufern des Texcoco-Sees rings um Tenochtitlán lagen, sind versunken. Sie lassen sich nur aus den überlieferten Aufzeichnungen rekonstruieren.

Der Grundplan einer aztekischen Stadt hatte meist eine rechteckige Form, da die Aufteilung des Landes unter die Clans stets nach einem mehr oder weniger rechtwinkeligen System erfolgte, wie George C. Vaillant feststellte: «Wesentlich war der in der Mitte gelegene Hauptplatz für die Versammlungen der Einwohner. An ihm lagen die wichtigsten Gebäude, die Haupttempel und die Wohnung des Oberhauptes, auch der Markt wurde dort abgehalten. In Tenochtitlán gab es außerdem für jeden Clan und für die vier Distrikte, in welche die Stadt aus Verwaltungsgründen eingeteilt war, noch besondere Mittelpunkte.»

Von dem spanischen Mönch Fray Toribio de Benavente ist uns eine Beschreibung einer aztekischen Stadt aus dem Jahre 1524 überliefert. Darin heißt es:

«Sie nannten diese Tempel *teocalli;* wir fanden im ganzen Land, daß sie im schönsten Teil jeder Stadt einen großen rechteckigen Platz angelegt hatten, der in den größeren Orten einen Armbrustschuß von einer Ecke zur anderen maß, in den kleineren wesentlich bescheidener war. Diesen Hof umschlossen sie durch eine Mauer, die häufig mit Zinnen versehen war. Die Ausgänge führten auf die Hauptstraßen und -gassen, die alle auf diesem Platz endeten. Um die Tempel noch mehr hervorzuheben, führten sie die Landstraßen aus etwa zehn bis fünfzehn Kilometer Entfernung in gerader Linie auf dieselben zu. Es war ein großartiger Eindruck, von der Spitze des Haupttempels aus zu sehen, wie von allen Himmelsrichtungen und von den kleineren Orten aus die Straßendämme ganz gerade auf die Höfe der *teocalli* zuliefen... Der Teufel gab sich mit dem genannten *teocalli* nicht zufrieden. Vielmehr gab es in jeder Stadt und in jedem Stadtviertel in einer Entfernung von anderthalb Kilometern andere kleine Plätze, die manchmal nur einen, manchmal drei oder vier *teocalli* aufwiesen...»

Tenochtitlán erhielt seinen Namen angeblich von einem Kaktus, *tenochtli,* der auf dem Inselchen inmitten des Texcoco-Sees wuchs; die Menschen nannten sich dementsprechend Tenocha und ihre Stadt Tenochtitlán. Die Gründung der Stadt wird mit einem Adler in Zusammenhang gebracht – eine Vorstellung, die sich auf der Titelseite des *Codex Mendoza* bildlich dargestellt findet. Es handelt sich um eines der Tributbücher Moctezumas, das der erste Vizekönig von Mexiko, Antonio de Mendoza, von eingeborenen Künstlern kopieren ließ. (Das Titelblatt zeigt eine schematische Darstellung der vier Stadtquartiere, in der Mitte den Adler auf dem Kaktus als «Wappen Mexikos», umgeben von zehn durch ihre verschiedenen Namensglyphen gekennzeichneten Sippenhäuptlingen. Die untere Bildhälfte enthält die Eroberung von Colhuacan und Tenayuca. Vergleiche die Abbildung auf dem Umschlag.)

Die Stadt scheint einen geradezu vorbildlich organisierten Verwaltungs- und Versorgungsapparat gehabt zu haben, wenn auch nicht von der mechanisierten Perfektion von Cuzco, der Hauptstadt der Inka. Dafür waren die Azteken den Inka in der hedonistischen Lebensauffassung zweifellos überlegen. Der einzige Stadtstaat, mit dem man Tenochtitlán vergleichen könnte, war Chan-Chan, die Hauptstadt des Chimor-Reiches, im nördlichen Küstengebiet von Peru.

Tenochtitlán war nach seinen zwanzig *calpulli* unterteilt. Die Spanier bezeichneten sie als *barrios* (Bezirke). Jede Sippe hatte ihren eigenen *teocalli*, ihre Schule und ihr eigenes Wappen. Auf einem der größten dieser Bezirksplätze stand die Tempelpyramide des Huitzilopochtli und des Tlaloc. Zwei Treppenaufgänge führten zu der abgeflachten Spitze des mehr als sechzig Meter hohen Bauwerks mit seinen beiden Tempeln empor: Der linke, weiß und blau bemalt, war Huitzilopochtli, dem «Kolibri-Zauberer», gewidmet; der andere, weiß auf blaurotem Untergrund, dem Regengott Tlaloc. «Es ist ein Tempel», schrieb Hernando Cortés, «dessen Größe und Großartigkeit keine menschliche Zunge schildern kann. Ganz oben befanden sich zwei... Kapellen und darin zwei Götzen.»

Bernal Díaz erstieg während seines Aufenthalts in Tenochtitlán die große Pyramide und zählte die Stufen – hundertvierundzwanzig bis zu den Tempeln, vor denen Cortés und Moctezuma ihr berühmtes Gespräch über die Bedeutung der Götter führten und die Stadt wie eine lebende Landkarte zu ihren Füßen liegen sahen: « Das gelbweiße Schachbrett über den blauen und schlammigen Kanälen. Die Brücken. Die drei Straßendämme: im Norden der Damm nach Tepeyac, im Süden der Damm nach Iztapalapa, über den sie in die Stadt gelangt waren, im Westen der Damm nach Tacuba, der ihr tragischer, blutiger Fluchtweg werden und manche in Sicherheit bringen, die meisten aber in den Tod führen sollte. Das Kommen und Gehen der Kanus. Die Tausende von Häusern mit ihren zinnenbewehrten Terrassen. Die Tempel und Festungswerke, so leicht zu verteidigen, so furchtgebietend als Stützpunkte für Angriffe. Die wimmelnde, fremdartige Menge, so groß, «daß das Lärmen und Summen ihrer Stimmen und Worte über mehr als eine Meile hinweg zu hören war.»

Die Religion war das Primäre im Leben der Azteken. Tenochtitlán galt als die «Stadt des Gottes». Ihr Symbol war die Pyramide, der große *teocalli,* mit den beiden Tempeln des Huitzilopochtli und des Tlaloc, die man bei klarer Sicht von den Ufern des Sees her meilenweit sehen konnte.

Die große Holztrommel *von Malinalco, einer spätaztekischen Siedlung aus dem Jahr 1476. Die eingeschnitzten Zeichnungen zeigen die Symbole der Jaguar- und Adlerkrieger. Ähnliche Motive finden sich, von den Anhängern des Quetzalcoatl überliefert, in Tula und im Maya-Zentrum Chichén Itzá.*

Die religiösen und kommunalen Verwaltungszentren lagen, wie schon erwähnt, rings um den Tempel. Die schachbrettartige Gruppierung der Bauten um einen rechteckigen Innenhof wiederholte sich, in verkleinerter Form, innerhalb der gesamten Stadt.

Das Trinkwasser wurde von einer Quelle im Mittelpunkt der Stadt, im Bezirk des Haupttempels, durch ein System ummauerter Tonröhren geleitet und auf die verschiedenen Brunnen der Stadt verteilt. Die kleineren Rinnen wurden offengehalten, die größeren ständig gereinigt. Die sanitären Einrichtungen zum Beispiel übertrafen bei

Der Rundtempel *von Calixtlahuaca, dessen Bestehen seit dem Jahr 500 n. Chr. nachweisbar ist.*

Monte Albán: *Die Stufen zur Plaza. Die große Tempelstadt an der Peripherie des aztekischen Territoriums überdauerte nahezu alle alten mexikanischen Kulturen: Olmeken, Maya, Zapoteken, Mixteken, Azteken.*

Fassade eines Gebäudes *von Mitla. Die langgestreckten niedrigen Häuserfronten stammen aus der Zeit der Zapoteken.*

Teotihuacán, *die Hauptstadt der Tolteken, deren Größe alle anderen Städte in Mexiko und Mittelamerika übertrifft. Ein Gebiet von rund 6 Kilometern Länge und 3,5 Kilometern Breite wurde den Göttern geweiht. Aus der heutigen Ruinenstadt heben sich vor allem die große Mondpyramide (links unten) und die noch größere Sonnenpyramide (Bildmitte) hervor.*

weitem die europäischen Verhältnisse am Ende des 18. Jahrhunderts. So wurden beispielsweise die menschlichen Fäkalien, um den See nicht zu verunreinigen, gesammelt, mit Kanus zum Festland gebracht und dort zur Düngung der Felder verwendet.

Calixtlahuaca, das nahe bei Toluca innerhalb des aztekischen Herrschaftsbereiches lag, war ursprünglich keine aztekische Siedlung. Es wurde 1476 unter der Regierung des Axayacatl erobert und im Jahr 1502 zerstört. Nach den aufgefundenen Tongefäßen muß mit dem Bau des Haupttempels von Calixtlahuaca etwa um 500 n. Chr. begonnen worden sein. Es ist der höchstgelegene Ort Mexikos (2900 Meter) und berühmt durch seinen Tempel des Quetzalcoatl, einen schneckenhausförmigen Rundbau, dessen Eingänge zu verschlossenen Labyrinthen führen.

Spiralen drücken in den aztekischen Bilderhandschriften Wind- und Wasserwirbel aus. Daher erklärt sich auch der schon aus spanischen Berichten bekannte Zusammenhang der runden Pyramiden mit dem Windgottkult, auf den Walter Krickeberg im Hinblick auf die Spiralenform der Pyramide von Calixtlahuaca im besonderen hinweist.

Malinalco, ebenfalls im heutigen mexikanischen Bundesstaat gelegen, ist die einzige unzweifelhaft aztekische Tempelstätte außerhalb des engeren Umkreises von Mexico-Tenochtitlán. Es liegt etwa 90 Kilometer von der Stadt entfernt, in der Nähe des Dorfes Tenancingo, und entstand im Jahr 1476, während der Herrschaft des Axayacatl.

Malinalco (von *malinalli* = Gras) besteht aus sechs größeren und mehreren kleineren Bauwerken. Der Haupttempel ist aus dem Felsen herausgehauen (das einzige mesoamerikanische Beispiel eines Felsentempels, der sich mit denjenigen in Ägypten, Vorderindien und Ostasien messen kann) und von Jaguaren bewacht. Der Zugang zur Cella ist flankiert von Flachreliefs, die Schlangenköpfe darstellen und so angeordnet sind, daß die Tür von vorn wie ein geöffneter Drachen- oder Schlangenrachen wirkt. Die Cella ist nahezu kreisrund. Im Innern liegen auf einer ringsum laufenden Bank und auf dem Fußboden – ebenfalls aus Stein gemeißelt – drei heraldisch stilisierte Adlerbälge und ein Jaguarfell mit rundplastischen Köpfen. Ein anderer Tempel enthält Überreste eines Freskos, das marschierende Krieger, typische Azteken, mit Schilden und Speeren in Kampfstellung zeigt. Dr. José García Payón, der einen großen Teil der Ausgrabungsarbeiten leitete, nimmt an, daß Malinalco eine Kultstätte der Adler- und Jaguarkrieger war. Eine ebenfalls hier gefundene, mit tanzenden Jaguaren und Adlern verzierte Holztrommel bekräftigt diese Theorie.

Damit endet der melancholische Rundgang durch die Ruinen der Azteken, deren einstiger Glanz schon zerstört war, als Bernal Díaz mit 84 Jahren seine Erinnerungen niederschrieb: «Von all diesen Wunderwerken, die ich damals sah, blieb nicht ein einziges mehr übrig. Heute ist alles vernichtet.»

Wenn wir also eine Vorstellung von aztekischer Architektur gewinnen wollen, deren Zentrum im Seengebiet rings um Tenochtitlán lag und der spanischen Eroberung zum Opfer fiel, müssen wir uns bei ihren Vorbildern und Anregern informieren.

Das größte und nachhaltigste Vorbild war zweifellos das Zeremonialzentrum Teotihuacán, das an Größe alle anderen Städte in Mexiko und Mittelamerika übertraf. Was die Azteken davon kennenlernten, waren allerdings nur Ruinen. Der Sonnentempel mit seiner Höhe von fast 66 Metern und seiner Grundfläche von 4 Hektar hat nicht seinesgleichen. Alle späteren Pyramiden, auch der große *teocalli* in Tenochtitlán, zeigen deutliche Einflüsse von Teotihuacán. Die Überreste dieses großen Kulturzentrums, das eine Ausdehnung von mehr als 20 Quadratkilometern hatte, gehen auf die Zeit um 200 v. Chr. zurück. Bis etwa 900 n. Chr. müssen der riesige Sonnen- und Mondtempel bestanden und als Vorbild für eine lange Reihe von Sakralbauten in Teotihuacán gewirkt haben.

Die als Baumeister und Handwerker bekannten Tolteken haben eindrucksvolle und ausgesprochen ehrfurchtgebietende Bauwerke geschaffen. Die Mauern des «Tempels der Landwirtschaft» enthalten Abbildungen aller einheimischen Feldfrüchte, die also bereits Jahrhunderte vor den Azteken bekannt waren; auch der 260-Tage-Kalender und die Bilderschrift wurden von den Azteken als kulturelles Erbe übernommen.

Cempoala ist einmalig in seiner Art. Eine ausführliche Beschreibung der Spanier aus dem Jahr 1519 ermöglicht einen interessanten Vergleich mit den noch erhaltenen und heute restaurierten Bauten.

Im Jahr 1519 folgten die Spanier auf dem Weg nach Cempoala der alten Küstenstraße. Sie passierten «einige große Ansiedlungen», wie Cortés berichtet, «sehr gut angelegt... Wo Steine vorhanden sind, bestehen die Häuser aus rauhem Mauerwerk und Mörtel; sie sind niedrig und klein, nach Art der Maurenhütten..., wo es keine Steine gibt, bauen sie ihre Häuser aus gebrannten Ziegeln, die sie verputzen und mit einem Strohdach versehen... Die Häuser der Häuptlinge dagegen sind sehr luftig und haben eine beträchtliche Anzahl von Räumen... Außerdem haben sie ihre Gotteshäuser, ihre Tempel..., alle von beachtlicher Größe.»

Cempoala lag etwa 30 Kilometer vom heutigen Vera Cruz entfernt. Als sich die Spanier Cempoala näherten und die weißgetünchten, buntbemalten Bauten aus dem grünen Dschungel herausleuchten sahen, fielen sie, wie Bernal Díaz berichtet, «von einem Staunen ins andere. Das Ganze sah wie ein paradiesischer Garten aus, und die Straßen waren voller Männer und Frauen, die alle kamen, uns zu sehen... Wir erreichten eine schöne

Die Gefiederte Schlange *an der Fassade des Quetzalcoatl-Tempels von Xochicalco («Stätte der Blumen»). Die erst zum Teil ausgegrabene Anlage stammt vermutlich aus dem Jahr 900 und läßt auf Einflüsse der Maya, Mixteken und Tolteken schließen.*

Geometrische Mauerreliefs, *deren Muster deutlich die Verwandtschaft mit der Textilweberei zeigen, aus Mitla. Die Tempelstadt Mitla liegt nur 40 Kilometer von Monte Albán entfernt und gehört derselben Kultur an. Der zapotekische Name bedeutet «Stätte der Toten».*

Die Schädelstätte *des Regengottes Tlaloc in* Calixtlahuaca. *Vermutlich war diese Art des Totenkults bereits vor den Azteken verbreitet, oder der Tempel wurde nach 1476 von den Azteken ihren eigenen religiösen Vorstellungen entsprechend umgestaltet.*

Tula, *eine andere Tempelstadt der Tolteken, war von einer Mauer umgeben, deren mittlerer Ornamentfries eine gefiederte Schlange (das Symbol des Quetzalcoatl) zeigt, die ein Skelett im Rachen hält.*

Plaza, und sie war weißgetüncht und poliert. Einer unserer Späher meinte, sie müsse mit blankgeputztem Silber beschlagen sein.»

Die Archäologie hat all das bestätigt, was Cortés und seine Gefährten einst über Cempoala berichtet hatten. Die Tempelstadt und die Häuser in unmittelbarer Nähe waren von schätzungsweise 30000 Menschen bewohnt; der von Mauern umgebene Platz wurde von mexikanischen Architekten ausgemessen und zum Teil rekonstruiert. Seine Fläche mißt 21 Hektar. Man nimmt an, daß er mit Steinen gepflastert und – abgesehen von den 15 Tempeln verschiedener Größe – von eingeschossigen, buntbemalten, strohgedeckten Häusern umstanden war. Dr. José García Payón, der die Ausgrabungen leitete, fand acht solcher Gebäude.

In unmittelbarer Nähe der Plaza lag eine aztekische Garnison. Die *pochteca* (Kaufleute) kamen häufig hierher, und die Tributeintreiber hielten halbjährlich ihre «Sammeltage» ab. Sie waren «selbstherrlich und arrogant», schreibt Bernal Díaz. «Ihre Mäntel und Lendenschurze waren reich verziert, ihr glänzendes Haar trugen sie zu einem Knoten aufgesteckt.»

In den südlichen Hochlanden von Mexiko gibt es noch andere Kulturzentren, die die aztekische Architektur ebenfalls beeinflußten; eines der ältesten und rätselhaftesten ist Xochicalco («Stätte der Blumen»), 30 Kilometer südlich von Cuernavaca. Es liegt wie eine starke Festung auf einsamer Höhe. Die Hänge sind terrassiert und mit Bollwerken versehen worden. Von den vier Himmelsrichtungen her führte je eine Straße zur Plaza mit dem berühmten Quetzalcoatl-Tempel. Xochicalco war ein Zeremonial- und vielleicht auch ein Verwaltungszentrum. Neben den Palastanlagen, Tempeln und dem Ballspielplatz enthält der Tempelbezirk einen noch nicht ganz ausgegrabenen Häuserkomplex. Der berühmte Tempel der Gefiederten Schlange, eines der eindrucksvollsten Baudenkmäler in ganz Mexiko, ist bereits freigelegt. Der Stil der Skulpturen würde auf die Maya schließen lassen, während andere kultische Merkmale auf die Tolteken und Mixteken hinweisen.

Monte Albán liegt weiter südlich in Oaxaca, etwa 1500 Meter über dem Meeresspiegel, und ist von der mexikanischen Hochebene durch eine Gebirgskette getrennt, die es bis zum Jahr 1469 vor einem Einbruch der Azteken bewahrte. Die Vermischung von Stilelementen der Olmeken, Maya, Zapoteken, Mixteken und Azteken läßt auf eine sehr lange kontinuierliche Besiedelung schließen (500 v. Chr. bis 1469 n. Chr.). Die frühesten Gebäude zeigen olmekische Stilmerkmale, die eine Verbindung zu den Küstenkulturen vermuten lassen. Dann folgt eine Zeit des Maya-Einflusses, die von der zapotekischen Periode (534 bis 1125) abgelöst wird. Als vierte Gruppe folgen die Mixteken, die neue Götter und einen abgewandelten Kalender brachten; ihnen sind die wunderbaren Goldschmiedearbeiten zuzuschreiben, die Dr. Caso in einem der geöffneten Grabmäler entdeckt hat.

Die fünfte Entwicklungsphase von Monte Albán war zugleich die letzte. Moctezuma I., der «Zürnende Fürst», zog im Jahr 1469 zur Eroberung von Oaxaca aus, um seinen Kaufleuten einen freien Zugang zum Isthmus von Tehuantepec zu sichern und auf diese Weise die Märkte an der Westküste Guatemalas und in Zentralamerika zu erschließen. Die Azteken eroberten die Tempelstadt, verloren sie wieder, gewannen sie unter ihrem nächsten Herrscher endgültig und hielten sie bis zur Ankunft der Spanier.

Mitla, in der zapotekischen Sprache *Yoo-paa* («Stätte der Toten») genannt, liegt 40 Kilometer südlich von Monte Albán und ist eine der bekanntesten und am besten erhaltenen Städte in Mexiko. Es gibt hier fünf Hauptgruppen von Gebäuden; sie stehen nicht auf den sonst üblichen Steinsockeln, sondern sind niedrig und blockartig. Aldous Huxley meinte, sie seien «ganz anders als alle anderen präkolumbischen Ruinen... Die Mauern der Tempel sind mit geometrischen Mustern geschmückt..., offenbar von Textilentwürfen beeinflußt..., steingewordene Weberei.»

Alle diese Tempelstädte – und es gibt deren noch bedeutend mehr als die hier erwähnten – waren Vorbilder der aztekischen Baukunst und Städteplanung. Da jedoch nur so geringe Reste davon erhalten sind,

Kolossalfigur *eines Kriegers, über 4,5 Meter groß, der das Gebälk des Haupttempels von Tula trug. Ursprünglich war der Tempel von mehreren solcher Karyatiden gestützt, jede mit einer Speerschleuder in der einen und einer Tasche in der anderen Hand.*

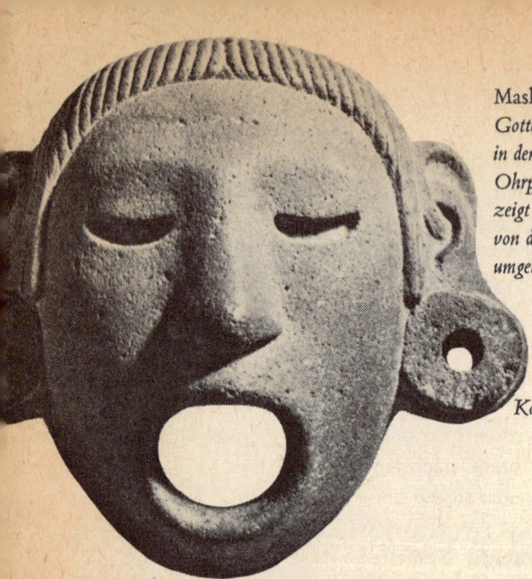

Maske des Xipé, *des «Geschundenen Gottes», mit offenem Mund und leeren Augen; in den durchlöcherten Ohrläppchen trug er Ohrpflöcke. Das Innere der Basaltmaske zeigt einen Priester mit Kopfschmuck, von den Symbolen des Gottes Xipé umgeben (unten).*

Die Erdgöttin Coatlicue. *Die monströse, etwa 2,5 Meter hohe Kolossalstatue läßt kaum noch menschliche Formen erkennen. Ihr Haupt bilden zwei Schlangen, als Halsband trägt sie abgeschnittene Hände, ausgerissene Herzen und einen Totenschädel; ihr Rock ist aus Schlangenleibern geflochten.*

Zweiköpfige Schlange, *aus Holz geschnitzt, mit eingelegten Türkisen und Muschelschmelz. Das Gift der Klapperschlange wirkt auf die Nerven des Rückgrats ein und löst bei dem sterbenden Opfer krampfhafte Bewegungen aus, einer der Gründe, weshalb man ihr göttliche Kräfte zuschrieb.*

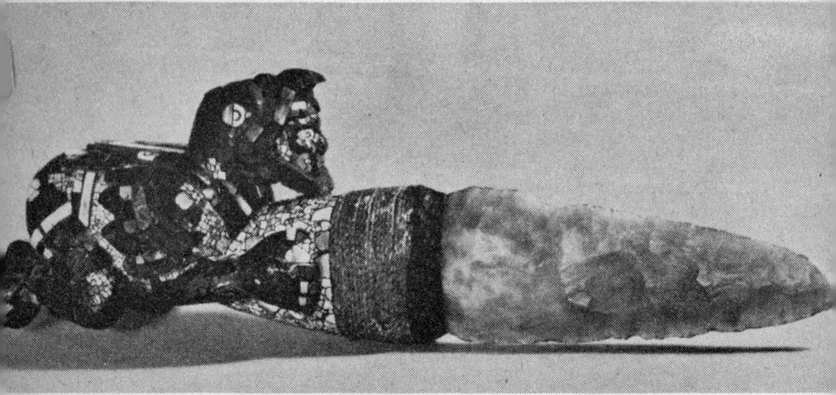

Mit dem Messer *aus geschärftem Kieselstein schnitt der Priester den Sakralopfern das Herz aus dem Leib. Der hölzerne Griff zeigt in Türkis- und Karneolmosaik die Gestalt eines Adlerkriegers.*

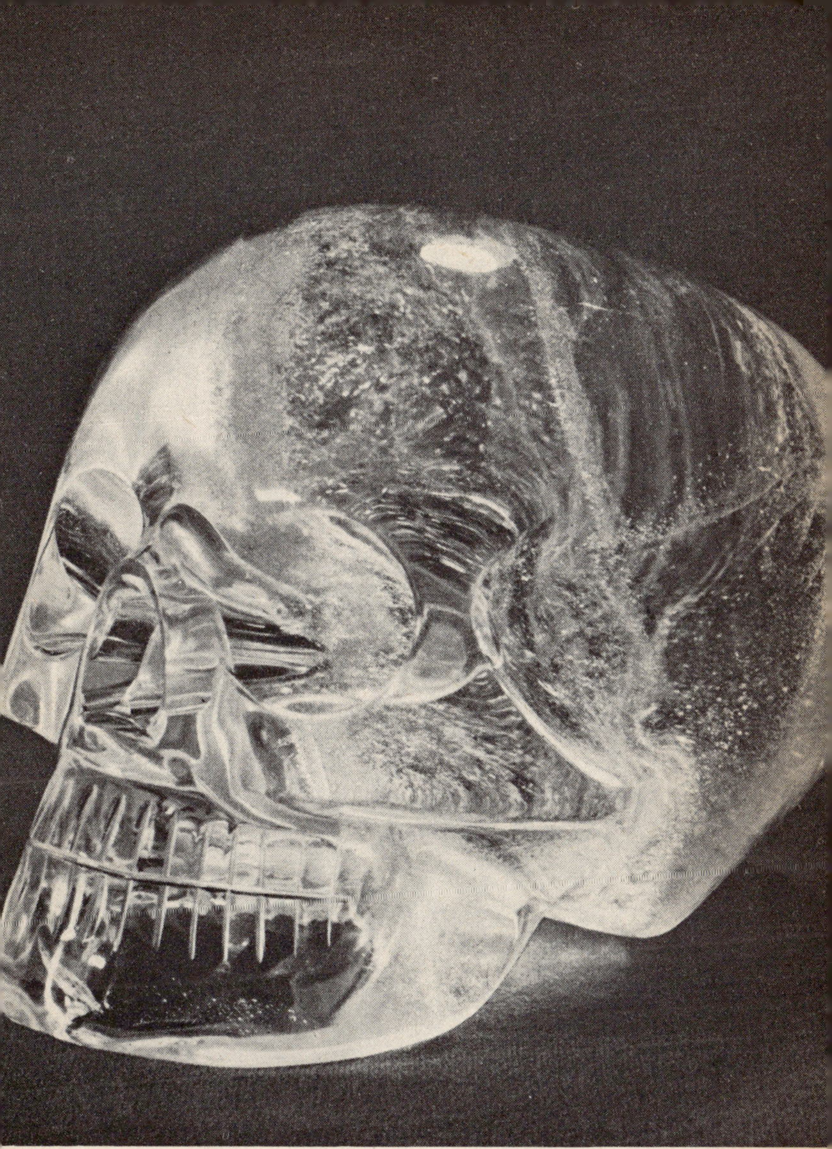

Aus schimmerndem Bergkristall *ist dieser lebensgroße menschliche Schädel herausgearbeitet, ein Meisterwerk der aztekischen Kunst, das mit grobem Steinmetzwerkzeug geschaffen wurde.*

muß die Geschichte der aztekischen Baukunst zwangsläufig fragmentarisch bleiben.

Die Plastik war das Gebiet, auf dem die Azteken einen wirklich schöpferischen Beitrag zur Kunst Mittelamerikas leisteten. Ihre besondere Stärke liegt in einem oft geradezu brutalen Realismus. Neben den gewaltigen Kolossalstatuen sind uns Werke von erstaunlicher kunsthandwerklicher Vollendung überliefert, wie etwa der lebensgroße Schädel aus Bergkristall im Britischen Museum in London, Masken aus poliertem Obsidian, eine «Frau beim Maismahlen», ein besonders schönes Stück aus vulkanischem Basalt. Die aztekische Skulptur war von einer unheimlichen Vitalität und Unbefangenheit und ist vielfach in engem Zusammenhang mit der Architektur entstanden. Es gab reich verzierte Steinfriese, gewaltige steinerne Karyatiden und Säulen. Die Skulptur war nicht eine Zutat, sondern ein Element der Architektur. Die Kunst hatte eine Aufgabe; Religion war

Mixtekische Goldmaske *aus Monte Albán. Die Goldschmiede bildeten eine eigene Gilde und gehörten zu Moctezumas Hofhaltung; sie waren von allen Steuerabgaben befreit.*

Leben, und Leben war Religion, und die Bildhauerei gehörte unabdingbar dazu – nicht anders als bei den Babyloniern, Assyrern und Ägyptern.

Die Metalle wurden in Mexiko erst spät bekannt. Die Kenntnis davon drang nur langsam von Südamerika vor. Teotihuacán bestand nur noch in der Erinnerung, als die Technik der Gold- und Kupferverarbeitung etwa im 11. Jahrhundert Mexiko erreichte. Auch die frühen Maya kannten sie nicht.

Das Gold wurde ausgewaschen oder in Klumpen gesammelt. Silber, das selten in der Natur rein vorkommt, verwendete man kaum. Gold ist außerordentlich dehnbar – aus einem einzigen Korn läßt sich ein Draht von 150 Meter Länge ziehen – und mit den einfachsten Hilfsmitteln zu verarbeiten. Es wurde in einem mit Holzkohle geheizten Ofen geschmolzen; für den Luftzug sorgte ein Mann, der mit einem Blasrohr das Feuer anfachte. Aus den erhaltenen Bilderdokumenten geht hervor, daß man das Gold hämmerte, plattierte und polierte. Auf diese ziemlich primitive Weise entstanden die herrlichsten Goldschmiedearbeiten. «Da waren drei Blasrohre», erzählt Bernal Díaz, «mit eingehämmerten Verzierungen, mit Juwelen und Perlen besetzt, mit Bildern von kleinen Vögeln und mit Perlmutter geschmückt.» Fast der gesamte Goldschatz des Moctezuma wurde von den Spaniern eingeschmolzen. Nur einige besonders schöne Stücke, die den Eroberern als Gastgeschenke überreicht worden waren, blieben erhalten: «Eine Sonnenscheibe, groß wie ein Wagenrad, aus purem Gold..., dann brachten sie uns eine zweite, noch größere Scheibe, eine herrliche Silberarbeit, die den Mond darstellen sollte..., dann brachten sie zwanzig goldene Enten, sehr naturgetreu gemacht, und Tiere, die aussehen wie Hunde, Tiger, Löwen und Affen..., zwölf Pfeile und einen Bogen mit goldener Sehne..., alles in schöner Hohlarbeit aus Gold.»

Als Dr. Alfonso Caso 1931 das unberührte Grabmal eines mexikanischen Häuptlings in Monte Albán entdeckte und dort kunstvoll gearbeitete Halsketten, Ohrgehänge und Ringe fand, erkannten die Historiker, daß Bernal Díaz keineswegs übertrieben hatte.

Auch die Goldschmiede gehörten, wie die Edelsteinschneider und Steinmetzen, der privilegierten Klasse an und bildeten eine eigene Zunft. Soweit sie im Palast Moctezumas lebten, waren sie steuerfrei; sie bekamen den Goldkies angeliefert und verarbeiteten ihn zu Schmuckstücken für Moctezuma und seinen Hofstaat. Bernal Díaz spricht außerdem von «Gold- und Silberarbeitern, die größtenteils in der Siedlung Atzcapotzalco lebten, eine Seemeile von Mexiko entfernt». Da man das Gold auf dem Markt feilbot, konnte es sich wahrscheinlich jeder Kunsthandwerker besorgen und Schmuckstücke daraus anfertigen. Auch die Verarbeitung von Edelsteinen war eine weitverbreitete Kunst; Moctezuma beschäftigte einige «geschickte Steinschneider». Am meisten geschätzt wurde Jade, dessen Hieroglyphe sich

Die Federmosaiken *gehören zu den kunstvollsten Erzeugnissen der Azteken. Der Codex Florentino, der für Bernardino de Sahagún geschrieben und später illustriert wurde, zeigt die einzelnen Arbeitsgänge des Leimens und Webens: a) Entwurf des Musters; b) Färben der Federn; c) Auftragen des Leimes; d) Befestigen der Federn; e) Vorbereiten des Webrahmens.*

b *c* *d*

auch in den Verwaltungsbüchern findet. Die Masken mit ihren ausdruckslosen Augenschlitzen und aufgeworfenen Lippen, ein besonderes Charakteristikum aller dieser Kulturen, wurden vielfach aus Jadeit gefertigt. Einige sind erlesene Kunstwerke, andere wieder kunstlose «Massenware».

Türkis, ebenfalls ein begehrter Tributstein, wurde von den Händlern aus dem Norden mitgebracht. Man verwendete ihn hauptsächlich zur Inkrustierung von Masken und Messergriffen, als Mosaikstein und für Ohr- und Lippenpflöcke.

Obsidian wurde sowohl als Rohmaterial wie als Fertigware exportiert. Die Azteken fanden das Lavaglas im eigenen Gebiet und verwendeten es zur Herstellung von Messern, Schwertern, Lippenschmuck, polierten Spiegeln und anderen Dingen von erstaunlicher Schönheit.

Eine besondere Spezialität der Azteken waren die Federarbeiten, von denen uns leider nur wenige Einzelstücke erhalten sind. Die Federarbeiter wurden sehr geschätzt und bildeten ebenfalls eine eigene Gilde. Die Arbeit erforderte besondere Kunstfertigkeit: man steckte die Federkiele genau nach dem vorgezeichneten Muster einzeln in das Gewebe, knotete sie fest und legte die Federn so übereinander, daß nur der farbige Flaum sichtbar blieb.

Eine der besonderen Attraktionen der Stadt Tenochtitlán war das königliche Vogelhaus, über dessen Reichtum an den verschiedensten buntschimmernden Vögeln Hernando Cortés begeistert schrieb: «Zehn Wasserbecken gab es dort, in denen sie jede nur denkbare Vogelgattung hielten.»

Dreihundert Männer versorgten die Tiere mit entsprechendem Futter, und an der Seite jedes Bassins lief eine erhöhte Galerie entlang, von der aus

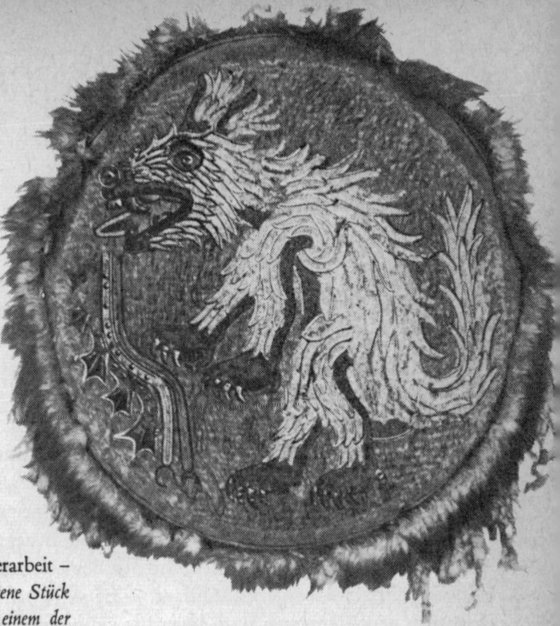

Dieser Schild aus Federarbeit – *das einzige erhaltene Stück dieser Art – wurde von einem der aztekischen Ritterorden für zeremonielle Zwecke benützt. Er zeigt einen Präriewolf und kam 1519 in die Hände von Cortés, der ihn zusammen mit dem Kopfschmuck aus Quetzalfedern an Kaiser Karl V. sandte.*

Moctezuma die Vögel beobachten konnte. Zur Zeit der Mauser wurden die Federn gesammelt, nach Qualitätsstufen sortiert und zu den Federarbeitern gebracht.

Wappen, Kopfschmuck, Mäntel, Banner, Totemzeichen wurden in Federarbeit hergestellt. Eines der prächtigsten Stücke ist jener leuchtend grüne Kopfschmuck, den Moctezuma an Cortés sandte, als er zum erstenmal bei Vera Cruz an Land ging und von den Azteken für den zurückkehrenden Quetzalcoatl gehalten wurde, der sein Reich wieder in Besitz nehmen wolle. Cortés schickte diesen Federschmuck an Kaiser Karl v., der ihn kurz darauf an seinen Bruder Ferdinand I. weitergab. Als man die grünschimmernde Federkrone Moctezumas im vergangenen Jahrhundert auf Schloß Ambras in Tirol entdeckte und ihre Geschichte erfuhr, wurde sie nach Wien ins Völkerkundemuseum gebracht, das sie heute zu seinen kostbarsten Schätzen zählt.

6 Der Wille der Götter

KRIEG UND RELIGION gehörten bei den Azteken eng zusammen. «Es ist keine Übertreibung», schreibt ein Wissenschaftler unserer Tage, «wenn man sich die gesamte Organisation der aztekischen Herrschaftsform auf das eine Ziel hin ausgerichtet denkt, den unsichtbaren Mächten möglichst viele Menschenherzen zu opfern.»

Der Sinn der aztekischen Religion bestand darin, die guten Geister an sich zu binden und die bösen fernzuhalten oder zumindest zu besänftigen. Die Sonnenanbetung spielte eine wichtige Rolle, ergänzt durch die Götter der vier Himmelsrichtungen, von denen jeder seine eigene Farbe besaß.

«Die aztekische Religion erwuchs aus der Begegnung mit den Naturkräften, aus der Furcht vor ihnen und aus dem Versuch, sie in Grenzen zu halten», schreibt George C. Vaillant. «Die Auseinandersetzung des Menschen mit den Elementen und deren Einordnung nach dem Maß ihrer Bedeutung sind für die Entwicklung einer Kultur ebenso bedeutsam wie die Kunst, die Technik oder die gesellschaftliche Organisation.

Nach dem Glauben der Azteken durchlief die Welt vier, das heißt eigentlich fünf Zeitalter oder «Sonnen». Die Einzelheiten weichen voneinander ab, aber die Angaben auf dem großen Kalenderstein dürfen wohl als die offizielle Auffassung in Tenochtitlán gelten. Im ersten Weltzeitalter, Vier-Ozelot, war Tezcatlipoca der oberste Gott, der sich am Ende in die Sonne verwandelte, während Jaguare die Menschen und Riesen auffraßen, die damals die Erde bewohnten. Quetzalcoatl war der Herrscher des zweiten Weltzeitalters, Vier-Wind, in dem die Welt durch Orkane vernichtet und die Menschheit in Affen verwandelt wurde. Der Regengott Tlaloc brachte im dritten Abschnitt, Vier-Regen, das Licht. Chalchihuitlicue, «Unsere Herrin mit dem Türkisrock», regierte im vierten Weltzeitalter, Vier-Wasser, in dem eine Flut kam und die Menschen in Fische verwandelte. Das fünfte Zeitalter, Vier-Erdbeben, stand unter der Herrschaft des Sonnengottes und sollte nach Auffassung der Azteken, wenn die Zeit gekommen sei, mit einem Erdbeben zu Ende gehen.

Jede Pflanze hatte ihren Gott, jedes Amt seinen Gott oder seine Göttin. Yacatecuhtli zum Beispiel war der Schutzpatron der Kaufleute. Es gab eine unübersehbare Menge «persönlicher» Götter mit besonderen Aufgaben und Funktionen. Schließlich waren die Priester die einzigen, die diese verwickelte polytheistische Welt mit allen ihren kultischen Vorschriften wirklich auseinanderhalten konnten.

Der einfache Mann aber hielt sich an die bekannten Götter. Er erwarb eine kleine Maisgöttin auf dem Markt, die er unter Tränen und Gebeten in sein Maisfeld *(milpa)* eingrub, eine Agavengöttin (Mayahuel) für seine Hütte, unter deren Augen er den süßen Maguey-Sirup zu Pulque vergären ließ.

Es gab verschiedene Götter, die in menschliche Angelegenheiten eingriffen und deshalb mehr verehrt wurden als die anderen. Sie waren ausnahmslos Himmelsgötter, und einer von ihnen galt in der Regel als Schutzpatron eines Stammes, der die höchste Macht in sich vereinigte. Ihm wurde der Haupttempel eines Gemeinwesens errichtet, ihm wurden die speziellen Opfer der betreffenden Sippe oder des *calpulli* gebracht.

Der Regengott Tlaloc ist sehr alt und geht bis auf die toltekische Zeit zurück. Er ist gekennzeichnet durch große Augenringe, lange Fangzähne und eine Spirale über seinen Lippen. In Tenochtitlán waren ihm und dem Nationalgott Huitzilopochtli die beiden Haupttempel geweiht. Da er die Gewalt über den Regen besaß, war es für die Bewohner des mexikanischen Hochlandes besonders wichtig, sich seine Gunst – vor allem durch die Menschenopfer – zu erwerben und zu erhalten.

Huitzilopochtli («Kolibri-Zauberer») war der Hauptgott der Azteken. Er war die Sonne, der ewig junge Krieger, der mit den anderen Göttern kämpfte, damit die Menschen leben konnten. Jeden Morgen erhob er sich, focht wider die Nacht, die Sterne, den Mond und brachte, mit Sonnenblitzen bewaffnet, den neuen Tag. Als Dank für diese ewigen Schlachten gebührte ihm der kostbarste Lebenssaft – Blut. Und so war es die heilige

Die Götter der Azteken: *Tezcatlipoca, der große Himmelsgott; Huitzilopochtli («Kolibri-Zauberer»), der Kriegsgott; Yacatecuhtli, der Gott der reisenden Kaufleute; Tlaloc, der Regengott.*

Tages-Hieroglyphen *des aztekischen Kalenders, von denen es insgesamt 20 gab: 13-Hund, 1-Affe,*

Pflicht eines jeden Azteken – denn alle waren Teil einer Bauernmiliz –, Gefangene zu machen und dem Huitzilopochtli Herz und Blut eines Menschen, den Nektar der Götter, darzubringen. «König» Ahuitzotl hatte von einem zweijährigen Feldzug in Oaxaca mehr als 20000 Gefangene mitgebracht, die bei der Einweihung der großen Tempelpyramide des Huitzilopochtli geopfert wurden. Sie wurden in Reihen aufgestellt und einer nach dem anderen mit ausgebreiteten Armen auf den Opferstein gelegt. Man schnitt ihnen das Herz heraus, hielt es der Sonne entgegen und legte es, noch zuckend, in die Opferschale des Chac-Mool.

Quetzalcoatl, die «Gefiederte Schlange», der Gott des Wissens und des Planeten Venus, wurde in verschiedenen Gestalten verehrt. Die Skulpturen von Teotihuacán und Chichén Itzá zeigen eine gefiederte Schlange, und in den Berichten werden die Namen Quetzalcoatl und Kukulcan genannt. Die Chroniken und Mythen berichten von dem großen König Quetzalcoatl, der den Tolteken die Kultur brachte und nach Osten auf den Ozean hinausfuhr, um dereinst zu seinem Volk zurückzukehren. Gleichzeitig wurde der Name Quetzalcoatl nicht nur auf den sagenhaften König angewendet, sondern auch von den Oberpriestern in Tenochtitlán als Titel

Die vier Jahreszeichen: *1-Haus, 2-Kaninchen, 3-Rohr, 4-Messer.*

2-Gras, 3-Rohr, 4-Ozelot, 5-Adler, 6-Geier, 7-Bewegung.

geführt. «Die einander widersprechenden Angaben», schreibt George C. Vaillant, «deuten meiner Ansicht nach darauf hin, daß Name und Begriff des Gottes nicht von einem bestimmten Wesen oder einer Person ihren Ausgang nahmen, sondern sich aus der Erfahrung zahlreicher Völker über lange Zeitläufte herleiteten, die damit die Herkunft jener Segnungen, die für ihr körperliches und geistiges Wohl bestimmend waren, erklären und ehren wollten.»

Die Priester lenkten das geistige Leben der Stadt. Sie verfeinerten den Kult und verstanden es, dem Volk die Vorstellung von der Macht und Allgegenwart der Götter einzuflößen und die Kunst ganz in ihren Dienst zu stellen. Sie führten auch Regie bei den kultischen Schauspielen, in denen phantastisch kostümierte Tänzer mythologische Vorstellungen personifizierten. Unter ihrer Aufsicht verlief das Leben der Azteken in einem sich regelmäßig wiederholenden Zyklus von rituellen Handlungen und Opferzeremonien, und sie waren klug genug, ihre Macht nicht offen auszuspielen.

Zwei Hohepriester *(quequetzalcoa)* überwachten das religiöse Leben. Ihnen unterstand ein anderer einflußreicher Priester, der die Tributeinkünfte, die Heranbildung der Kultdiener und die Ausbreitung des Glaubens in den

neueroberten Dörfern überwachte. Wie es heißt, gehörten der Tempelgemeinschaft in Tenochtitlán allein fünftausend Personen an, die hier als Lehrer, Schriftkundige und Astronomen tätig waren. Sie kleideten sich in Schwarz; ihre *tilmantli* waren mit Kanten von Totenschädeln und Eingeweiden verziert. Bernal Díaz sagt, daß die Priester «lange schwarze Roben trugen wie die Dominikaner» und daß ihr langes Haar so verfilzt und mit Blut verkrustet gewesen sei, daß es wie eine starre Masse aussah.

Die Azteken richteten sich bei allen Unternehmungen nach dem Kalender. Es gab einen rituellen, 260 Tage umfassenden Kalender *(tonalpohualli)* und eine Art Sonnenkalender, der auf achtzehn Monaten zu je zwanzig Tagen und den fünf sogenannten «leeren Tagen» *(nemontemi)* beruhte. Der rituelle Kalender, eine geheimnisvolle, wohl kaum auf astronomischen Berechnungen basierende Zeiteinteilung, war bereits den Maya unter dem Namen *tzolkin* 1500 Jahre lang bekannt gewesen. Er bestand aus zwanzig Perioden von je 13 Tagen. Außerdem gab es zwanzig verschiedene Tageszeichen – *calli* (Haus), *coatl* (Schlange), *malinalli* (Gras), *tochtli* (Kaninchen) usw. Sie wurden in Verbindung mit den Nummern 1 bis 13 gezählt: 1-Gras, 2-Rohr, 3-Ozelot usw. bis zu 13-Eidechse, dann begann die nächste Periode. Auf diese Weise würde der Name Gras bei der ersten Zählung mit der Nummer 8 koinzidieren, gefolgt von 9-Rohr, 10-Ozelot usw. bis zu 13-Bewegung. Dieses Schema reicht für einen ununterbrochenen 52-Jahre-Zyklus aus oder für einen Zeitraum von 18980 Tagen, von denen keiner mit einem anderen verwechselt werden konnte, da der Name des Tages und seine dazugehörige Zahl eine Wiederholung innerhalb dieser 52 Jahre ausschloß. Jedes Jahr wurde nach dem Namen seines ersten Tages benannt, so daß ein mit Ein-Rohr bezeichnetes Jahr erst nach 52 Jahren wiederkehren konnte.

Das eindrucksvollste Denkmal dieses Systems ist der aztekische Kalenderstein, der im ehemaligen Bezirk des großen Tempels von Tenochtitlán gefunden wurde. In seinem Zentrum zeigt er die von den vier Weltzeitaltern umgebene Sonne, von einem Kreisband mit den 20 Tageszeichen umrahmt und mit den Symbolen der Weltzeitalter verziert.

Das Sonnen-Jahresbündel (*xiuhmolpilli*), wie die Azteken es nannten, bestand aus 360 Tagen, in 18 Monate zu je 20 Tagen unterteilt, und den geheimnisvollen fünf «leeren Tagen» (*nemontemi*), die weder Zahl noch Namen hatten.

Die mögliche Zählkombination von 260 (20×13) und 365 Tagen (deren Primzahlen 5 und 73 sind) ist, wie Franz Boas graphisch darlegte, 18980 Tage. Dies war der 52-Jahre-Zyklus; nach dieser Periode wiederholte sich die gleiche divinatorische Kombination. In einer anderen Form erkannten die aztekischen Mathematiker oder jene Vorfahren, von denen sie diesen höchst komplizierten Kalender übernahmen, daß 73 Jahre des divinatori-

Der aztekische Kalenderstein, *fast 4 Meter im Durchmesser, mit den Symbolen der vier vorgeschichtlichen Weltzeitalter. In der Mitte die Sonne, umgeben von den 20 Tageszeichen und zwei Türkisschlangen als Symbolen des Tageshimmels. Der Stein wurde 1790 beim Neubau der Kathedrale von Mexico-City im ehemaligen Bezirk des aztekischen Tempels gefunden.*

schen Kalenders (20×13×73) die gleiche Tageszahl von 18980 und somit wieder den magischen 52-Jahre-Zyklus ergaben.

Warum befaßten sich die Azteken so ungewöhnlich intensiv mit der Zeit? Erschien ihnen die Unendlichkeit der Zeit so erschreckend, obgleich sie sie mit ihren Ritualen und Festen in deutlich abgegrenzte Perioden unterteilten? Niemand vermag es zu sagen. Die Priester mußten das Ritual nach höchst schwierigen Methoden berechnen; sie mußten die genauen Relationen

Stein des Tizoc. *Auf diesem Trachytblock leisteten die Häuptlinge dem «König» Tizoc vermutlich den Unterwerfungseid, und in späteren Jahren versammelten sich die Heerführer bei diesem Stein,*

zwischen jedem einzelnen Gott und der Kalenderzeit kennen; denn es kam entscheidend darauf an, den richtigen Gott zur rechten Zeit anzurufen. So war die Opferung nicht ein bloßes Abschlachten von Gefangenen, sondern der Vollzug eines sorgfältig errechneten Rituals mit dem alleinigen Ziel, die Existenz des eigenen Volkes zu erhalten.

Jedesmal, wenn der Priester das Ende eines Jahres verkündete, kamen die gefürchteten *nemontemi,* die «fünf leeren Tage». Dann wurden die Feuer

wenn die Kriegsentscheidung gefallen war. Die Basreliefs zeigen Tizoc, als Huitzilopochtli dargestellt, wie er die besiegten Feinde zum Zeichen endgültiger Unterwerfung an den Haaren packt.

Aztekische Krieger *in voller Kriegsrüstung mit prächtigem Kopfschmuck, Schilden und Gesichtsbemalung. Die runden, hölzernen Schilde sind mit Leder überzogen und mit den Clanszeichen*

gelöscht, man fastete und übte Enthaltsamkeit; Künstler und Händler legten ihre Arbeit nieder. In der Abenddämmerung des fünften Tages befragten die Priesterastronomen ihre Kalenderbücher, beobachteten die am Himmel erscheinenden Plejaden und verkündeten den Fortbestand der Welt. Dann ergriffen sie ein Opfer, schnitten ihm die Brust auf, rissen das Herz heraus und entzündeten in der frisch blutenden Wunde ein neues Feuer. Von dieser Flamme brachte man das Feuer wieder in die Tempel, aus denen es sich die Bevölkerung von ganz Mexico-Tenochtitlán für das neue Jahr holte.

Der Krieg stand, wie bereits erwähnt, in direkter Verbindung mit Religion (Gefangene für die Opferung) und Wirtschaft (Aufbringung der Abgaben für den Tributstaat). Der Krieg galt als geheiligt. Jeder kampffähige Mann gehörte der Bauernmiliz an; die einzigen Berufssoldaten in der azte-

geschmückt. Die Speerspitzen sind mit Obsidianklingen versehen. Die Krieger trugen gesteppte, in Salzlake gestärkte Baumwolltuniken, eine Ausrüstung, mit der sie den Spaniern überlegen waren.

kischen «Konföderation» waren die Leibwächter des «Ersten Sprechers». Der Krieg als Bestandteil der aztekischen Politik begann mit Verhandlungen. Man schickte Gesandte – *quauhaquauh nochtzin* – zu den Dörfern oder Stämmen mit dem Vorschlag, sich dem aztekischen «Commonwealth» anzuschließen. Sie boten Handels- und Straßenschutz an gegen die Forderung, den aztekischen Nationalgott Huitzilopochtli neben ihrer lokalen Gottheit aufzustellen und alle sechs Monate den festgesetzten Tribut zu entrichten. Die Verhandlungen waren zeitraubend und schwierig; man räumte gewöhnlich auch einen Monat Bedenkzeit ein.

Wenn der Viererrat den Krieg beschlossen hatte, versammelten sich die Krieger auf der Plaza vor dem Stein des Tizoc, einem großen, während der Herrschaft des Tizoc (1481 bis 1486) errichteten zylindrischen Trachytblock.

Er hatte einen Durchmesser von 2,5 Metern und war mit Basreliefs geschmückt, die aztekische Krieger bei der Gefangennahme der Gegner zeigten (dadurch versinnbildlicht, daß man den Feind an den Haaren packte). Anführer des jeweiligen Feldzuges war gewöhnlich ein Blutsverwandter des «Ersten Sprechers». Seine auffallend prächtige Kriegsausrüstung kennzeichnete ihn in der Schlacht als gesuchtes Angriffsziel. Die Angehörigen des Adlerordens trugen als Kopfschmuck die Nachbildung eines offenen Adlerschnabels und Federmäntel aus Adlerflaum; die Jaguarritter kleideten sich in Jaguarfelle. Die einfachen Krieger trugen Waffenröcke und Schilde mit dem Totemzeichen ihrer Sippe. Ehe sie sich auf den Weg machten, mußten die Priester das *tonalamatl*, den Wahrsagekalender, nach den Aussichten des Sieges befragen.

Die Azteken waren, verglichen mit den europäischen Soldaten von 1519, nur leicht bewaffnet. Ihr Kopfputz war mehr Schmuck als Schutz; ihre Baumwollröcke hatten sie jedoch durch Eintauchen in eine Salzlake versteift. «Sie hatten Rüstungen aus Baumwolle», berichtet Bernal Díaz, «die bis zu den Knien reichten», und waren den Spaniern in dieser Tropenausrüstung entschieden überlegen. Ihre Schilde waren aus Holz gefertigt und mit Tierhaut überzogen. Die Nahkampfwaffe war das *maquahuitl*, eine Art Kurzschwert mit Obsidianklingen, scharf genug, mit einem Hieb den Kopf eines Pferdes abzuschlagen. Pfeil und Bogen verwandten sie «mit großem Geschick», wie Bernal Díaz zugab, der selbst einige Pfeile abbekommen hatte.

Die Strategie war durch die Natur des Landes bedingt. Kriege durften nur von kurzer Dauer sein, da man keine Lasttiere kannte und alles selbst auf dem Rücken herbeitragen mußte. Es gab kein Nachschubsystem, wie es die Inka in Peru entlang ihren vorbildlich ausgebauten Straßen errichtet hatten. Zeitraubende Belagerungen waren unter diesen Umständen fast undenkbar. Es kam vor allem darauf an, den Gegner schnell niederzuringen und möglichst viele Gefangene (für das Sakralopfer) zu machen.

Für die Inselstadt Tenochtitlán bot das Wasser einen natürlichen Schutz gegen Angreifer, ausgenommen die Spanier. Normalerweise wurde auf freiem Felde gekämpft. Die Krieger marschierten mit Trommeln und Schneckentrompeten aufeinander zu (etwa in der Art, wie sie die Fresken des Maya-Tempels in Bonampak zeigen). Den Spaniern gegenüber wandten die Maya in der ersten Auseinandersetzung die gleiche Taktik an; sie marschierten «in Schlachtordnung auf, pfiffen und ließen ihre Trompeten und Trommeln ertönen».

Vor Beginn des Feldzuges zogen Abgesandte durch die Dörfer und Städte und veranlaßten die Bereitstellung von Proviant. Es war kaum möglich, einen größeren Feldzug geheimzuhalten. In manchen Fällen verzichteten die Azteken von vornherein auf den sonst üblichen Überraschungsangriff aus dem Hinterhalt. Sie ließen dem Feind Zeit, sich zu bewaffnen, oder schickten ihm sogar selbst Waffen – zum Beweis, daß die Entscheidung auf dem Schlachtfeld in Wahrheit der Wille der Götter sei.

Hatten sich die Gegner auf Schußweite genähert und sich die ersten Pfeile um die Köpfe schwirren lassen, kamen die Steinschleudern an die Reihe und schließlich die Speere, die bereits ein beträchtliches Blutbad anrichten konnten. Dann fiel man laut schreiend mit dem *maquahuitl,* der Nahkampfwaffe, übereinander her. Höchstes Ziel war es, den Anführer gefangenzunehmen. Meistens fiel die Entscheidung bereits beim ersten Treffen. Das Gemetzel zwang den Feind zur Flucht, und dann galt es, möglichst viele Gefangene zu machen. Zum Zeichen des Sieges brannten die Azteken die Tempel der Eroberten nieder (in ihrer Bilderschrift das Symbol der Unterwerfung). Dann bestimmte der Tributrat die Höhe der Abgaben, die alle sechs Monate zu leisten waren. Die Kriegsgefangenen brachte man nach Tenochtitlán als Opfer. War der Stamm unzuverlässig, errichtete man eine Garnison in seiner Nähe und nahm die Häuptlinge als Geiseln mit. Den Versuch, die neueroberten Gebiete im eigenen Staatswesen aufgehen zu lassen, unternahmen die Azteken nicht.

Die Gilde der «reisenden Händler» (*pochteca*) hatte ihre eigenen Gesetze und Vorrechte, die sich vom Vater auf den Sohn vererbten. Sie lebten in gesonderten Bezirken oder *calpulli* (Pochtlán war

Kaufleute unterwegs: *Da man keine Lasttiere kannte, mußten alle Waren von Sklaven auf dem Rücken von Dorf zu Dorf transportiert werden.*

Kaufleute melden sich bei Moctezuma: *Sie bringen dem Herrscher Luxusartikel aus den tropischen Gebieten.*

Die Kaufleute (pochteca) bildeten eine selbständige Gilde. Oben: Eine Konferenz der Kaufleute. Unten: Bestrafung eines unehrlichen Kaufmanns. (Aus dem ‚Codex Florentino'.)

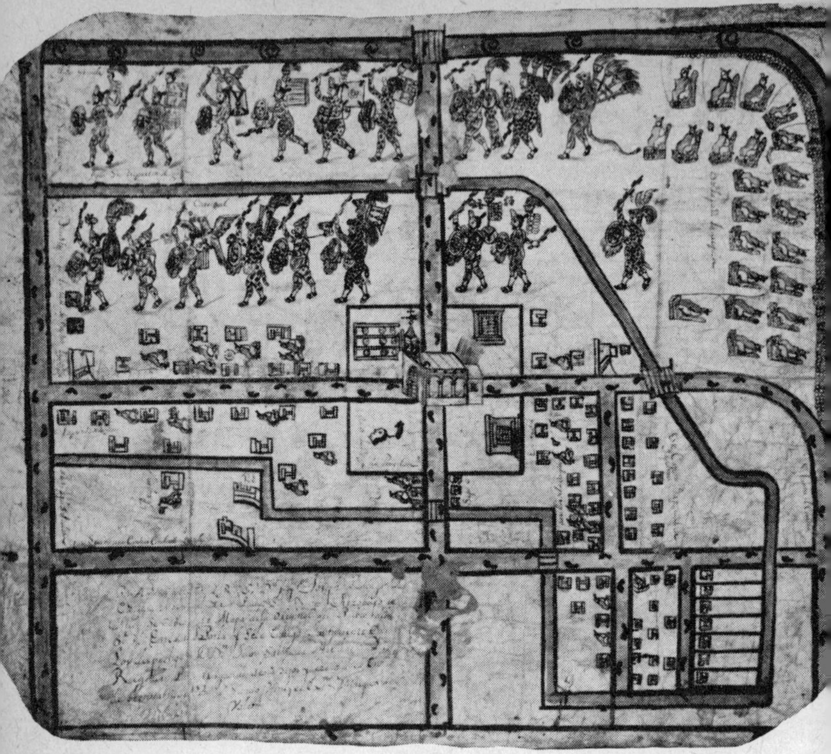

Straßennetz *eines aztekischen Dorfes (die Fußabdrücke zeigen, daß die Straßen eben erst begangen wurden) mit eingezeichneten Häusern und einer aztekischen Kriegertruppe in voller Ausrüstung. Der Plan ist erst nach der Eroberung entstanden (im Zentrum eine christliche Kirche), aber Cortés hatte auf seinem Eroberungszug bereits ähnliche Ortspläne besessen.*

einer ihrer Bezirke). Sie brauchten keine Steuern zu zahlen, hatten ihre eigenen Götter und unterstanden nicht dem gewöhnlichen Gericht.

Angeblich gehen die Anfänge des Handels in Mexiko auf das Jahr 1504 zurück, in Wirklichkeit aber sicherlich auf eine viel frühere Zeit. Das Bedürfnis zu handeln ergab sich ganz folgerichtig aus dem Überschuß an Produktionsgütern – anfangs durch die Tributschätze, die sich in der Stadt stapelten, und später durch die zunehmende handwerkliche Betätigung der Bevölkerung. Innerhalb und außerhalb der Stadt verfertigte man Baumwollgewänder, Pelzkleidung aus Kaninchenfellen, Obsidian- und Kupferspiegel, Schminke (eine Tinktur aus Scharlachrot und Fett) zum Bemalen des Gesichts, Heilkräuter, Blumenpasten als Grundlage für Parfüms.

Das aus Seewasser gewonnene Salz und andere leicht transportable Dinge gehörten ebenfalls zu den Handelsgütern, die man gegen Federn, Edelsteine, Kakao und Kautschuk aus den Tropengebieten eintauschte.

Der Handel war das Monopol der *pochteca.* Sie verbrachten Tage, Wochen oder sogar Monate damit, die Waren für die verschiedenen Märkte und die erforderlichen Trägerkolonnen zusammenzustellen. In ungesicherte Gebiete ließen sie sich von aztekischen Kriegern begleiten. Kam ein *pochteca* im fremden Land ums Leben, wurde er geehrt wie ein gefallener Krieger.

Die Karawanen der Azteken drangen bis nach Guatemala und an der pazifischen Küste (die nicht zum Herrschaftsbereich der Maya gehörte) südwärts bis nach Nicaragua vor. Oft waren sie zwei Jahre lang unterwegs. Sie ließen häufig Kolonisten zurück, kleine «Inseln» von Nahuatl sprechenden Stammesgenossen, *pipil* genannt, deren aztekische Abstammung sich noch heute an den Mustern ihrer Töpferarbeiten und an der Verwendung des Tlaloc-Symbols erkennen läßt.

Der Mexikaner *verwendete das Rad – von einzelnen Spielzeugbeispielen abgesehen – weder als Fortbewegungsmittel noch als Töpferscheibe oder Maismühle.*

Sänften *wurden nur verwendet, wenn hohe Würdenträger reisten. Hier wird Moctezuma von zwei Männern getragen, während ein dritter voranschreitet und auf einer Schneckentrompete bläst.*

Kanufahrer *aus dem Codex Mendoza. Die Einbäume waren als Transportmittel auf die Seen beschränkt.*

Über das aztekische Straßennetz ist wenig bekannt, daß es aber gute Verkehrswege gab, muß angenommen werden. Allerdings existiert noch keine so grundlegende Übersicht wie beispielsweise über das Straßennetz der Maya oder über die Inka-Straßen an der Westküste von Peru.

Die bekannteste aztekische Straße war die Verbindung von Vera Cruz nach Tenochtitlán, auf der Cortés mit seiner kleinen Armee aus den tropischen Küstengebieten ins mexikanische Hochland zog.

Das Rad wurde, von einigen Kinderspielsachen abgesehen, in Mexiko nicht verwendet, ebensowenig die Töpferscheibe oder die Drehmühle. Aber selbst wenn die Azteken das Prinzip des Rades gekannt hätten, bleibt es fraglich, ob es ihnen ohne Zugtiere von Nutzen gewesen wäre. Sie kannten und verwendeten die Sänfte, die allerdings vermutlich nur eine rein kultische Bedeutung hatte. Als allgemeines Beförderungsmittel, wie bei den Inka und den Chimú in Südamerika, gebrauchten sie die Azteken nicht. Moctezuma ließ sich beim ersten Zusammentreffen mit den Spaniern auf einem goldenen Sessel vor die Stadt hinaustragen. Als Cortés den unglücklichen letzten aztekischen «König», Cuauhtemoc, mit auf seine Expedition nach Honduras nahm, mußte er ebenso zu Fuß gehen wie die übrigen Indianer.

Der Verkehr zu Wasser beschränkte sich auf die Seen. Die Azteken hatten Einbäume, mit denen sie die Güter in die Stadt brachten und die Fäkalien von den öffentlichen Bedürfnisanstalten abtransportierten.

Die Azteken kannten keinen anderen Bootstyp als das Kanu. Nachdem Cortés zwei mittelgroße Schaluppen hatte bauen lassen, lud er den von ihm gefangengehaltenen Moctezuma zu einer Segelfahrt nach einer entfernteren Insel ein. Als sie über den windbewegten See dahinfuhren, zeigte sich «Moctezuma sehr begeistert und sagte, daß diese Verbindung von Segeln und Rudern eine großartige Sache sei». Zur Übermittlung von Botschaften gab es Kuriere, wenn auch nicht in dem bewundernswerten Stafettensystem der Inka, deren *chasqui* in fünf Tagen eine Strecke von zweitausend Kilometern zurücklegen konnten.

Die piktographischen Botschaften wurden in einen gegabelten Stock gesteckt. Es ist nicht erwiesen, aber sehr wahrscheinlich, daß die Kuriere und Kundschafter auf wichtigen Missionen von einem Künstler begleitet wurden. Cortés war überrascht, unter den Abgesandten Moctezumas, die ihn in Vera Cruz aufsuchten, auch «einige geschickte Maler» zu entdecken, deren Aufgabe es war, «naturgetreue Bilder von Cortés und seinen Offizieren, von den spanischen Soldaten, Schiffen und Pferden und sogar von den beiden Windspielen und den Kanonenkugeln anzufertigen». Später stellte Cortés fest, daß Moctezuma über alle Aktionen der Spanier seit ihrer Landung in Mexiko genauestens informiert gewesen war.

Alle «fortschrittlichen» Kulturen (überraschenderweise mit Ausnahme der der Inka, Chimú, Mochica und der Tiahuanaco-Kultur in Südamerika) hatten eine Art von Papier, eine Hieroglyphenschrift und eine gewisse literarische Überlieferung. Die Azteken waren auf allen diesen Gebieten geradezu vorbildlich. Das Papier *(amatl)* gehörte zu den Tributgütern. In den Tributlisten des Moctezuma wird die erstaunliche Menge von 480000 Blatt Papier genannt, die jährlich in Tenochtitlán abzuliefern war.

Eine Art Papier wurde auch in Yucatan schon sehr früh hergestellt und möglicherweise von den Maya schon um 1000 v. Chr. verwendet. Sie falteten es und fertigten kolorierte Bücher daraus an. Die mühsam aus den inneren Bastfasern des wilden Feigenbaumes *(Ficus petiolaris)* hergestellten Folien hatten die Qualität und das Aussehen von richtigem Papier. Leider sind nur drei dieser Maya-Codices der vom Bischof Diego de Landa befohlenen «Bücherverbrennung» in Yucatan entgangen.

Auch die Tolteken hatten eine Bilderschrift und die gleiche graphische Technik. Die Mixteken in Cholula kannten ebenfalls Papier und Schrift; einige ihrer Codices sind noch vorhanden. Das gleiche gilt für die Zapoteken in Oaxaca und für die Totonaken in Vera Cruz. Bernal Díaz entdeckte ganze Stapel von Büchern in der Nähe der totonakischen Stadt Cempoala: «Dann kamen wir durch verschiedene Siedlungen..., fanden Häuser mit Götzenbildern... und viele Papierbücher, die in Falten gelegt waren wie spanisches Tuch...»

Die Tatsache, daß die Indianer Bücher und eine Hieroglyphenschrift besaßen, versetzte die Konquistadoren in großes Erstaunen. «Da gibt es so vieles, worüber man nachdenken muß», schrieb Bernal Díaz, «daß ich gar nicht weiß, wie ich alle die seltsamen und nie gesehenen oder auch nur erträumten Dinge beschreiben soll.»

Mit dem ersten Goldtransport gelangten auch zwei solcher Bücher mit nach Spanien. Glücklicherweise fielen sie in die Hände des italienischen Humanisten Pietro Martire d'Anghiera, der sich damals in Sevilla aufhielt; sein Briefwechsel mit den Wissenschaftlern seiner Zeit enthält die ersten Details über diese «Bücher der Indianer».

Das aztekische Bildzeichen für *amatl* war eine Rolle. Außerdem benützte man auch noch ein gelbes, blattweise gehandeltes Papier, das aus der Stadt Amacoztitlán am Rio Amacuzac im heutigen Bundesstaat Morelos kam und ebenfalls aus der Faser des Feigenbaumes *(Ficus petiolaris)* gewonnen wurde. Das gesamte, unterhalb von 1500 Metern gelegene tropische Gebiet war das Zentrum der Papiererzeugung im alten Mexiko. Itzamatitlán, ein Dorf im Bundesstaat Morelos, lieferte ebenfalls eine eigene Papiersorte.

Der größte Teil des Papiers diente zur Aufzeichnung von Stammbäumen, Gerichtsprotokollen, Berichten über Landzuteilung. Es gab Hunderte, ja Tausende von Landregistern und Tributrollen, da sie in jedem Bezirk oder *calpulli* getrennt geführt wurden. Bernal Díaz blätterte sie durch, als er die zahllosen Räume im Palast Moctezumas besichtigte; er sah einem «Rechnungsführer» zu und stellte fest, daß «alle Abgaben... genau in die Bücher eingetragen wurden, die aus Papier bestehen, das sie *amatl* nennen».

Die aztekische Schrift war, wie alle anderen frühen Schriften, nicht phonetisch. Sie war im Jahr 1519 noch rein piktographisch: eine umwickelte Mumie war das Symbol des Todes; eine wandernde Person oder Gruppe wurde durch Fußspuren, die optische Wahrnehmung durch ein Auge, das Sprechen durch eine Zunge zum Ausdruck gebracht. Das Zeichen für Berg ist auch für den Ungeübten auf den ersten Blick zu erkennen. Für dieses System gab es ursprünglich kein Alphabet. Die Azteken verstanden es jedoch, eine Reihe von bildlichen Elementen, oft abstrakter Natur, so zusammenzusetzen, daß sie – auch durch Farbe und verschiedene Anordnung – höchst differenzierte Bedeutungen ausdrücken konnten. Die aztekische «Literatur» beschäftigte sich meist mit historischen Dingen. Da gab es Annalen, Jahreszählungen, die Tages- und Stundenbücher, ja sogar Tagebücher. Man beschrieb planetarische Ereignisse, Sonnenfinsternisse, Sternenbahnen, Beobachtungen von Himmelserscheinungen, die auf das Leben der Azteken eingewirkt hatten oder einzuwirken versprachen. Ihre Legenden beschäftigen sich mit der Vergangenheit, schildern die Wanderungen ihrer Vorfahren, die Kriege, Konflikte und die Gründung von Städten.

Der Aufstieg und Fall von Mexiko ist eine Geschichte, die beliebig oft wiederholt werden kann und doch immer ihren romantischen Zauber behält. Die Spanier waren sich der historischen Tragweite des erlebten Augenblicks voll bewußt. Hernando Cortés verfaßte seine berühmten fünf Briefe, während rings um ihn das Blut der Azteken floß. Drei seiner Gefährten schrieben ihre Erlebnisse ebenfalls nieder. Einer von ihnen war Bernal Díaz del Castillo, dem noch mit 84 Jahren «alles so lebhaft vor Augen steht, als sei es erst gestern gewesen».

Hernando Cortés trat in einem psychologisch günstigen Augenblick in Mexiko ein (ähnlich wie Francisco Pizarro, der kurz nach einem Bürgerkrieg der Inka nach Peru kam). Die Azteken erwarteten ihren Gott Quetzalcoatl aus dem Osten. Kolumbus war auf seiner vierten und letzten Reise 1502 mit den Maya zusammengetroffen. Die Kunde hatte sich wie ein Lauffeuer verbreitet und war den aztekischen Kaufleuten auf dem traditionellen Markt zu Xicalango an der Küste von Yucatan zu Ohren gekommen. Moctezuma übernahm 1503 die Herrschaft. Während seiner Regierungszeit tauchten längs der Golfküste mehrmals weiße Männer auf und verschwanden wieder. Quetzalcoatl, der einst als Vertriebener auf den Ozean hinausgesegelt war, hatte prophezeit: «An dem Tage der Wiederkehr meiner Geburt, Ce-Acatl, im Jahre Ein-Rohr, werde ich zurückkommen.» Nach dem aztekischen Kalender konnte dieses Jahr Ein-Rohr, in die christliche

Cortés und sein Heer *beim Angriff auf Xolloco. Die Darstellung entstand etwa 30 bis 40 Jahre nach der Eroberung und ist stilistisch von den Spaniern stark beeinflußt.*

Die Maske von Izamal. *Nach einer Zeichnung von Frederick Catherwood, der 1842 gemeinsam mit John Lloyd Stephens das Gebiet erforschte. Es ist die einzige – hier im malerischen Mondlicht festgehaltene – Ansicht dieser heute zerfallenen Pyramidenmauer.*

Zeitrechnung übertragen, nur auf die Jahre 1363, 1467 oder 1519 fallen. Und in eben diesem Jahr 1519 landete Hernando Cortés an der Küste bei Vera Cruz, und eines der ersten Geschenke, die ihm Moctezuma sandte, war ein prächtiger Kopfschmuck aus Quetzalfedern. Lange Jahre der Not und Bedrängnis lagen hinter dem aztekischen Volk; es hatte die Unsicherheit seiner Zukunft gespürt, während die Priester Himmel und Erde nach Zeichen des Unheils zu erforschen suchten. Man hatte ganze Kolonnen von Sakralopfern aus den tributpflichtigen Dörfern geholt und auf dem Opferstein getötet. Aber die Götter gaben keine Antwort auf die Fragen nach der Herkunft der seltsamen Geschöpfe, die an den Küsten auftauchten und verschwanden. Die ständig neu geforderten Menschenopfer hatten zudem bei den Tributstämmen eine zunehmende Feindschaft gegen die Azteken ausgelöst.

Zu diesem Zeitpunkt erschien Hernando Cortés. Er kam mit neuen Waffen, mit Pferden, stählernen Rüstungen und neuen Göttern. Zwei verschiedene Welten, zwei völlig fremde Menschenrassen stießen aufeinander: Der Azteke betrachtete sich nicht als selbständiges Einzelwesen; sein Denken bewegte sich im Rahmen der Sippe. Der Spanier glaubte an sich selbst, die höchste Realität war seine eigene Individualität.

Am Tage des heiligen Hippolyt, dem 13. August 1521, war die Eroberung Mexikos abgeschlossen. Die Kultur der Azteken versank in einem Meer von Blut und Feuer.

II

Maya

7 *Dunkle Jahrhunderte*

DAS GEHEIMNIS DES UNERFORSCHLICHEN liegt noch immer über der Geschichte der Maya. Seit vier Jahrhunderten, seit ihrer Entdeckung durch Christoph Kolumbus, haben Konquistadoren, Priester, Historiker, Geographen, Archäologen und Techniker – von den *pícaros*, den schatzsuchenden Abenteurern, ganz zu schweigen – vergeblich versucht, das Geheimnis der Maya zu ergründen.

Der größte Teil unseres Wissens über die Maya – jenes Volk, das vor 900 n. Chr. die großen Städte erbaute – beruht auf Rückschlüssen aus den erhaltenen Überresten ihrer Kunst. Sie waren das einzige Ausdrucksmittel eines schreib- und leseunkundigen Volksstammes. Von den Anfängen der Maya – um das Jahr 2000 v. Chr. – bis zum Jahr 987 n. Chr. existieren weder greifbare Aufzeichnungen noch Überlieferungen. Einzig und allein die Ruinen ihrer Bauwerke, die Reste ihrer Skulpturen, Wandmalereien und Töpferwaren bezeugen ihre Existenz.

Die Geschichte der Maya läßt sich erst vom 9. Jahrhundert an, als sie ihre «Große Wanderung» antraten, mit einiger Zuverlässigkeit rekonstruieren. Damals verließen sie ihre großen Ansiedlungen, wie Copán, Tikal und Palenque, und «zogen herab» auf die Halbinsel Yucatan. Von diesem Zeitpunkt an besaßen sie in Bilderschrift verfaßte und mit Illustrationen versehene «Bücher» über Mythologie, Astronomie (eher Astrologie) und eine Art von Geschichtsschreibung nach allgemeinen mündlichen Überlieferungen.

Nach der Vernichtung der Azteken im Jahr 1521 stand den Maya das gleiche Schicksal bevor. Hernando Cortés war mit ihnen 1519 in Berührung gekommen, hatte aber keine sonderlichen Goldschätze erwartet. Seine Vermutung schien sich zu bestätigen. Und so vollzog sich die Eroberung der Maya durch die Spanier weder in der Härte noch mit der Totalität wie die Vernichtung der Azteken. Da die Maya keine ausgesprochene Hauptstadt hatten, kostete ihre Eroberung – sie dauerte von 1527 bis 1546 – viel Zeit und Menschenleben. Krankheit und Seuchen dezimierten die Spanier, und erst 1697 konnte der endgültige Sieg errungen werden.

Nachdem Yucatan unter das Joch des Friedens gezwungen worden war und die Städte der Spanier aus den Trümmern der Maya-Ruinen erwuchsen, begannen die Padres mit der geistigen Eroberung der Besiegten. Sie waren

Christoph Kolumbus *landete auf seiner vierten und letzten Reise im Jahr 1502 auf einer Insel vor Honduras. Kurz zuvor begegnete er einem großen, von Eingeborenen gesteuerten Einbaumkanu. Auf die Frage, woher sie kämen, antworteten sie den Spaniern: «Aus einem Land Mayam.» Dieser Kupferstich aus dem 17. Jahrhundert zeigt das Schiff des Kolumbus, umgeben von Seejungfrauen, im Hintergrund links mit dem Dreizack Neptun*

die ersten, die in ihren Aufzeichnungen von den Lebensformen der Maya, von ihrer Mythologie, Religion und Geschichte berichteten. Ihre *Relaciónes* waren als eine Art zwanglose Geschichtsbelehrung für den spanischen Hof gedacht. Die zuverlässigsten Aufschlüsse über die Maya gibt das Büchlein *Relación de las Cosas de Yucatán* des Franziskanerbischofs Diego de Landa, dessen Mitteilungen vielen Einzelheiten dieses Buches zugrunde liegen. Er kam 1549 nach Yucatan, beschäftigte sich mit der Sprache der Maya und verstand es, sich vorzügliche Informationsquellen zu beschaffen. Gemessen an seiner Aufgabe – die Maya von ihren alten Traditionen abzubringen und für eine neue Lebensauffassung zu gewinnen – war er ein erstaunlich objektiver Beobachter. Der unumstrittene historische Wert seines Büchleins, das im Jahre 1566 geschrieben, aber erst im 19. Jahrhundert veröffentlicht wurde, geht aus den inzwischen erschienenen zahlreichen Auflagen der «Ereignisse von Yucatan» hervor.

In der Zwischenzeit hatten die Jahrhunderte die Städte der Maya aus dem Gedächtnis der Menschheit gelöscht. Was der Zerstörung durch die Spanier entgangen war, verfiel und wurde allmählich vom dichten Urwald überwuchert. Hin und wieder geschah es, daß ein Europäer zufällig eine Maya-Stadt entdeckte, wie etwa Diego García de Palacío, der Copán als erster fand. Er hielt es für unmöglich, daß diese Stadt von den Eingeborenen erbaut sein könne. Er schrieb sie den Römern zu und stellte Vermutungen darüber an, wie und von woher die Römer nach Yucatan gelangt sein könnten. «Ich werde versuchen», schrieb er an Philipp II., «zu ermitteln, welches Volk hier gelebt hat.» Es blieb beim Vorsatz.

Die archäologische Geschichte der Maya beginnt mit den Ruinen von Palenque. Sie wurden im Jahr 1773 entdeckt – zu einer Zeit, in der Europa sich für die Antike begeisterte. In der Mitte des ersten vorchristlichen Jahrtausends war Palenque eines der großen Zeremonialzentren der Maya gewesen; im 9. Jahrhundert jedoch wurde die Stadt aufgegeben und lag völlig verlassen und vergessen. Bis eines Tages ein Eingeborener einen Priester auf die im Urwald verborgenen Ruinen aufmerksam machte. Der Padre schickte einen Bericht an Karl III. nach Madrid, der veranlaßte, daß italienische Architekten nach der Neuen Welt reisten und das Material zu einer illustrierten *Historia Antigua de América*, einer «Alten Geschichte von Amerika», zusammentrugen.

Seit dieser Zeit sind einige der bedeutendsten Archäologennamen mit dem Geheimnis der Maya verbunden: Alexander von Humboldt, der zum erstenmal Bilderseiten aus dem berühmten Dresdener Maya-Codex veröffentlichte; der originelle Jean Frédéric de Waldeck, der 109 Jahre alt wurde und sich kurz vor seinem Tode als die vornehmste Ruine in Paris bezeichnete. Der versponnene irische Aristokrat Edward King, Viscount Kingsborough, opferte sein Vermögen und schließlich sein Leben, um das Monumentalwerk «Antiquities of Mexico» zu schaffen. William Prescott gibt einige Aufschlüsse über die Maya in seiner «Conquest of Mexico»; aber erst dem New Yorker Rechtsanwalt John Lloyd Stephens verdanken wir wirklich brauchbare Aufschlüsse. Er durchreiste das Land mit seinem Freund, dem englischen Architekten Frederick Catherwood, einem der besten archäologischen Zeichner Europas und der Neuen Welt.

Das Land der Maya, *das heutige Yucatan, Guatemala und Britisch-Honduras, mit den wichtigsten Maya-Siedlungen; viele liegen noch unentdeckt im Urwald verborgen.*

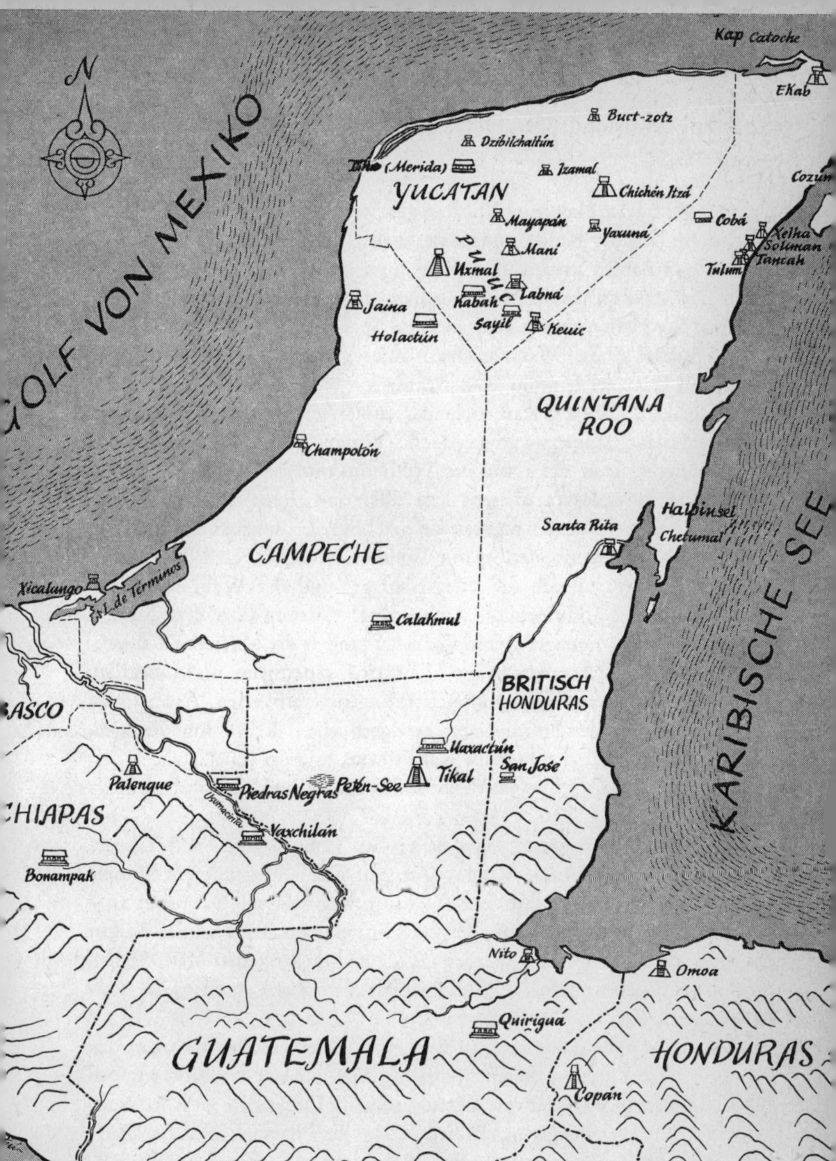
N
GOLF VON MEXIKO
Kap Catoche
Ekab
Buct-zotz
Dzibilchaltún
Tiho (Merida)
Izamal
YUCATAN
Chichén Itzá
Cobá
Mayapán
Yaxuná
PUUC
Maní
Xelha
Soliman
Tancah
Tulum
Uxmal
Labná
Kabah
Jaina
Sayil
Kewic
Holactún
QUINTANA ROO
Champotón
Halbinsel Chetumal
Santa Rita
KARIBISCHE SEE
CAMPECHE
Xicalango
L. de Términos
Calakmul
BRITISCH HONDURAS
Uaxactún
San José
Palenque
Piedras Negras
Petén-See
Tikal
Usumacinta
Yaxchilán
Bonampak
Nito
Omoa
Quiriguá
GUATEMALA
HONDURAS
Copán
Santa Lucia
SALVADOR

Wissenschaftler der verschiedensten Nationen haben sich seitdem mit den Maya beschäftigt; neuerdings auch ein russischer Forscher, Dr. Yuri Knorosow, der behauptet, den «Schlüssel» zum Rätsel der Maya gefunden zu haben.

Der Name der Halbinsel Yucatan geht auf die Spanier zurück. Als sie auf den Spuren des Kolumbus an der Küste entlangzogen und auf zahlreiche Maya-Bauten stießen, fragten sie die Eingeborenen nach ihrer Herkunft. Die Maya antworteten: «Ci-u-than». Das bedeutete soviel wie «Wir verstehen Sie nicht», wurde aber von den Spaniern als Antwort aufgefaßt, und so entstand schließlich daraus der Name «Yucatan».

Bernal Díaz del Castillo jedoch entdeckte bald mit der Gründlichkeit des Historikers, daß Yucatan nicht der tatsächliche Name der Halbinsel war: «Die Maya... sagen zwar jetzt auch Yucatan; in ihrer eigenen Sprache jedoch nannten sie es ‚das Land des Truthahns und des Wildes' – in ihrer Vorstellung war es das Paradies, in dem Milch und Honig fließen.»

Die Halbinsel Yucatan ragt wie ein mächtiger Daumen in den Golf von Mexiko. Ihr Kalksteinboden ist mit Wäldern bedeckt. Nach dem Landinnern zu vermehren sich die Niederschläge, und der Wald wird zum Dschungel. Das Landinnere steigt bis zu 1500 Metern über dem Meeresspiegel an. In den hochgelegenen Gebieten fanden die Maya das Vulkangestein, aus dem sie ihre *metatl,* ihre Mahlsteine, verfertigten, und Obsidian, das sie zu Messern, Spiegeln und Rasierklingen verarbeiteten. Auch Jadeit fanden sie dort. In den hohen Gebirgswäldern lebten der rotgrüne Papagei, der im Ritual der Maya eine große Rolle spielte, und der Quetzalvogel, dessen lange, jadegrüne Schwanzfedern für den Kopfschmuck der Häuptlinge verwendet wurden.

Im Petén, dem Tiefland, lagen die großen Tempelstädte Tikal, Uaxactún, Yaxchilán, Calakmul. Regenwälder, die sich jahreszeitlich in Sümpfe (*skalches*) verwandeln, und dichtes Gestrüpp wechseln mit Savannen ab – ein Gelände, in dem man am allerwenigsten eine hochentwickelte Kultur erwarten würde. Und doch wurden gerade hier die frühesten Maya-Stätten gefunden. In den fruchtbaren Waldgebieten der Ebene wuchsen die kostbarsten Edelhölzer und Nutzpflanzen.

Diese tropische Zone ging in den sogenannten «Daumen» über, den heutigen Staat Yucatan, dessen nördlicher Teil aus einem tortillaförmigen Flachland besteht. «Es war eine Ebene», schreibt Diego de Landa in seinen Erinnerungen, «mit der geringsten Erdschicht, die ich jemals sah... Es scheint ein einziger gewachsener Fels zu sein... An manchen Stellen ist der Humusboden auf dem Kalkgrund kaum 15 Zentimeter hoch.» Stellenweise liegt das Kalkgestein in lockeren Brocken in Mulden verstreut – *dzekel* nannten die Maya diese Steinblöcke, aus denen sie ihre Pyramiden erbauten.

Aus den Wäldern des Petén *ragt die grün überwachsene Kuppe der Pyramide I von Tikal empor. Viele der alten Bauwerke liegen so tief im Urwald versteckt, daß ihre Entdeckung reinen Zufällen zu verdanken ist.*

Im Innern des Landes war der Mais – neben anderen eßbaren Pflanzen – das Hauptnahrungsmittel. In Baumhöhlen züchtete man stachellose Bienen; «das Land fließt geradezu über von Honig», der zum Süßen der Speisen und vor allem zur Herstellung eines Rauschgetränkes *(balche)* verwendet wurde. Außerdem gab es Baumwolle und Kakao, dessen getrocknete, geröstete und gemahlene Bohnen einen Schokoladetrank, das Lebenselixier der Maya, ergaben.

Im Norden der Halbinsel Yucatan lag Campeche, ein welliges, wald- und flußreiches Land, und westlich davon das üppige, von Wasserläufen durchzogene Sumpf- und Moorgebiet von Tabasco. Es war wie geschaffen für Kakaopflanzungen. Die Maya tauschten Kakaobohnen gegen andere lebenswichtige Dinge ein. Im Süden, am anderen Ende des Maya-Territoriums, lag Hibueras (das heutige Honduras), ebenfalls von zahlreichen Flüssen durchzogen und für den Kakaoanbau vorzüglich geeignet. Trotz der reichen Niederschlagsmenge (in den trockensten Gebieten durchschnittlich 1000 Millimeter, in den Gewitterzonen bis zu fast 4000 Millimeter im Jahr) fehlte es oft an Trinkwasser. Im Januar und Februar gab es leichte Regenfälle, Juni bis August waren ausgesprochene Regenmonate, und selbst der

September brachte noch Schauer. Die Temperatur wechselte mit den Jahreszeiten; im Dezember sank sie auf 7 Grad, im April konnte sie bis zu 40 Grad ansteigen.

Um die Wasserversorgung einigermaßen zu sichern, errichteten die Maya Reservoirs und Zisternen; sie gruben in Tikal, ihrer größten Stadt, zwischen zwei Tempeln ein riesiges Becken und mauerten es mit Kalkstein aus, damit das Wasser nicht versickern sollte. Im nördlichen Yucatan, von dessen Boden aller Regen sofort aufgesogen wird, entwickelten sich die Städte rund um die natürlichen Brunnen. (Diese Brunnen entstanden durch Aufbrüche der Kalksteindecke, die den Zugang zu unterirdischen Wasserläufen freilegten. Einige dieser sogenannten *Cenote* haben einen Durchmesser von 80 Metern.)

In Chichén Itzá gab es zwei dieser Brunnen, einen zu Trinkzwecken, den anderen für Wasseropfer. Befand sich am Entstehungsort einer Stadt kein natürlicher *Cenote* (in der Maya-Sprache *dzonot*), legten die Maya nach römischer Art unterirdische Zisternen an, die sie *chultunes* nannten.

Das Wasser – oder vielmehr sein Mangel – war der Fluch, der auf dem Paradies der Maya (wie auf dem der Azteken) lag; Dürrezeiten und ihre verhängnisvollen Folgen spielen in der «Literatur» der Maya eine bedeutsame Rolle.

Etwa 2000 v. Chr. drang das Volk, das dereinst den Namen Maya tragen sollte, langsam in dieses Gebiet ein, nahm es in Besitz und bewohnte es 3700 Jahre lang als Träger einer nicht abreißenden Kulturfolge.

Für die Geschichte des Landes vor dem zweiten vorchristlichen Jahrtausend gibt es kaum Anhaltspunkte, außer der Tatsache, daß eine «langschädelige» Menschenrasse in vereinzelten Stämmen dort lebte. Sie betrieben schon vereinzelt Ackerbau und waren vielleicht die Vorläufer der Maya. Stämme mit einer den Maya artverwandten Sprache waren auch über die tropischen Küstenstriche längs des Golfes von Mexiko verstreut – von Yucatan bis nach Tampico; zweifellos auch landeinwärts bis zu dem flachen Isthmus von Tehuantepec und ganz bestimmt bis zum hochgelegenen Hinterland, da sie längs dem Rande des tropischen Hochlandes von Chiapas dem Rio Usumacinta folgten.

Die Eingeborenen gruben sich tiefe Schächte *zu den unterirdischen Wasserläufen, die sie «Cenote» nennen, schrieb Diego de Landa. Eine der größten und eindrucksvollsten dieser «Öffnungen im Felsen» ist der von Frederick Catherwood gezeichnete Cenote von Bolonchen. «Es war ein aufregender Anblick», berichtete John Lloyd Stephens, «die Männer mit ihren irdenen Wasserkrügen auf dem Rücken oder auf dem Kopf die Sprossen der riesigen Leiter hinauf- oder hinabklettern zu sehen; ihre Körper glänzten vor Schweiß.»*

Zu diesem «theoretischen» Zeitpunkt, 2000 v. Chr., standen die Maya intellektuell sicher auf etwa der gleichen Stufe wie ihre Nachbarstämme. Das Gemeinwesen war primitiv, die Landwirtschaft wurde mit den einfachsten Mitteln betrieben. Wie alle anderen Naturvölker bemühten sie sich um die Gunst der Götter; sie beobachteten die Sterne und entwickelten auf diese Weise die Anfänge ihres Kalendersystems. Welcher Art das Tun und Denken und die Kleidung dieses Volkes waren, läßt sich bisher nur durch Schlußfolgerungen aus Töpferwaren ableiten – aus Tonscherben der sogenannten *Mamom*-Periode, deren Name vermutlich aus dem *Popol Vuh,* dem heiligen Buch der alten Quiché-Maya, abgeleitet ist.

Es gab bereits einen feuergehärteten Grabstock, den die Maya im Laufe ihrer 3700jährigen Geschichte nicht verbesserten; ihre Waffen waren Speere und Pfeile mit Spitzen aus Feuerstein oder Obsidian.

Während des Zeitraums zwischen 1000 und 300 v. Chr. sind im gesamten Maya-Land kleine, selbständige Besiedelungszentren entstanden, die mehr durch Handel, Sprache und Kultur als durch politische Bande miteinander verknüpft waren.

Das ausgedehnte Sumpf- und Dschungelgebiet und die bewaldete Seenplatte sind unter dem Namen «El Petén» zusammengefaßt. Hier in diesem Landstrich beginnt sich die Kultur jenes Volkes zu entwickeln, das wir als «Maya» bezeichnen.

Ursprünglich hielt man – gestützt auf architektonische und keramische Funde – das Gebiet von Tikal-Uaxactún für die Geburtsstätte der Maya-Kultur. Nach den neuesten Forschungen war Uaxactún jedoch bereits 200 n. Chr. ein angehendes Kulturzentrum; die älteste Stele stammt aus dem Jahr 328 n. Chr. Etwa 17 Kilometer westlich davon hatte sich eine andere Tempelstadt, Tikal, entwickelt. Schließlich wuchsen allerorten neue Städte empor, die sich nach den jeweils aufgefundenen ältesten Stelen in die Geschichte einordnen lassen. Tulum, die malerische Festungsstadt hoch oben auf den Klippen der Karibischen See, läßt sich bis zum Jahr 564 zurückverfolgen; Cobá, hundert Kilometer landeinwärts an der Straße von Xelha nach Yaxuná gelegen, wird durch eine Stele mit dem Jahr 361 datiert. Die in drei großen Entwicklungsphasen entstandene Stadt Chichén Itzá wurde erstmals im Jahr 467 gegründet.

Um das Jahr 900, nach der «Großen Wanderung», konzentrierten sich die verschiedenen Stämme der Maya im nördlichen Teil der Halbinsel Yucatan und kamen mit den vom mexikanischen Hochland herabziehenden Tolteken in Berührung. Vermutlich hatten sie seit langem miteinander in Handelsbeziehungen gestanden. Die damalige Hauptstadt der Tolteken, Tula, ist auch der Ausgangspunkt der sagenhaften Geschichte des Gottmenschen Quetzalcoatl. Man nimmt an, daß er in vielerlei Gestalt als Heros des

Eine riesige Maya-Stadt, *deren Anfänge bis 1500 v. Chr. zurückreichen, wurde unlängst in Dzibilchaltun («Stätte der Hieroglyphen-Reliefs») entdeckt. Die rohbehauene Stele im Vordergrund war vermutlich ursprünglich mit Inschriften aus Stuck oder mit Malereien geschmückt. Der «Tempel der Puppen» (im Hintergrund sichtbar), das erste der restaurierten Gebäude, ist in seiner schlichten Form eines der charakteristischsten Beispiele der frühen Maya-Architektur.*

Landes – als der gefiederte Kopf einer Schlange – schon lange bekannt war, bevor sich ein Häuptling, Ce-Acatl Topiltzin (geboren im Jahr Ce-Acatl Zwei-Rohr), den Namen des Gottes Quetzalcoatl zulegte und unter diesem Zeichen das Land von Tula regierte. Er dürfte noch im Jahr 968 Herrscher von Tula gewesen sein, wie aus einem ihm gewidmeten, in der Nähe der Stadt gefundenen Monument hervorgeht.

Gegen Ende des zehnten Jahrhunderts – nach den neuesten Forschungen mexikanischer Archäologen im Jahr 987 – wurde Quetzalcoatl seiner Herrscherwürde beraubt und mit einem Heer von Anhängern vertrieben. Wenn auch die einzelnen Chroniken in den Zeitangaben voneinander abweichen, so steht doch fest, daß dieser Quetzalcoatl (oder ein anderer gleichen Namens) in Tabasco eintraf und nach Xicalango zog, das seit Generationen als Handelsplatz zwischen den Maya und den mexikanischen Stämmen diente.

Ungefähr um die gleiche Zeit treten auch die Itzá, ein ursprünglich Chontal sprechender Maya-Stamm, wieder in Erscheinung. Sie schlossen sich mit den südwestlich von Xicalango seßhaft gewordenen Stammesangehörigen des Quetzalcoatl zusammen und zogen gemeinsam mit ihnen durch die Urwälder von Yucatan nach Chichén Itzá, der verlassenen Stadt in der Ebene. Nach der Wiederbesiedlung von Chichén Itzá wanderte eine Gruppe des Stammes nach Südwesten ab und gründete unter der Dynastie Tutul Xiu die Stadt Uxmal, während Kukulcan (eine wörtliche Übersetzung des Namens Quetzalcoatl) eine andere Stadt wiederaufzubauen begann, die sich unter der Bezeichnung Mayapán an die Spitze der gleichnamigen Drei-Städte-Liga stellte.

In diesem Augenblick setzt die wirklich belegbare, auf einheimische Maya-Quellen gestützte Geschichte der Halbinsel Yucatan ein. Die Reaktion der Maya auf die Unterwerfung durch die Tolteken Kukulcans geht auch aus einem alten, in den «Büchern von Chilam Balam» überlieferten Klagegesang hervor, der sich über Generationen hinweg erhalten hatte und ursprünglich von einem Rhapsoden, von Trommelschlägen begleitet, vorgetragen wurde: «Ein zarter Knabe war ich in Chichén, als der böse Mann, der Herr des Heeres, über das Land kam. Oh, in Chichén Itzá wurde Gottlosigkeit geboren. *Yulu Uayano*. Ein-Mix war der Tag, als er ergriffen ward in Chikin Chèn. Sieh, wie ich mich entsinne des Gesanges, da Gottesfurcht noch war. *Yulu Uayano*.»

Die Hochland-Maya wurden ebenfalls von der toltekischen Invasion betroffen; sie erinnern sich ihrer eingehend in ihrem *Popol Vuh*, einer 1550 nach alten Überlieferungen in spanischer Sprache niedergeschriebenen Chronik. «Als die Priester nach Yucatan wanderten», erzählt das *Popol Vuh*, «nahmen sie alle ihre gemalten Bücher mit, in denen sie das Wissen der alten Zeiten über den Kalender, die Magie und das Handwerk verzeichnet hatten, und Quetzalcoatl gab den Führern der Quiché unter anderen Dingen *u tzibal Tulán*... die Malbücher von Tula, wie jene genannt werden, in denen sie ihre Chroniken niederlegten.»

Es war die Zeit einer kulturellen Blüte in ganz Mexiko und Mittelamerika. Überall läßt sich die Vervollkommnung des Kalenders, die Weiterentwicklung der Bilderschrift, die Erzeugung und Verwendung von Papier, die Ausgestaltung der Ritualordnung und die Datierung von Baudenkmälern feststellen. Der Handel förderte den Austausch von Ideen und technischen Erfahrungen. Soviel bisher bekannt ist – unsere Vorstellungen müssen infolge neuer Ausgrabungen ständig revidiert werden –, bildeten die Stadtstaaten der Maya, durch ein gemeinsames Handelswesen und eine gemeinsame Sprache verbunden, zwar keine politische, aber eine kulturelle Einheit. Diese Niederlassungen, von denen offenbar keine als ausgesprochene Hauptstadt galt, existierten von 500 v. Chr. bis 1000 n. Chr.

Nach dem Jahr 1000 sanken sie in ihrer Bedeutung herab. Die Inschriftenforscher stellten fest, daß innerhalb des sogenannten «Alten Reiches»

Der Fries der Jaguare und Adler *aus der toltekischen Tempelstadt Tula. Das gleiche Motiv findet sich bei den Azteken (auf der großen Holztrommel von Malinalco).*

Die Jaguare am Pyramidentempel *des Kukulcan in Chichén Itzá zeigen deutlich die stilistische Verwandtschaft mit Tula.*

fortan keine datierten Bauwerke mehr entstanden. Man hat für diesen Verfallsprozeß die verschiedensten Erklärungen beigebracht, doch keine ist wirklich überzeugend.

Es widerspricht aller historischen Logik, daß ein Volk von drei Millionen grundlos seine Städte verließ, an denen es jahrhundertelang gebaut hatte. Und dennoch ist es archäologisch erwiesen, daß zwei voneinander getrennte Stadtstaaten wie Copán und Tikal «plötzlich, am Ende einer kontinuierlichen Entwicklung, keine Bauwerke mehr errichteten» und verfielen.

Das Verlassen dieser Maya-Städte (von denen es einige Hundert gab) ist kaum auf einen gewaltsamen Anlaß zurückzuführen. Die Tempel, Priesterwohnstätten, Pyramiden und datierten Monolithen stehen da, wie sie verlassen wurden. Wir haben weder Anhaltspunkte für einen katastrophalen klimatischen Einbruch noch für verheerende Kriege oder Seuchen. Die Städte, die zum Eindrucksvollsten gehören, was jemals von Menschenhand geschaffen wurde, fielen dem Urwald zum Opfer.

Die Maya haben ihr Geheimnis mit ins Grab genommen. Wir stehen vor einem Rätsel, solange es uns nicht gelingt, auch jene Glyphen zu entziffern, die sich nicht auf kalendarische Angaben beziehen. Selbst die Inka, die keine Schrift besaßen, haben uns eine mündlich überlieferte Geschichte hinterlassen, die uns – von der Archäologie bestätigt – zumindest die Namen ihrer Könige und die Epochen ihrer Geschichte übermittelt.

Welcher Ursache auch immer das Verlassen der Städte inmitten des Urwaldes zuzuschreiben sein mag – was geschah mit diesem Volk? Wohin wanderten drei Millionen Menschen? Gingen sie überhaupt fort? Wir wissen nur, daß sich nach dem Jahr 1000 die Hauptmasse der Bevölkerung im Hochland von Guatemala und im nordöstlichen Yucatan konzentrierte.

Hier kam es zu einer «Renaissance» der Kunst und Architektur der Maya. Im Puuc und im Gebiet von Chichén Itzá griffen sie toltekische Motive auf: die Gefiederte Schlange, den heraldisch aufgerichteten Jaguar und den Adler mit ausgebreiteten Flügeln, die Symbole der toltekischen Kriegerorden. Sie errichteten neue Bauwerke mit Balkendecken an Stelle der Kragsteingewölbe. Uxmal, eine der schönsten Städte des gesamten Gebietes, entstand. Ein neues Ritual, das blutige Menschenopfer, kam auf. Neue Waffen verschärften den Krieg. Das alte Straßennetz wurde ausgebessert und erweitert.

Die Seefahrer drangen bis nach Panama und in das Seengebiet von Nicaragua vor, und von den Handelsplätzen und befestigten Küstenstädten aus nahmen die Maya sogar mit der Bevölkerung der karibischen Inseln Cuba und Jamaica Verbindung auf. Sie entwickelten einen beachtlichen Lerneifer und verfertigten illustrierte Bücher, prachtvolle Kunstwerke, zu deren schönsten der im 12. Jahrhundert entstandene Dresdener Codex gehört.

8 *Männer und Frauen der Maya*

DIE GESELLSCHAFTSORDNUNG der Maya war – wie bei allen theokratischen Kulturen – in der Form einer Pyramide aufgebaut. Das Fundament dieser Hierarchie waren die Maisbauern, die zugleich der Agrarmiliz angehörten. Sie lebten in Clans und bildeten Bodengemeinschaften. Als Steuer mußten sie entweder einen Teil des Ertrags an den *batab* (Steuereinnehmer) abliefern oder eine entsprechende Arbeitsleistung vollbringen.

Um das Jahr 800 n. Chr. gab es schätzungsweise drei Millionen Menschen im Bereich der Maya. Sie waren durchschnittlich 1,55 Meter groß, von kräftiger, robuster Statur und ein ausgesprochen flachschädeliger Typ, wie er sich noch heute findet. Die künstliche Schädeldeformierung wurde bereits bei dem Neugeborenen vorgenommen: man spannte seinen Kopf zwischen zwei Bretter und erreichte auf diese Weise die abgeflachte Schädelform. Dieses Gebot, erklärten die Maya dem spanischen Bischof Diego de Landa, sei ihren Vorfahren von den Göttern auferlegt worden: «Es verleiht uns ein vornehmes Aussehen... außerdem sind unsere Köpfe dann besser für das Lastentragen geeignet.»

Ohrläppchen und Nasenscheidewand wurden durchbohrt und mit Ohrgehängen, Ohr- und Nasenpflöcken aus Topas geschmückt. Ihr langes, glänzend schwarzes Haar trugen sie «zu einem Zopf geflochten» und wie einen Kranz um den Kopf gelegt; das Ende hing wie eine Quaste vom Hinterkopf herab. Eine Spiegelscheibe aus Obsidian diente als Haarschmuck. «Alle Männer trugen Spiegel im Haar», die Frauen jedoch keine, und wenn man jemanden als Hahnrei anprangern wollte, «genügte die Behauptung, seine Frau trage Spiegel im Haar».

«Sie tätowierten ihre Körper», wie – von den Archäologen bestätigt – einige Steinköpfe zeigen. «Die Zeichnung wurde mit einem scharfen Knochen in die Haut geritzt und mit Pigment eingefärbt, eine schmerzhafte Prozedur.» Deshalb galten Tatauierungen als Zeichen besonderer Kühnheit und Tapferkeit.

Mit ihren dunklen, glänzenden Augen wirkten die Maya mongolischer als die anderen amerikanischen Eingeborenenstämme. Ihre «epikantische Falte» verstärkte den Eindruck der Schlitzäugigkeit. Das weitverbreitete Schielen galt als besonders schön und vornehm. Itzamná, der Gott des Himmels, wird stets schielend dargestellt. Diego de Landa weiß auch hier-

für eine Erklärung: «Die Mütter hängten ihren Kindern ein Pechkügelchen so knapp vor die Augen, daß sie ganz zwangsweise zu schielen begannen.»

Die Kleidung der Männer war dem Klima angepaßt. Sie bestand hauptsächlich aus dem *ex* (sprich ihsch), einem aus Baumwolle gewebten Lendenschurz, den «die Frauen mit großer Sorgfalt anfertigten». Er wurde mehrmals um die Taille geschlungen und dann zwischen den Beinen durchgezogen. Dieses Kleidungsstück findet sich bereits auf den frühesten Keramikmalereien und – mit kunstvoll verzierten Enden – auf Skulpturen aus dem Jahr 600 n. Chr.

Um die Schultern legten die Maya einen ponchoartigen Umhang, in Länge und Musterung je nach dem Alter seines Besitzers gestaltet; nachts diente er als Decke. Auch der einfache Mann trug Sandalen, die sogenannten *keuel,* aus Tapir- oder Hirschleder, vor allem in Yucatan.

Das Gewand der Frauen, eine Art Hemd mit viereckigem Ausschnitt (*kub*) – wie es auch die berühmten Wandbilder von Bonampak zeigen –, hat sich über zwei Jahrtausende hinweg erhalten. Man trägt es noch heute in

Ein «vornehmes Aussehen» *sollten die künstlich abgeflachten Köpfe der Maya bewirken. Die Zeichnung des Figurenfrieses (links) stammt von Graf Waldeck, der im Jahr 1832 nach Palenque kam und die Abstammung der Maya auf die Römer oder die Phönizier zurückführte. Der Wert seiner Zeichnungen liegt allerdings mehr in ihrer Originalität als in ihrer archäologischen Zuverlässigkeit.*

Indianer der Jicaque, *eines im benachbarten Honduras lebenden Stammes. Diese Eingeborenen betreiben noch heute die Weberei und Bienenzucht wie einst die Maya und benutzen ein Blasrohr mit Tonkügelchen, das genau der Beschreibung von Diego de Landa entspricht.*

Yucatan. Als Unterkleid diente ein leichterer, mit Fransen verzierter Rock. Um die Schulter schlangen sie eine Stola; sie gingen meist barfuß.

«...In diesem Land gibt es nur eine einzige Sprache», stellte Diego de Landa fest, der sie als erster studierte. Er räumte allerdings ein, daß es gewisse Unterschiede gebe und daß die «Küstenbewohner in Sprache und Sitten geschliffener» seien. An europäischen Verhältnissen gemessen, konnten die Maya einander etwa in dem Maße verstehen, wie beispielsweise ein neapolitanischer Fischer einen Bauern aus der Lombardei. Da die einzelnen Gebiete – Küste, Hochland und Urwald – durch Handels- und Verkehrswege verbunden waren und sich der gleichen Glyphenschrift bedienten, muß es wohl auch eine gemeinsame Grundsprache gegeben haben. Die rund 15 verschiedenen Dialekte (zum Beispiel das im mittleren Niederschlagsgebiet verbreitete Chontal und die Dialekte in Guatemala, Tzeltal, Ixil, Quiché usw.) müssen, wie Erik Thompson vermutet, in ähnlicher Weise wie etwa die romanischen Sprachen miteinander verwandt gewesen sein. Heute haben sich die Wissenschaftler auf die Theorie geeinigt, nur noch eine Hochland-

und eine Tieflandsprache zu unterscheiden und alles andere als Dialektformen zu betrachten. Der eigentliche Name der Maya-Sprache ist uns unbekannt. Die zur Liga von Mayapán gehörigen Maya oder die ihnen unterstehenden Gebiete in Yucatan sprachen das Mayathan. Zweifellos stimmte die Sprache der Hochland- und Tieflandbewohner in den Grundzügen überein.

Die gehobene Schicht der Maya-Gesellschaft war eine Art Adelsklasse, *ah mehenob,* aus der sämtliche Beamten – und deren gab es viele – hervorgingen. Über die Art der Organisation dieser Gesellschaft bestehen allerdings erhebliche Zweifel, da «wir kein unmittelbares Zeugnis dafür besitzen, wie die Staatsform und das Sozialwesen der Maya beschaffen waren». Aus den Skulpturen, Wandgemälden und Vasenmalereien läßt sich auf die maßgebliche Rolle der Edelleute schließen: sie werden in Sänften getragen, sie erscheinen als Anführer der Kriegstruppe in prächtigen, mit Jade und

Schielen galt als schön und vornehm. *Deshalb hängten die Maya-Frauen ihren Kindern kleine Pechkügelchen so dicht vor die Augen, daß sie zwangsweise zu schielen begannen. Der Gott Itzamná (links auf einer Steinplatte von Copán), den die Maya als Spender der Nahrung, Schutzpatron der Heilkunst und Erfinder der Schrift verehrten, wird immer mit Schielaugen dargestellt.*

Schwere Ohrpflöcke und Gehänge *aus Metall oder Edelsteinen waren ein beliebter Schmuck der Häuptlinge. Der hier abgebildete Kopf stammt von einer reich ornamentierten Stele aus Bonampak.*

Quetzalfedern geschmückten Rüstungen, sie schreiben Gesetze vor, lassen die Gefangenen aburteilen und als Sklaven abführen. Diese Abbildungen erfassen jedoch nur eine begrenzte Gesellschaftsschicht.

Die Maya bildeten kein Reich im Sinne der Inka. Trotzdem sprechen wir von einer Kultur, Sprache und Religion der Maya. Wir kennen das Straßensystem – eines der besten Verkehrsnetze in der Frühgeschichte des gesamten Kontinents – und die ausgedehnten Handelsbeziehungen. Hinsichtlich ihrer Gesellschaftsform sind wir jedoch auf Vermutungen angewiesen: man hat die Maya-Städte oft mit den griechischen Stadtstaaten verglichen. Aber Sparta, Athen oder Korinth waren trotz ihrer gemeinsamen Sprache, Kultur und Religion in einem Maße auf ihre Unabhängigkeit eingeschworen, daß sie gelegentlich sogar die Hilfe fremder Völker im Kampf gegeneinander in Anspruch nahmen.

Die Sozialordnung der Maya-Tempelstädte stimmt mit derjenigen der meisten neolithischen Kulturen überein: die Priester beanspruchten die «ersten Früchte» als Opfer für den Gott, und sie verstanden es, wie in allen frühen

Ackerbaukulturen, das Volk in ständiger Abhängigkeit von den Göttern zu halten.

Über dem ursprünglichen Altarschrein wurde der Tempel erbaut, und um den Tempel gruppierte sich die Stadt – es war der gleiche natürliche Entwicklungsprozeß, der sich auch in der Entstehung der Tempelstädte im Vorderen Orient vollzog. Es entwickelte sich eine Priesterklasse, die sich gleichzeitig auf Astrologie und Astronomie verstand, die den Bauern die Termine des Säens und Erntens bekanntgab und ihnen das Geheimnis der Mysterien zu erklären suchte.

Aus dieser Hierarchie entwickelten sich die Sippenverbände: dem Gott, so hieß es, gehöre das Land, und die Priester verteilten es in seinem Namen. Der Hohe Rat der Tempelstadt teilte den verschiedenen Clans Landgebiete zu und überwachte wahrscheinlich auch die Aufteilung innerhalb des Clans. Bei den Maya erhielt jede Familie ein angemessenes Stück Land zur Bewirtschaftung, ein *hun uinic*. Ob das Grundstück, wie bei den Inka, Eigentum des Herrschers blieb und nach dem Tod des jeweiligen «Nutznießers» an ihn zurückfiel, oder ob es wie bei den Azteken dem *calpulli* gehörte, wissen wir nicht. Wir müssen uns mit der Feststellung des Diego de Landa begnügen: «Jeder verheiratete Mann bepflanzte mit seiner Frau ein Gebiet von 400 Fuß im Quadrat, das sie *hun uinic* nennen, mit einer zwanzig Fuß langen Meßrute abgemessen.»

Die Angehörigen der Sippe bebauten das Land gemeinsam. «Die Indier pflegen einander bei allen ihren Arbeiten zu helfen... sie schließen sich zu Gruppen von zwanzig Mann zusammen und verlassen den Gemeindegrund nicht eher, als bis jedermanns Besitz umgegraben, bebaut oder abgeerntet ist.» Die Bindung an die Sippe entsprach im allgemeinen der Blutsverwandtschaft; «denn desselben Blutes sein, heißt dasselbe Lebensprinzip haben, und in diesem Sinne bilden alle, die gleichen Blutes sind, ein einziges Lebewesen. Das ist die eigentliche Bedeutung der Sippenbildung.»

Entweder war zur Zeit der ersten spanischen Konquistadoren und Chronisten die Sippenorganisation der Maya bereits in einer gewissen Auflösung begriffen, oder die Spanier schenkten ihr keine Bedeutung. Doch müssen selbst damals noch Spuren und Konsequenzen eines solchen Systems erkennbar gewesen sein. «Sie rufen ihre Söhne und Töchter», schreibt Diego de Landa, «mit den Namen des Vaters und der Mutter... und deshalb sagen die Indier, daß alle jene, die den gleichen Namen tragen, einer einzigen Familie angehören... Und wenn daher ein Indier an einen ihm unbekannten Ort kommt und dort in Not gerät..., nennt er seinen Namen, auf daß er freundlich aufgenommen werde...»

Die Maya bedienten sich berufsmäßiger Heiratsvermittler; es wäre ihnen entwürdigend erschienen, sich ihre Frauen selbst zu wählen, oder die Väter

Der kunstvolle Kopfschmuck
dieses Tonfigürchens aus Jaina – es handelt sich um eine phantasievoll gestaltete Tonpfeife – gibt eine Vorstellung vom prächtigen Aufputz der Maya-Häuptlinge.

trafen bereits im Kindesalter ihrer Söhne und Töchter entsprechende Vereinbarungen, und man betrachtete sich innerhalb der beiden Elternfamilien bereits vor der Heiratszeremonie als verschwägert.

Die jungen Männer, die von den Alten getrennt lebten, besaßen in jedem Dorf «ein großes Haus, nach allen Seiten offen», in dem sie sich zu Zechgelagen, Ball- und Würfelspielen zusammenfanden. Ihre Leiber waren schwarz bemalt, wie es bei den Unverheirateten üblich war. Sie schliefen miteinander, wenngleich man ihnen, wie der Chronist de Landa abschwächend konstatiert, nicht die «abscheuliche Sünde» der widernatürlichen Unzucht nachsagen könne. Sie brachten sich öffentliche Frauen in ihre Quartiere mit, die für ihre Dienste bezahlt (eine Handvoll Kakaobohnen) und von «so vielen Männern der Reihe nach bestürmt wurden, daß sie danach fast zu Tode erschöpft waren».

Bei der breiten Masse des Volkes war Monogamie die Regel. «Die Bewohner Yucatans nahmen stets nur ein einziges Weib.» Wenn ein junger

Mann ans Heiraten dachte und sein Vater nach einem Mädchen Ausschau hielt, schreibt Bischof de Landa, engagierte er einen Heiratsvermittler und beriet sich mit diesem über die Aussteuer und das Hochzeitszeremoniell. Um den unheilvollen Bann zu brechen, der jeder Eheschließung drohte, zog man einen Priester zu Rate, der sich in den astrologischen Büchern vergewisserte, daß sich aus der Konstellation der Geburtstage, der Namen und des Heiratsdatums kein böses Omen ergab. Die Schwiegermütter woben neue Kleider für Braut und Bräutigam, und der Brautvater setzte das Haus für die Zeremonie und die Festlichkeiten instand.

Blieb eine Frau unfruchtbar oder vernachlässigte sie ihre Haushaltspflichten, konnte sie von ihrem Mann verstoßen werden. Damit galt die Ehe als geschieden, ein Entschluß, der auch – etwas weniger leicht – von den Frauen herbeigeführt werden konnte. Wenn Kinder vorhanden waren, blieben die Töchter bei der Mutter, die Söhne kamen zum Vater.

Das Haus des einfachen Mannes war, wie das Haus des Bauern zu allen Zeiten und an allen Orten, einfach und praktisch. Es konnte rund, quadratisch oder rechteckig sein oder, wie es in Yucatan üblich war, mit apsisförmigen Ausbuchtungen an beiden Schmalseiten. Die Wände bestanden aus Flechtwerk und waren mit Adobe-Ziegeln verkleidet. Eine Zwischenwand im Innern des Hauses teilte die Feuerstelle von den Wohn- und Schlafstätten ab. Ob die später verwendeten Hängematten den Maya vor der Konquista bekannt waren, läßt sich nicht genau sagen; die Spanier brachten einige von der Insel Hispaniola mit.

Über dem Eingang des Hauses hing ein kleines Kupferglöckchen, das der Besucher in Bewegung setzte. Man vermied es jedoch, ein Haus ohne Erlaubnis zu betreten, denn «es galt als unfein, in die Häuser anderer einzudringen».

Die Häuser der privilegierten Klassen waren größer, geräumiger, sogar mit Skulpturen geschmückt und mit tief herabgezogenen Dächern gegen Sonne und Regen geschützt. Die Mauern der Häuser verzierte man «mit kunstvollen Malereien», eine Beobachtung, die sich durch die Ausgrabungen bestätigte. Den Zugang verhängte man mit einem buntgewebten Vorhang. Die Häuser dienten meist nur einer Generation als Wohnstätte. Wenn die Besitzer starben, begrub man sie unter dem festgestampften Lehmboden («sie bestatten ihre Toten innerhalb des Hauses oder im Hinterhof», schreibt Diego de Landa). Sobald mehrere Familienmitglieder unter dem Haus begraben lagen, verließen es die Lebenden und kamen nur noch zurück, um die Toten zu ehren.

Der Tageslauf der Maya begann um vier Uhr morgens. Eine der Frauen entfachte das glimmende Feuer in dem aus drei Steinen errichteten Herd *(koben)*, auf dem eine flache Keramikplatte als Backblech lag.

Ein typisches Eingeborenenhaus, *die Grundform der Maya-Architektur, ist an der Fassade des «Nonnenklosters» von Uxmal als dekoratives Element erhalten geblieben.*

«Ihr Hauptnahrungsmittel ist der Mais, aus dem sie vielerlei Speisen, auch Getränke bereiten... Morgens trinken sie lediglich Maiswasser.» Wenn der Bauer zu seinen Feldern aufbrach, nahm er mehrere apfelgroße, in Blätter gewickelte Maisknödel als Proviant mit. Am frühen Nachmittag kehrte er zurück und begab sich ins Dampfbad.

Der Mais, die «Grundnahrung», wurde durch verschiedene Gemüsebeigaben ergänzt: Bohnen, Kürbis, Chayote (ein wild wachsendes weitverbreitetes Kürbisgewächs), die in den warmen Küstengebieten wachsende süße Kartoffel. Und wer es sich leisten konnte, bereicherte die Hauptmahlzeit durch Wild, Geflügel, Gürteltiere oder Leguane.

Obst gab es in reichen Mengen: Avocadobirnen, Papayas und Sapotepflaumen wurden in den Hausgärten gezogen, Maulbeeren und Melonen wuchsen wild. Vanilleschoten pflückte man von den Orchideen im Urwald. Der Achiote-Baum *(Bixa orellana L.)*, aus dessen weißen Blüten schotenförmige, mit rotbraunen Borsten besetzte Samen entstehen, lieferte einen roten Farbstoff, mit dem sich die Maya die Gesichter und Körper bemalten. Auch ihren Speisen setzten sie Achiote zu, «wodurch sie ihnen eine safranähnliche Farbe verliehen». Die Bastfasern der Rinde des Achiote-Baumes dienten – und dienen noch heute – zur Herstellung von Seilen und Tauen. Die Früchte des Flaschenkürbisses waren zwar ungenießbar, aber aus den sehr dünnen, jedoch außerordentlich haltbaren Schalen verfertigten sie, wie Diego de Landa berichtet, «ihre Trinkgefäße, die sie sehr hübsch bemalen». Eine der wichtigsten Nutzpflanzen, die Agave, wurde reihenweise in gro-

Das friedliche Leben *eines Küstendorfes, ein ungewöhnliches Thema in der Kunst der Maya, zeigt dieses Fresko aus dem Tempel der Krieger von Chichén Itzá. Im Vordergrund drei mit je einem Sklaven und zwei Passagieren besetzte Kanus; am Strand gehen Männer und Frauen zwischen Häusern und Bäumen ihrem Tagewerk nach; rechts ein Tempel, in dessen innerem Raum sich eine Federschlange ornamental aufbäumt. Die durch ihre Erzählfreudigkeit im Detail ausgezeichnete Darstellung ist eines der wenigen Zeugnisse, die Aufschluß über das Alltagsleben der Maya geben.*

ßen Mengen angebaut; die aus den Blättern gewonnene Gespinstfäser ist stärker und elastischer als Hanf und eignet sich vorzüglich zur Herstellung von Sandalen, Seilen, Bogensehnen, Angelleinen – eine Vielseitigkeit, die sie zu einer der unentbehrlichsten Nutzpflanzen der Maya machte.

Auch Kopal, das bei religiösen und anderen festlichen Zeremonien unerläßliche Räucherharz, gehörte zu den weitverbreiteten und begehrten Handelswaren, deren Tauschwert bei Diego de Landa mehrfach hervor-

gehoben wird. Die Zeder diente zum Bau der großen Einbaum-Kanus, mit denen die Maya nicht nur die Flüsse und Küstengewässer befuhren, sondern sich sogar auf die Karibische See hinauswagten.

Aus Kakao und Maismehl bereiteten die Maya – ähnlich wie die Azteken – «ein schäumendes, überaus wohlschmeckendes Getränk». Da die Kakaobohne nur in den wärmeren Randzonen des Maya-Gebietes gedieh, stand sie hoch im Kurs und diente vielfach als Zahlungsmittel.

Dem Maisfeld galt, wie bei den Azteken, die größte Sorge. «Die meisten von ihnen waren Landwirte..., die Maisanbau betrieben», heißt es bei Diego de Landa. Neuesten Ausgrabungen in den Fledermaushöhlen von New Mexico zufolge geht der Maisanbau bis ins zweite vorchristliche Jahrtausend zurück. Die Methoden des Maisanbaus unterscheiden sich nicht von denjenigen aller Eingeborenen Mittelamerikas: man rodete ein Stück Urwald, verbrannte die Stämme, säte die Maiskörner, brach die Kolben und lagerte die Ernte in großen unterirdischen Speichern, ein.

Der Maya-Bauer suchte seine *milpa* möglichst in der Nähe einer natürlichen Quelle, eines Wasserreservoirs oder eines unterirdischen *Cenote* anzulegen. Mit der Urbarmachung neuen Ackerlandes rückte er jedoch allmählich immer weiter vom Siedlungszentrum ab, er verlor den Kontakt mit dem Stadtstaat, und diese landwirtschaftliche Dezentralisation könnte einer der Faktoren gewesen sein, denen die Auflösung des «Alten Reiches» und der Verfall der Maya-Städte zuzuschreiben ist.

Der Anbau des Maises war mit einem entsprechenden Ritual verbunden. Man mußte einen dem Regengott Chac genehmen, aus den Kalenderbüchern auf Grund empirischer Beobachtungen errechneten Termin auswählen, an dem die Maiskörner in den Boden gelegt wurden. Die Aussaat sollte an bestimmten glückverheißenden Tagen im neunten Monat, Chen (Mond), und im zehnten Monat, Yax (Venus), vorgenommen werden. So heißt es etwa: «Cimi, der fünfte Tag des elften Monats Zac (Februar)... schlechter Tag zum Säen... mit Beschwörungen erzielt man den erforderlichen Regenguß... am neunten Tag des Monats Caban (Februar–März)... guter glückbringender Tag, schwere Regenfälle, gut für Anpflanzungen jeder Art.»

Zur Aussaat – oder besser: zum Legen – der Maiskörner benützte man einen Grabstock, mit dem man ein 10 bis 12 Zentimeter tiefes Loch in den Boden grub, in das man drei bis fünf Körner einsenkte. Die Monate September und Oktober brachten leichte Regenfälle, gelegentlich auch Hurrikane. Im November, der kühl und trocken war, bog man die Maiskolben nach unten, um sie vor den Vögeln zu schützen, und erntete sie, sobald sie reif und trocken waren.

Chac, der Regengott, wird sowohl in den Glyphen der Bücher wie auf Skulpturen und Wandmalereien als langnasiger Typ gezeigt. Seine T-förmig geschnittenen Augen deuten Tränen an, das Symbol des Regens, sein Bilderschriftzeichen kommt 218mal in den drei uns erhaltenen Maya-Codices vor. Als mächtige Steinfigur eines Menschen oder Gottes, der mit aufgestützten Ellenbogen und angezogenen Knien auf dem Rücken liegt, den Kopf zur Seite wendet und mit beiden Händen eine Schale hält, wurde er zum erstenmal von dem amerikanischen Reisenden Le Plongeon in den

Ruinen von Chichén Itzá entdeckt. Er bezeichnete sie mit dem Maya-Namen Chac-Mool, einem Typus, der sich auch im Gebiet der Tarasken und Totonaken findet. Der Chac-Mool der Maya galt als wohlwollender, menschenfreundlicher Gott; die Bauern riefen ihn während der Aussaat mit kultischen Beschwörungsformeln an; in den Monaten Chen und Yax fanden ihm zu Ehren große Festlichkeiten statt.

Die häufigen Dürrezeiten und ihre «verheerenden Folgen» spielen eine große Rolle in der Überlieferung der Maya. Auch die Regenfälle waren gewöhnlich schwer. Das Wasser drang durch das poröse Gestein und sammelte sich in unterirdischen natürlichen Zisternen. Die Maya ersannen alle möglichen Auswege, den alljährlich wiederkehrenden Wassermangel zu bekämpfen. In den Stadtstaaten des Puuc – in Kabah, Labná und Sayil – errichteten sie große, ausgemauerte Zisternen, in die das Wasser mit Hilfe von Röhren und Schleusen geleitet wurde. Auch natürliche Vertiefungen im Gestein wurden als Sammelbecken für das Regenwasser benützt und kunstvoll überdacht, um ein Verdunsten während der heißen Jahreszeit möglichst zu verhindern. Tikal, die größte Stadt der Maya, litt trotz ihrer Lage in einer der feuchtesten Zonen besonders häufig unter Wassermangel. Hier vollbrachten die «Techniker» der Maya eine ihrer wenigen großangelegten Leistungen auf dem Gebiet der Wasserversorgung. Sie mauerten eine ganze Schlucht als Reservoir aus und bezogen sie in die Stadtplanung und das Straßensystem mit ein.

Wenn zum erforderlichen Zeitpunkt kein Regen fiel – und aus den Kultgebräuchen geht hervor, daß dies sehr oft der Fall war –, verließen die Maya ihre Städte, gingen in den Dschungel und «waren gezwungen, sich

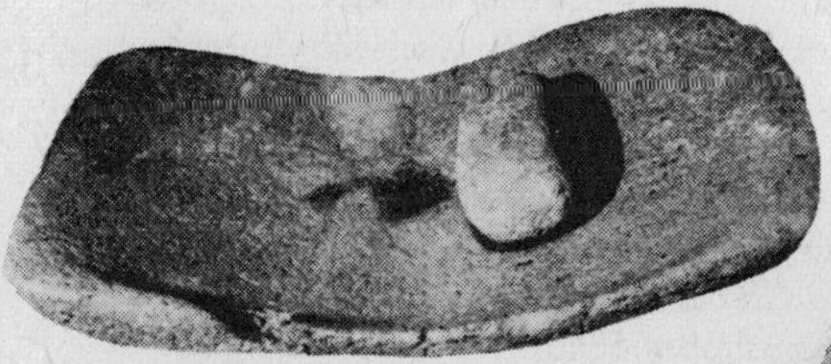

Mais war das Hauptnahrungsmittel *der Maya. Die Frauen kochten die Körner in Kalklauge, schälten sie und zerstampften sie auf einem Mahlstein (oben ein Fundstück aus Xunantunich). Der dicke Brei wurde zu flachen Tortillas verbacken.*

von der Rinde des Kumche-Baumes zu ernähren». Die Alten, die zu schwach und zu gebrechlich waren, gab man dem Tode preis. Bei diesen Gelegenheiten, wie auch in anderen ausgesprochenen Notzeiten, brachten auch die Maya den Göttern Menschenopfer dar, wenn ihre Zahl auch nicht, wie bei den Azteken, in die Tausende ging.

Eines der Rätsel der Maya ist für den heutigen Forscher die Tatsache, daß es ihnen nicht gelang, des Wassers habhaft zu werden, das teilweise nur knapp unter der Erdoberfläche lag, und ein Speicherungs-, Verteilungs- und Bewässerungssystem zu schaffen. Selbst die Prä-Inka-Kulturen in Peru, deren regenlose Küstengebiete oft jahrelang ohne einen Tropfen Wasser blieben, verstanden es, dieses lebenswichtige Problem durch die Errichtung eines kunstvollen Aquädukten-Systems zu lösen, mit dessen Hilfe sie das Wasser oft Hunderte von Kilometern von den Bergen herableiteten. Auch auf die Verwendung und Funktion des Rades, sei es als Flaschenzug, Walze, Drehmühle oder Wasserrad, sind die Maya nie gekommen. Obwohl sie einen den Ägyptern und Griechen durchaus ebenbürtigen Kalender aufstellten, obwohl sie mitten im Urwald steinerne Städte von unvorstellbaren Ausmaßen errichteten, fehlte ihnen jede Vorstellung vom Nutzwert des Rades.

Es hätte ihr technisches Können, gemessen an ihren sonstigen erstaunlichen Leistungen, keineswegs überschritten, etwa eine Wassertretmühle zu konzipieren, mit deren Hilfe es ihnen möglich gewesen wäre, das Wasser aus ihren unterirdischen *Cenotes* an die Oberfläche zu fördern und auf die Felder zu leiten. In Numidien und Mauretanien verbanden die Römer Reservoirs und unterirdische Zisternen durch Kanäle und Aquädukte, um eine planvolle Verteilung zu erzielen. Das riesige Wasserrad, das Kaiser Augustus im Jahr 113 in der ägyptischen Oase Fayum erbauen ließ, förderte mittels menschlicher Tretkraft das Wasser vom Nil herauf und leitete es in Speicher, die es an Brunnen, eine Brauerei und sogar an zwei Synagogen weitergaben. Hätten die Maya das Prinzip des Rades und seine verschiedenen Nutzanwendungen in jenem Schreckensjahr 1464 gekannt, als eine Dürrezeit von einem so dichten Heuschreckenschwarm abgelöst wurde, daß unter dem Gewicht der Insekten die Äste starker Bäume knickten und alles bald so kahlgefressen war, daß «nichts Grünes mehr übrigblieb», würden sie vielleicht nicht nur diese beiden Katastropen, sondern auch den darauf folgenden Hurrikan besser überstanden haben, der Häuser, Bäume und Felder restlos vernichtete. «Danach war das Land Yucatan so kahlgeschoren, daß man hätte meinen können, es sei mit einer Messerklinge abrasiert worden...»

9 Handwerker und Händler

DIE KUNSTHANDWERKLICHE STÄRKE der Maya lag auf dem Gebiet der Töpferei und der Weberei, die nicht nur dem Hausgebrauch dienten, sondern deren Erzeugnisse auch auf den Markt gebracht wurden.

Die Frauen webten für sich die vielfarbigen *huipilli* und für die Männer die Lendenschurze – von alledem ist uns jedoch nicht mehr überliefert als die kleinen Tonschalen, in die sie ihre Spindeln beweglich eingesetzt hatten. Baumwolle «wird in erstaunlichen Mengen verwendet, und überall im Land angebaut... es gibt zwei verschiedene Arten». Die eine Gattung war einjährig («sie säen sie jedes Jahr»), die andere perennierend, vermutlich eine Art Baumwollbaum *(Gossypium herbaceum)*. «...und dieser Baum dauert fünf oder sechs Jahre und trägt jedes Jahr Baumwolle». Es handelt sich um eine bereits in den Prä-Inka-Kulturen bekannte Pflanzenart, die in den trockenen Küstengebieten bei Piura wuchs.

Die Frauen der Maya färbten die Bast- oder Baumwollfaser vor dem Weben, und sie hielten sich bei der Verarbeitung streng an den Symbol-

Die Frauen der Maya *waren geschickte Weberinnen. Leider ist von ihren Textilien kaum etwas erhalten. Links die Göttin der Webkunst; rechts eine Frau, die das fertige Gewebe aufrollt.*

gehalt der Farben. Schwarz bedeutete Krieg (im Hinblick auf die Pfeil- und Speerspitzen aus Obsidian) und wurde aus Kohle gewonnen; Gelb, die Farbe des reifen Maiskorns und Symbol der Nahrung, erzielte man aus Eisenoxyden; Rot, die Farbe des Blutes, konnte auf verschiedene Weise gewonnen werden: einerseits durch Eisenoxyd, andererseits durch *Achiote* und Brasilholz. Die vielgerühmte Cochenille, «das Beste, was Westindien zu bieten hat, kommt aus dem trockenen Land». Der Farbstoff wurde von den Cochenille-Läusen gewonnen, die die Knaben «wie Kühe» auf Kaktuspölsterchen weiden ließen (im 16. Jahrhundert gab es in Italien und Griechenland ausgedehnte Cochenille-Kulturen; man schätzte den neuen Farbstoff so außerordentlich, daß er alle anderen roten Farbmittel verdrängte).

Blau war das Symbol des Opfers. Das spezielle Maya-Blau, dessen Leuchtkraft besonders bei den Fresken von Bonampak so fasziniert, ist mineralischen Ursprungs und wurde aus einer blauen Tonerde gewonnen. Außerdem lieferten Pflanzen und Bäume «Farben in den verschiedensten Abstufungen»: die wilde Tomate, die Brombeere und der grün-schwarze Farbstoff der Avocadobirne; am kostbarsten und am schwierigsten zu beschaffen war das dunkle Purpurrot einer Molluske *(Purpura patula)*, das man mit dem berühmten Tyrischen Purpur vergleichen könnte. Die Farbmittel wurden in steinernen Schalen zerstoßen, wie man sie gelegentlich als Grabbeigaben findet.

Der Webstuhl der Maya glich dem aller anderen Kulturen. Der Kettbaum wurde an einem Baumast oder einem Pfosten aufgehängt, den Brustbaum band sich die Weberin mit einem Gurt um die Hüften. Die Textilien der Maya müssen – wie die der Azteken – von höchst effektvoller Farbigkeit gewesen sein, an den parallelen Beispielen ihrer Fresken, Skulpturen und Keramikdekors gemessen. Es gab auch Stoffe aus Kaninchenwolle und mit Federornamenten kombinierte Textilien; schließlich noch das dicke, grobe *manta*-Gewebe, das mit Baumwolle wattiert und für Kriegsgewänder verwendet wurde.

Die Maya schwelgten geradezu in Farben und Formen, wie sich aus den wenigen überlieferten Beispielen feststellen läßt. Die Erzeugnisse ihrer Webkunst sind in ihren eigenen Kriegen und in den Zerstörungen der Konquista verlorengegangen. Der Rest fiel der Zeit und dem Klima zum Opfer, mit Ausnahme einiger weniger Stücke, die man auf dem Grund des Brunnens von Chichén Itzá entdeckte.

Um so größer aber ist die Menge und Vielfalt der kunstvollen Keramiken, die uns die Maya hinterlassen haben. Sie können sich in ihrem Formen- und Ornamentreichtum durchaus mit den Vasen und Gefäßen der Griechen messen und übertreffen bei weitem die keramischen Erzeugnisse der Römer und fast sämtlicher anderen Kulturen des Vorderen Orients. Die

Maya arbeiteten nach dem Wulstverfahren, einer Technik, die wohl so alt sein dürfte wie die Menschheit: die weiche Tonerde wurde zu langen Wülsten – einer Art überdimensionaler Spaghetti – geformt, in Ringen neben- und übereinandergelegt und mit den Händen zu einer homogenen Masse verstrichen. Dann wurde das Gefäß mit einem Tonscherben geglättet. War es sehr groß, umschritt es der Töpfer – sich selbst zur Töpferscheibe machend –, bis er die gewünschte geglättete Form erreicht hatte. Diese Technik ist – und war – nicht ausschließlich auf die Maya beschränkt; sämtliche Stämme und Kulturen der Naturvölker auf dem amerikanischen Kontinent bedienten sich ihrer, und auch viele afrikanische und asiatische Völker.

Diese mühselige und zeitraubende Methode hat sich seit den frühesten neolithischen Zeiten nur wenig geändert. Die Töpferscheibe hätte den Prozeß wesentlich vereinfacht, aber das hätte den Begriff und das Prinzip des Rades vorausgesetzt, das den präkolumbischen Kulturen völlig unbekannt war.

Zur Herstellung von Massenwaren bedienten sich die Maya vorgefertigter Schablonen, mit denen sie das Muster in das fertige Gefäß einritzten. Bei den Ausgrabungen entdeckte man derartige Schablonen – Rouletten mit horizontalen und vertikalen Rippen, kammartige Ritzvorrichtungen und Model aus gebranntem Ton. Die auf diese Weise verzierten Tonwaren wurden in einem offenen, mit Holz, Holzkohle oder Stroh geheizten Brennofen bei einer Temperatur von über 450 Grad gebrannt, ein Prozeß, dem jedes einzelne Stück unterzogen werden mußte. Auch die Urnen für die Asche der Toten («die Asche der Adeligen wurde in großen Urnen beigesetzt») bestanden aus Ton. In mannshohen Krügen – die in Form und Größe den mit Band- und Schnurornamenten verzierten Gefäßen ähneln, die man in Knossos auf Kreta fand – bewahrten die Maya in den unterirdischen Zisternen das kostbare Trinkwasser auf. Auch lebensgroße Götterbilder wurden aus Ton geformt. Und die Tatsache, daß jedes der zwanzigtausend Häuser von Mayapán ein solches lebensgroßes Idol oder zumindest eine kleine Statuette besaß, gibt eine Vorstellung von der immensen Ausbreitung des Töpferhandwerks.

Die schönsten Keramiken wurden zweifellos für die Toten hergestellt. Die bereits erwähnten Tonfiguren von Jaina sind frei und ohne Vorlagen modelliert, aber mit erlesener Ausarbeitung des Details: geschmackvoll gekleidete Maya-Häuptlinge, reich geschmückte Frauen mit Halsketten und kunstvoll aufgebauten Frisuren «verraten eine ungewöhnliche Meisterschaft in der Beherrschung von Form und Bewegung und in der Verwendung des Materials; sie sind elegant und erlesen, majestätisch und monumental».

Der Keramik verdanken wir die besten Aufschlüsse über Einzelheiten aus dem Leben der Maya, insbesondere der Frauen, die man nur aus den

Ohne Töpferscheibe *entstanden die schönen und kunstvollen Gefäße der Maya. Der Ton wurde zu langen, dünnen Wülsten gedreht, die man spiralenartig übereinanderlegte, bis sich die gewünschte Form ergab, deren Außenflächen dann mit den Händen oder einem Tonscherben glattgestrichen wurden. Die hier gezeigten Beispiele stammen von den südlichen Stämmen der Maya. Ihre dekorative Erfindungsgabe reicht vom einfachen geometrischen Ornament bis zu stilisierten Tier- und Menschendarstellungen.*

Eine groteske Götterfigur *(400 bis 500 n. Chr.) aus einem Grab von Tikal. Die bärtige, fast zahnlose Gestalt mit den eigenartigen, blattförmigen Augenlidern sitzt auf einem Dreifuß aus Schenkelknochen und hält einen Menschenkopf in den Händen; auch Arme und Beine sind mit Köpfen geschmückt. Die Tonfigur ist etwa 35 Zentimeter hoch und zeigt Spuren von Bemalung.*

Bildwerken ihrer Steinmonumente nie erfahren würde. Die Kleinkunst des Tonmodellierens war, verglichen mit den schweren Kolossalmonumenten, in gewissem Sinne eine sekundäre Kunst – ein anspruchsloses, aber aufschlußreiches Abbild des täglichen Lebens. Die Tonfigürchen zeigen den Maya, wie er sich selber sah; sie waren das Ausdrucksmittel des einfachen Mannes und seiner Umwelt, seiner Erscheinung, seiner Gewohnheiten, der Kleidung, der Krieger, der Häuser und Spiele.

Die Tonfiguren der Küstengegend von Vera Cruz, die später einen großen Einfluß auf die Maya ausübten, zeigen den Eingeborenen von seiner fröhlichen Seite; die «Lachenden Köpfe» und die weich modellierten Gestalten verkörpern einen sonst völlig ungewöhnlichen heiteren, weltoffenen Menschentyp.

Die polychrome Keramik der Maya stand auf einer erstaunlich hoch entwickelten Stufe. Die Archäologen haben die Keramik und damit die Geschichte der Maya in vier Phasen eingeteilt und mit Namen bezeichnet, die dem *Popol Vuh* entnommen sind:

Mamom, «Großmutter» (2000 bis 500 v. Chr.), ausschließlich eine Gebrauchskeramik, die in den untersten Ausgrabungsschichten des Petén, des Gebietes der frühesten Maya-Funde, entdeckt wurde. Hauptsächlich runde, mit Kerb- und Rillendekors verzierte Kochtöpfe *(cum)*, die während der gesamten Maya-Entwicklungsgeschichte fast unverändert blieben. Außer flachen Eßtellern finden sich auch die ersten nackten Tonfigürchen.

Chichanel, «Verhehler» (500 v. Chr. bis 300 n. Chr), eine formative Periode, in der die ersten Stücke der herrlich gemalten polychromen Uaxactún-Keramiken auftauchen. Die menschliche Gestalt wird wirklichkeitsgetreu wiedergegeben.

Tzakol, «Die Baumeister» (317 n. Chr. bis 650), die Periode der großen Zeremonial- und Tempelzentren des Maya-Reiches, ist gekennzeichnet durch die dünnwandige, verfeinerte Gelb-Orange-Keramik, die sich vermutlich von einem unbekannten Zentrum weit über die Grenzen des Maya-Landes hinaus verbreitete.

Tepeuh, «Eroberer» (650 n. Chr. bis 1000), ist die typischste und charakteristischste der Maya-Perioden. Man spürt, daß der Künstler Material und Ornament meisterlich beherrscht und das dekorative Element die Oberhand gewinnt. Es läßt sich deutlich ein Wandel von der statischen zur dynamischen Form feststellen, der sich auch an den Skulpturen ausprägt. Die reich gekleideten Gestalten werden in «anekdotischen Szenen» dargestellt. In der Kleinkunst wie in den Bauwerken zeigt sich ein starker Zug zum Ornamentalen. Die großen Tempelstädte Tikal, Copán, Palenque, Piedras Negras sind bereits errichtet, und es tritt jene seltsame Stagnation ein, die von vielen Wissenschaftlern als Verfallszeit bezeichnet wird. Die Bautätigkeit nimmt

Die Töpferwaren *geben Aufschluß über die früheste Geschichte der Maya: Die Archäologen haben sie in vier Phasen eingeteilt und mit Bezeichnungen aus dem Popol Vuh, dem heiligen Buch der alten Quiché-Maya, benannt. Die erste Phase, Mamom, beginnt etwa 2000 v. Chr. und beschränkt sich auf Gebrauchsgefäße, speziell die runden Kochtöpfe, die sich über Jahrtausende hinweg kaum veränderten. Um 500 v. Chr. finden wir die flache, wie glasiert wirkende Gelb-Orange-Keramik der Chichanel-Phase. Seit dem Jahr 317 n. Chr. entwickelte und verbreitete sich von einem unbekannten Zentrum aus die zerbrechlich schöne Dünn-Orange-Keramik (Tzakol). Die letzte Phase zeigt reichen Ornamentschmuck und endet mit der Zeit der «Großen Wanderung», dem Verlassen der Tempelstädte Tikal, Copán und Palenque.*

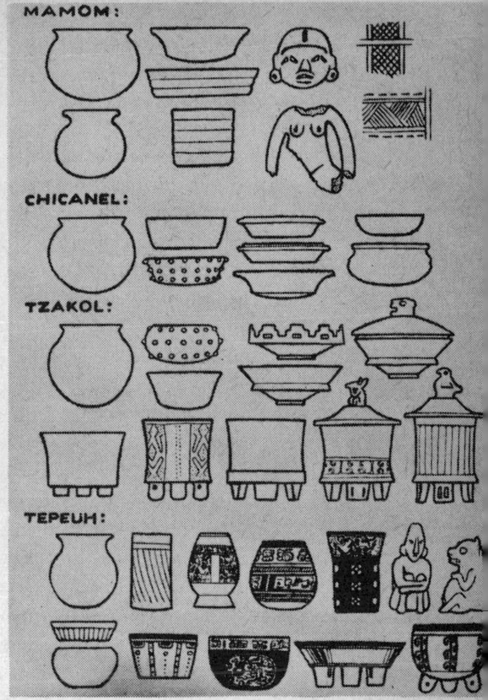

ab und kommt schließlich völlig zum Stillstand. Zwischen dem ornamentüberladenen, fast barocken Stil und dem Verlassen der Maya-Städte scheint ein geheimer Zusammenhang zu bestehen. Gleichzeitig geht auch in der Keramik ein Wechsel vor sich. Die religiösen Motive werden von Profanszenen abgelöst, der Künstler beschäftigt sich zunehmend mit seiner Umwelt.

Die Maya waren das einzige der drei großen amerikanischen «Sonnenkönigreiche», das sowohl zur See wie auf dem Land Handel trieb. Ihre Handelswege reichen wohl schon in die Anfänge ihrer Geschichte zurück. Das Hochland von Guatemala war mit beiden Küsten durch Fußpfade, später durch regelrechte Straßen, verbunden. Spuren dieser frühen Handelsverbindungen lassen sich aus Grabfunden ableiten.

Die Maya des Hochlandes handelten vor allem mit Obsidian, auch mit Jade, jenem von tiefem Symbolgehalt erfüllten Stein (seine geologischen Vorkommen konnten allerdings bis heute nicht aufgefunden werden), und mit den Federn des Quetzalvogels. Auch Kopal, das wohlriechende Räucherharz, Feuersteine, Alaun und die bekannten Cochenille-Farben wurden bei den Tiefland-Maya gegen Baumwolle, Salz, Honig, Wachs, Kakao, Trockenfisch und geräuchertes Wildbret eingetauscht.

Am weitesten ausgebaut war das Straßennetz in Yucatan, denn hier konzentrierten sich die Maya in den letzten 500 Jahren ihres Kulturlebens; hier wurden sie von den Spaniern unterworfen, die ihre Lebensgewohnheiten in ihren Chroniken festhielten. Christoph Kolumbus war der erste Europäer, der im Jahr 1502 mit einem Handelsboot der Maya in Berührung kam. Auf seiner vierten und letzten Reise nach Westindien begegnete seine Karavelle bei der Insel Guanaja einem schwerbeladenen Einbaumkanu der Maya. Die Besatzung führte Obsidianklingen, Kupferäxte und buntgefärbte Baumwollstoffe mit. Der Häuptling erklärte, sie kämen zu dieser zwanzig Meilen von der Küste von Honduras entfernten Insel, um grüne Papageienfedern und Kristall einzuhandeln.

Als Cortés 1524 in Xicalango die Straße nach Honduras suchte, gab ihm einer der Maya-Kaufleute eine Landkarte, die auf Baumwolltuch aufgezeichnet war und das gesamte Straßennetz von Xicalango durch Campeche nach Nito am Golf von Honduras in einem Umkreis von 600 Kilometern zeigte. Alle See- oder Landverkehrswege führten zu dem großen Handelsplatz Xicalango, in der Nähe der Laguna de Terminos. Am nordöstlichen Ende der 60 Kilometer langen Lagune schließt sich eine zweite, kleinere, die Laguna de Pom, an. An diesem strategischen Punkt lag Xicalango. Es war an drei Seiten von Sumpf und Moor umgeben und am besten von Süden her mit dem Kanu zu erreichen. Nur im Nordosten führte eine Straße nach Vera Cruz, dann weiter ins Land der Azteken. Xicalango war ein Treffpunkt der Maya, Azteken, Tolteken, Huaxteken und Totonaken. Die Händler brachten Salz, Trockenfisch, Baumwollgewebe, Kopal, Honig, Wachs, Mais, Bohnen und alle Arten von Federgewändern, Mäntel, Schilde und Kopfschmuck.

Einer der benachbarten Stämme besaß eine Art Salzmonopol. «In Yucatan liegt ein bemerkenswertes Sumpfgebiet», berichtet Diego de Landa, «mehr als 70 Meilen lang und gänzlich aus Salz bestehend... Hier hat Gott... das beste Salz geschaffen.» Nur gewisse Clans durften Salz gewinnen, mußten aber dafür an die Häuptlinge von Ekab entsprechende Abgaben entrichten.

Die Kaufleute, die sogenannten *ppolm,* gehörten der privilegierten Klasse an. Wie die *pochteca* der Azteken waren sie ein hochangesehener Berufsstand. Sie zahlten keine Steuern, hatten ihren eigenen Gott, Ek Chuah, und ihre besonderen Privilegien. Sie unterhielten ganze Kanu-Flottillen und Lagerhäuser entlang der Golfküste und im Innern des Landes.

Als Hernando Cortés im Jahr 1524 auf seinem berühmten Eroberungszug das Land der Maya durchquerte, sah er gepflasterte Straßen mit «Rasthäusern» längs des ganzen Weges. Jenseits des Petén-Sees nahm er einen vornehmen Maya gefangen, der ihm erzählte, er sei ein Händler und sei mit dem Schiff mit seinen Sklaven in diese Gegend gekommen.

In Xicalango nahmen große, mit Palmblättern gedeckte steinerne Lagerhäuser die Frachten auf. Die Maya hatten ein gut organisiertes Kreditwesen mit besonderen Zahlungsbedingungen und Terminen, das vor allem auf mündlichen Kontrakten beruhte. Transaktionen schloß man durch öffentliche Trinkgelage ab. Zahlungsversäumnisse oder Streitigkeiten wegen Vernachlässigung mündlich vereinbarter Termine konnten bei besonders hartnäckigen Fällen sogar zu Kriegen führen.

Eines der begehrtesten «Handelsobjekte» waren die Sklaven, als deren Hauptmarkt das südwestlich von Xicalango gelegene Tabasco gelten darf. Hier fand Hernando Cortés im Jahr 1518 auf seinem Eroberungszug die berühmte Malinche, «Die Zunge», der die Spanier später zum Dank für ihre Verdienste bei der Unterwerfung der Azteken-Stadt Tenochtitlán den Ehrentitel «Doña Marina» verliehen. Sie stammte «aus der Stadt Paynama, acht Meilen von Cotzacoalcos in Tabasco entfernt», schrieb Bernal Díaz. Ihr Vater war der Häuptling der Stadt gewesen. Als ihre Mutter sich nach dessen Tod zum zweitenmal verheiratete, ließ sie Malinche als Sklavin auf den Markt bringen.

Von allen den Spaniern bekannten Märkten war Chichén Itzá der größte. Die Stadt mit ihrem heiligen *Cenote* und ihren eindrucksvollen Gebäuden toltekischen Ursprungs war zugleich eine Art Wallfahrtsort: «Die Pilger kamen von weither, sowohl um des Handels wie auch um der Götterverehrung willen.» Innerhalb des umfriedeten Hofes der «tausend Säulen» im Tempel der Krieger liegt ein ausgedehntes Areal, das de Landa als *mercado* bezeichnet. Mächtige, noch heute erhaltene Säulen, den dorischen vergleichbar, trugen ein mit Palmblättern gedecktes Gebälk. Es existieren auch noch Reste eines steinernen Baldachins, unter dem der Aufsichtsbeamte saß und das Markttreiben überwachte. Vom äußeren Bild her dürfte sich der Markt von Chichén Itzá kaum von dem vielbeschriebenen Markt der Azteken unterschieden haben. Jede Warengattung hatte ihren bestimmten Platz: seien es Lebensmittel, Fische, Wild, Geflügel oder Stoffe und Baumwolle, seien es Schmuckfedern, Waffen, Heilkräuter oder Edelsteine.

Die Adeligen, bei denen sich aus Steuereinnahmen und Geschenken ein Überschuß an Mais, Bohnen, Muscheln, Salz oder Baumwolle angehäuft hatte, boten ihre Vorräte den Großhändlern unter den Kaufleuten an, die sie dafür mit Kakao, Gold, Obsidian oder Jade versorgten. Einheimische Händler tauschten ihren Überschuß gegen importierte Waren, insbesondere gegen Sklaven und Kakao aus. Man könnte sie als eine Art Großhändler bezeichnen, die ihre Waren den Kleinhändlern weitergaben, die sie dann im Schatten ihrer Baumwollzelte auf dem Markt feilboten.

«Die Kakaobohnen sind das Gold dieses Landes... und sie dienen als allgemeines Zahlungsmittel auf der großen Plaza... von Chichén Itzá», schrieb Bischof de Landa. Der starkstämmige, niedrige Kakaobaum wuchs an der Peripherie des Maya-Territoriums. Er braucht viel Wasser und den schweren Lehmboden des Urwaldes. Wenn die Schoten reif sind, läßt man sie abfaulen und die Körner in Gärung geraten. Die Kakaobohne hat etwa die Größe einer Mandel; an der Sonne getrocknet, verfärbt sie sich schokoladebraun, und ihre Schale wird hart wie Pergament. Diese Bohnen waren das erwähnte weitverbreitete Zahlungsmittel. Ein Kaninchen kostete zehn Kakaobohnen, ein Kürbis vier, ein Sklave hundert (was etwa 25 Tassen Schokolade entsprechen würde). Auch die öffentlichen Dirnen gehörten, wie überall, zum Bild des Marktes. «Sie verkauften sich... je nachdem... für acht bis zehn Kakaobohnen...»

Die Feste der Maya standen, wie alles in ihrem Leben, in engstem Zusammenhang mit der Religion. Im Monat Pop (unserem Juli) begann das neue Jahr. Es war die Zeit der «Erneuerung», auch für den Menschen; man legte neue Kleidung an, ersetzte die alten Töpferwaren und Bastmatten durch neuangefertigte Stücke, die vorher von den Priestern im Tempel feierlich geweiht wurden.

Im Uo, dem zweiten Monat, fanden besondere Festlichkeiten zu Ehren der Schutzgötter statt. Den Spaniern erschien die Zahl der Maya-Götter unübersehbar, denn die meisten Götter hatten verschiedene Funktionen. Uo, der Monat der Berufsfeste – der Fischer, Jäger, Reisenden –, endete meist mit ziemlich ausschweifenden Trinkgelagen und Tänzen.

Ein Teil des fünften Monats, Tzec, war dem Bienengott geweiht. Alle Bienenzüchter nahmen an dem Fest teil, um sich den Bienengott geneigt zu machen und eine gute Honigernte zu sichern.

Die Namensglyphen *der 18 Monate des Maya-Kalenders. Jeder dieser Monate bestand aus 20 Tagen – den Rest bildeten die fünf leeren Tage (Uayeb) – und hatte seine bestimmten Feste. Das*

So gingen Monat für Monat mit ihren besonderen Festen dahin. Im neunten Monat, Chen, wurden die neuen Götterbilder fertiggestellt, bezahlt und errichtet. Yax war der Monat, in dem die Jäger Buße taten für das Blut der Tiere, das sie vergossen hatten. Da sämtliche Geschöpfe nach Ansicht der Maya ein eigenes Seelenleben hatten, mußte man ihnen zumindest nachträglich Ehrfurcht und Dankbarkeit bezeugen, wenn man sie getötet hatte.

In den letzten drei Abschnitten des Maya-Jahres, den Monaten Kayab und Cumhu und den *Uayeb,* die den «fünf leeren Tagen» bei den Azteken entsprachen, fanden ebenfalls Feste statt. Man trank in beachtlichen Mengen, und es kam – nach der Häufigkeit derartiger Erwähnungen zu schließen – vielfach zu Ehebrüchen. «Es gab keinen Jahrmarkt, bei dem sie sich nicht berauscht hätten», erklärt de Landa in priesterlicher Entrüstung, «sie tranken eine Art Met, dem sie eine gewisse Wurzel beifügten, durch die das Getränk stark und übelriechend wurde.»

Die Musik der Maya beschränkte sich hauptsächlich auf Schlaginstrumente; Streichinstrumente gab es im präkolumbischen Amerika nicht. Bei kultischen Festen und Tänzen wurde die Musik meist von Gesang begleitet. Neben der großen Trommel, die man mit den Händen schlug, gab es das *tunkul,* eine aufrecht stehende Fellpauke, die dem Trommler bis zur Brust reichte. Sie bestand aus einem ausgehöhlten, oft verzierten Baumstumpf, über den eine Hirschhaut gespannt war, und wurde ebenfalls mit den Händen geschlagen. Außerdem gab es noch eine längliche Trommel, die auf dem Boden lag und auf die sich der Spieler setzte, während er auf sie einhämmerte. Eine dritte Art glich etwa der aztekischen *teponzatli,* einem horizontal liegenden hohlen Holzblock mit zwei hölzernen Zungen; sie wurde mit zwei Klöppeln geschlagen und war bei entsprechendem Wind meilenweit zu hören.

Beim Tanzen klemmten die Maya eine kleine Trommel, die *pax,* unter den Arm, mit der sie – oft abwechselnd oder gleichzeitig mit einer dunkel

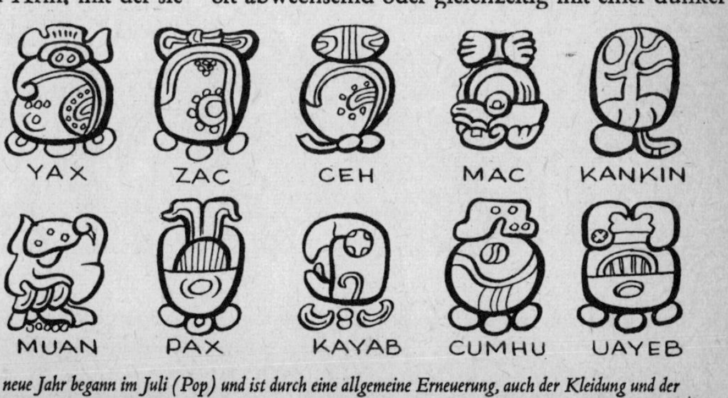

neue Jahr begann im Juli (Pop) und ist durch eine allgemeine Erneuerung, auch der Kleidung und der Götterbilder, gekennzeichnet. Pax besagt im Gegensatz zum Lateinischen: Monat des Krieges.

tönenden Trommel und mit dem Panzer der Landschildkröte – den Takt angaben. «Sie schlagen sie mit der Handfläche», schrieb Diego de Landa, «und ihr Ton ist kummervoll und traurig.»

Außerdem kannten die Maya eine sanduhrförmige Keramiktrommel, deren eines Ende mit einer Tierhaut überspannt war. Dieses Instrument ist unter dem Namen *kayum* auch heute noch bei den primitiven Maya sprechenden Lacandoniern bekannt. Daß es sich um ein sehr altes Instrument handelt, geht aus dem Dresdener Codex hervor, der eine Gruppe von Musikanten um den Kopf eines Maisgottes zeigt; einer von ihnen spielt das *kayum*, das mit einer Sprechhieroglyphe zum Zeichen des «Tönens» gekennzeichnet ist.

Das zweite Hauptinstrument der Maya, die Trompete, ist ebenfalls in den verschiedensten Abwandlungen vertreten. Eine große Rolle spielte die Schneckentrompete (aus dem Gehäuse der Tritonshornschnecke, die man vor allem in den Gewässern von Yucatan fand). Sie gibt einen klagevollen, dunklen Ton und wurde zur Anrufung der Götter verwendet. Die Trompeten – aus Holz oder Ton geformt – hat man meist als «Zwillingstrompeten» geblasen, wie auf den Wandmalereien von Bonampak zu sehen ist, und waren auf zwei verschiedene Tonarten abgestimmt. Flöten waren den Maya in den verschiedensten Arten bekannt. Die auf sechs Töne abgestimmte Flöte wurde aus einem Menschen- oder Tierknochen (Ober-

Die große Prozession von Bonampak, *ein Detail aus den farbenprächtigen Fresken des Tempels: Musikanten mit Trompeten (aus Ton), ausgehöhlten Schildkrötenpanzern, einer großen Fell-*

schenkel), aus Ton oder Schilfrohr verfertigt. («Sie hatten Pfeifen, die aus Tierknochen, und Flöten, die aus Schilfrohr hergestellt waren.») Auch eine Fünftonpfeife, die ungefähr der griechischen Panflöte glich, war den Maya bekannt und bis nach Südamerika verbreitet. Ihr Ursprung ist bisher nicht ermittelt worden.

Zur Vervollständigung des «Orchesters» gab es dann noch Schellen aus Kupfer, Gold und Silber, die an den Beinen, um die Taille oder am Handgelenk befestigt waren und mit ihrem Klingeln die Schritte der Tänzer begleiteten. Eine entfernte Abart unserer Saiteninstrumente waren die *raspadores*, die heute noch in der cubanischen Musik gebräuchlich sind.

Ein anschauliches Beispiel eines Maya-Orchesters bieten die Fresken von Bonampak: Sie zeigen eine Reihe Maya mit Musikinstrumenten – zwei blasen die Trompete, einer schlägt die Fellpauke, zwei halten Schildkrötentrommeln in den Händen, andere schütteln Kürbisrasseln.

Diego de Landa berichtet von 1500 Indianern, die von meilenweit herkamen, um sich an den Tänzen zu beteiligen. Zwei dieser Tänze hielt er für besonders «sehenswert»: Colomche, den Schilfrohrtanz, bei dem sich 150 Männer zum Klang von Trommel und Flöte in einem großen Kreis bewegten. Auf ein Zeichen des «Dirigenten» sprangen zwei der Teilnehmer in die Mitte; einer von ihnen war der Jäger; er warf gummigeschützte Rohrlanzen nach dem anderen, dem Gejagten, der die Waffe mit großer Geschick-

pauke und Kürbisrasseln vollführen eine Musik, deren Reiz weniger in der Melodie als vielmehr im Rhythmus lag. Einige der Musikanten tragen Grotesk-Masken.

lichkeit auffing. Währenddessen bewegte sich der Kreis im Takt der Musik ständig weiter. Der andere Tanz, den Landa nicht namentlich anführt, wurde von 800 Männern mit Stoff-, Papier- und Federwimpeln getanzt. Sie bewegten sich in einer Art Stechschritt, streng den Takt einhaltend.

Im allgemeinen tanzten Männer und Frauen jeweils getrennt. Den einzigen gemeinsamen Tanz, den Diego de Landa beobachtete, kritisierte er als «nicht sehr anständig». Wie bei allen kultischen Tänzen der Naturvölker, ging es auch bei den Maya darum, ein mystisches Einswerden von Teilnehmern und Zuschauern im Dienste der Götter zu erzielen. Trommeln, Gesang, Händeklatschen und das laute Geheul waren Bestandteile eines kultischen «Rausches», der jeden einzelnen in den Kontakt mit den übernatürlichen Mächten einbezog.

Auch eine Art kultischer Spiele mit Vorführungen maskierter und kostümierter Schauspieler gehörten zur sozialen und religiösen Welt der Maya. De Landa berichtet, daß «ihre Spieler mit großem Verstand agierten», und geht sogar so weit, sie als «Berufsschauspieler» zu bezeichnen.

Es gab sowohl geschlossene als auch Freilichtbühnen. Landa erwähnt, daß er 1560 in Chichén Itzá «zwei aus Stein errichtete Bühnen mit vier Treppenaufgängen» sah: «Hier rezitierten sie ihre Possen... und Komödien zum Vergnügen der Zuschauer.» Diese beiden Bühnen sind inzwischen restauriert worden und heute noch in Chichén Itzá zu sehen. Eine ist die sogenannte «Plattform des Kegels», eine zwanzig Fuß hohe Bühne mit vier Treppenaufgängen, die an der direkten Verbindungslinie zwischen dem Pyramidentempel und der großen Chaussee *(sacbe)* liegt. Die Plattform

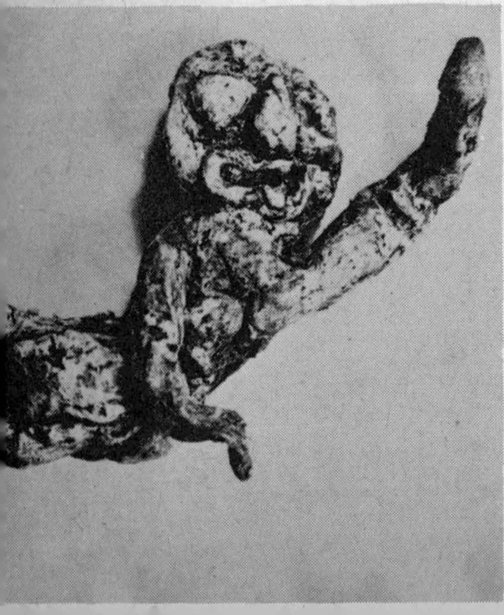

Fünfhundert Jahre *unter Wasser lag dieses groteske Gummi-Figürchen, das 1961 im Opferbrunnen von Chichén Itzá entdeckt wurde. Vermutlich handelt es sich um ein Amulett oder um eine Weihgabe.*

Tagelang dauerten die kultischen Tänze *zur Vertreibung der bösen Geister, an denen oft Hunderte von Männern teilnahmen. Die obige Zeichnung zeigt einen der «Vogel»-Tänzer mit Rassel und Banner (Bonampak).*

Ein ornamentreiches Kostüm *trägt auch diese Tonfigur eines Maya-Tänzers.*

des abgeflachten Kegels diente als Bühne. Die andere von Landa erwähnte Anlage ist die *Tzompantli*-Bühne, unmittelbar gegenüber dem großen Ballspielplatz gelegen und mit steinernen Totenschädeln geschmückt.

Das Lieblingsspiel der Maya war das *pok-a-tok*, das dem *tlachtli* der Azteken entsprach. Niemand vermag zu sagen, wann und wo dieses Spiel aufkam. Möglicherweise geht es auf die Olmeken zurück, die von einigen Historikern sogar für älter als die Maya gehalten werden. Die Theorie des olmekischen Ursprungs beruht auf der Tatsache, daß das *pok-a-tok* mit einem harten Gummiball gespielt wird und der Name Olmeken möglicherweise von *olli* (Gummi) abzuleiten ist.

Wie bei den Azteken, findet sich auch in allen größeren Tempelstädten der Maya ein Ballspielplatz. Ob in Copán oder Chichén Itzá – immer ist es die gleiche I-förmige, von hohen Wällen umschlossene Anlage mit den Zuschauertribünen an den Längsseiten und dem in etwa elf Meter Höhe angebrachten vertikalen Steinring, dem Korb beim Basketball ähnlich.

Pok-a-tok *nannten die Maya ihr kultisches Ballspiel, bei dem die Beteiligten eine Art Schutzkleidung an Ellenbogen, Knie und Hüften trugen. Die Zeichnung ist eine moderne Rekonstruktion.*

Der große Ballspielplatz *von Chichén Itzá ist fast 164 Meter lang und 68 Meter breit. Hoch oben an den Mauern ist der Steinring angebracht, durch den der Ball geworfen werden mußte; ein «Tor»-Schuß dürfte allerdings angesichts der Höhe des Steinrings nicht allzu häufig vorgekommen sein.*

Da das *pok-a-tok* zu Landas Zeiten bei den Maya nicht mehr gespielt wurde, müssen wir uns mit den Berichten des Azteken-Chronisten Bernardino de Sahagún begnügen. Von den Maya ist uns keine ähnlich ausführliche Beschreibung des Ballspiels erhalten. Die einzige Erwähnung findet sich im *Popol Vuh,* das toltekische Einflüsse erkennen läßt. Dort heißt es

«‹Wir wollen Ball spielen›, sagte der Häuptling von Xibalba. Dann ergriffen die Häuptlinge den Ball und trafen ihn genau in den Ring des Hunahpu.»

In Chichén Itzá gab es sieben Ballspielplätze. Der größte ist mit 164 Meter Länge und 68 Meter Breite zugleich der monumentalste aller präkolumbischen Ballspielplätze und gehört zu den besonderen Sehenswürdigkeiten der Stadt. Er wurde von den Tolteken erbaut und mit Motiven verziert, die von der 1200 Kilometer entfernten Stadt Tula entlehnt waren. So zeigt der «Tor»-Ring beispielsweise eine Schlange mit geöffnetem Rachen. Er befindet sich jedoch so hoch oben – fast elf Meter über dem Spielfeld –, daß die allgemeine Regel, den Ball nur mit Ellenbogen, Hüfte oder Gesäß zu berühren, unmöglich auf diesen Spielplatz zutreffen kann.

Wie im aztekischen Gebiet, schlossen auch die Adeligen der Maya Wetten ab, ob es einem der Spieler, und welchem, gelingen würde, den Ball durch das Loch zu werfen. Der Sieger durfte als Ehrenpreis die gesamte Kleidung und den Schmuck der Anwesenden fordern.

Die Häuser der Maya hatten keine verschließbaren Türen; vor dem Eingang hing lediglich eine Stoffdraperie, und ein Glöckchen kündigte den Eintretenden an. Diebstahl galt als schweres Verbrechen und konnte sogar mit Sklaverei bestraft werden. Der Dieb mußte das Gestohlene «abarbeiten», falls seine Angehörigen den Verlust nicht ersetzten, um eine Schädigung der Familienehre zu verhindern. Auf Mord oder Totschlag stand unweigerlich die Todesstrafe – außer in den Fällen, wo sich die Verwandten des Täters bereit erklärten, die Überlebenden des Opfers zu entschädigen. Mildernde Umstände für unwillentlichen Totschlag gab es nicht. «Die Strafe für Mord», berichtet Diego de Landa, «bestand darin, in den Fallstricken zu enden, die von Hinterbliebenen des Opfers ausgelegt wurden.»

Für die Maya gab es weder den Begriff des Zufalls noch des Mißgeschicks; was wir als Mißgeschick bezeichnen, galt ihnen schon als Fügung. Es bewies ihnen nur, daß schon vor dem «Unglücksfall» böswillige Einflüsse am Werk waren und sich das Opfer «ausgewählt» hatten; so galt ein Verbrechen nicht nur als persönliche Übeltat, sondern auch als ein sichtbares Zeichen böser Einflüsse. Jede Art von Töten galt als eine Verunreinigung. Selbst das Erlegen eines Tieres verlangte Sühne. Deshalb durchbohrte sich der Jäger gewöhnlich die Zunge oder den Penis und ließ sein eigenes Blut über das erlegte Tier tropfen. Das mutwillige Töten eines Tieres wurde einem Mord gleichgestellt, und wer ein Leben auslöschte oder

Blut vergoß, versündigte sich an der Gemeinschaft; er hatte eine harte Strafe zu gewärtigen.

Zufällig verursachte Verletzung fremden Besitzes wurde ebenso geahndet wie eine absichtliche Schädigung. Stieß ein Indianer den Bienenkorb des Nachbars um, mußte er den Eigentümer entschädigen. Ein Stammesangehöriger, der durch ein Versäumnis oder ein Vergehen den Selbstmord eines anderen veranlaßt hatte, mußte Sühnegeld zahlen.

Ehebruch galt als eines der schwersten Verbrechen. Hatte man die beiden *in flagranti* ertappt, wurde der Liebhaber vor den Richter gebracht, verhört, verurteilt und dem «geschädigten» Ehemann ausgeliefert – seine Schuld bestand nach dem Moralgefühl der Maya weniger in der Verletzung der guten Sitten als der Besitzrechte. Zur Strafe, heißt es, warf der Ehemann dem Täter meist «aus großer Höhe einen schweren Stein auf den Kopf».

Wenn ein Maya starb, wurde er in ein Leichentuch, meist seine eigene *manta*, gehüllt. Man legte ihm Maismehl und ein paar Jadeperlen in den Mund, «die als Zehrgeld dienen und dem Toten dazu verhelfen sollten, sich im anderen Leben eine Mahlzeit zu kaufen». Der einfache Mann wurde unter dem festgestampften Lehmboden seines Hauses begraben, umgeben von den Dingen seines täglichen Lebens; einem Fischer gab man Netze und Harpune mit ins Grab, einem Krieger Schild und Lanze, dazu die Tongefäße mit Speise und Trank.

Wenn eine Familiengeneration in einem Haus bestattet worden war, verließen es die Söhne und Enkel. Es galt künftighin – mitsamt dem Hausrat der Toten – als Familienheiligtum. Angehörige des Adels und der privilegierten Klassen wurden unter der Plaza der Tempelstädte begraben. In Chichén Itzá fand man die sorgfältig ausgemauerte Gruft eines Hohenpriesters; um den Hals hatte er eine Kette mit birnenförmigen Perlen getragen, offenbar von seefahrenden Handelsleuten aus Venezuela mitgebracht.

In Yucatan wurden die Toten der Adelsfamilien verbrannt; die Asche bestattete man in einer Urne aus Keramik oder Holz, die die Gesichtszüge des Verstorbenen trug. Man fertigte von den «Leuten von Rang» Porträtbüsten an, deren Hinterkopf eine Höhlung zum Aufnehmen der Asche enthielt. Die Maya bewahrten «diese Bildwerke mit großer Ehrfurcht» auf.

Die Maya glaubten an die Unsterblichkeit und an eine Form von Himmel und Hölle. Diejenigen, die sich an die Glaubensvorschriften hielten, «die Guten», versammelten sich an einem Ort, der im Schatten des «ersten Baumes der Welt» lag, und ergaben sich dort uneingeschränkt dem Genuß des Kakaos. Wie überall, unterlagen die Hinterbliebenen eines Toten gewissen Tabus. Sie galten als «verunreinigt» und mußten sich einem bestimmten Ritual unterwerfen, sonst bestand die Gefahr, daß der Tote zurückkehren und den Lebenden Ungelegenheiten verursachen würde.

10 Die Herren der Maya

AN DER SPITZE des Stadtstaates der Maya stand der *halach uinic*. Er war *der* Mann, der «wirkliche Mann», der «wahre Mann», mit Machtbefugnissen ausgestattet und in Schranken gehalten durch einen möglicherweise aus Blutsverwandten bestehenden Rat. Er war ein absoluter Herrscher und wurde, wie in allen Theokratien, als ein Halbgott verehrt.

Die Hauptaufgabe dieses «Vaters und Herrschers», wie ihn die Spanier bezeichneten, bestand in der Erfüllung des Rituals. Sein Kopf war, gleich dem aller Adeligen, nach hinten abgeflacht, das Gesicht meist mit Tatauierungen bedeckt. Mit Hilfe von Kitt versuchte man, sich eine ausgeprägte – dem Schönheitsideal der Maya entsprechende – Adlernase zu modellieren, wie die zahlreichen überlieferten Beispiele auf den Fresken und Steinreliefs zeigen. Ohrläppchen, Nasenscheidewand und der linke Nasenflügel wurden durchbohrt und allmählich so erweitert, daß riesige Schmuckstücke – Ohren- und Nasenpflöcke aus Jade oder Topas – hindurchgesteckt werden konnten. Und es galt als Zeichen besonderer Würde, bei festlichen Gelegenheiten einen möglichst großen Topas (die Spanier nannten ihn «Ambra») hindurchzustecken.

Die Scheu der Maya vor dem «leeren Raum», auf die der herrliche Ornamentreichtum ihrer Bauten und Stelen zurückzuführen ist, erstreckte sich auch auf die Körper ihrer Führer: Ohrpflöcke, Kopfschmuck, künstliche Adlernase, Tatauierungen, riesige Jaderinge an Fingern und Zehen, Schmuckreifen an Hand- und Fußgelenken, bunte Sandalen und über dem Lendenschurz ein langer Rock, der zusätzlich noch mit Jaguarfell überzogen werden konnte, vervollständigten den Aufputz.

Der Kopfschmuck des Maya-Herrschers war geradezu monumental und übertraf oft seine eigenen Körpermaße. Er bestand aus einer Maske, die den Regen- oder Sonnengott darstellte und entweder aus Holz geschnitzt oder aus Flechtwerk verfertigt war. Über diesem Unterbau türmte sich ein kunstvolles Arrangement aus grünschillernden Quetzalfedern. Es bildete einen denkbar großen Gegensatz zu der einfachen Stoffkrone des Moctezuma oder zu der schlichten *llautu,* der Kopfbinde des Inka-Herrschers, die sich lediglich durch «königliche Fransen» auszeichnete. Die Wandmalereien von Bonampak zeigen in einer Ankleideszene, wie ein prächtiger Quetzalfedernschmuck am Gürtel des Herrschers befestigt wird.

Der *halach uinic* hatte eine legitime Frau – ihr Titel ist uns nicht bekannt – und eine Anzahl von Konkubinen. Wie immer ihr Name gelautet haben mag, die Gemahlin des Maya-Herrschers war selbst eine «Herrin». Sie genoß hohes Ansehen und erscheint als Frau des *halach uinic* auf den Fresken von Bonampak mit abgeflachtem Haupt, mit Ohrschmuck und Halsband. Das Haar trägt sie kunstvoll aufgesteckt. Ein weißes *huipil* hängt ihr von der Schulter herab, eine rote Stola ist um die Arme drapiert, in der Hand trägt sie einen Fächer.

Die Ernennung zum *halach uinic* geschah weder durch Wahl wie bei den Azteken noch durch Auslese wie bei den Inka. Das Amt ging vom Vater auf den ältesten Sohn über. Waren jedoch die Söhne zum Herrschen nicht geeignet, wurde ein Bruder des Verstorbenen oder im äußersten Falle eine befähigte Persönlichkeit aus dem Kreis der «königlichen» Verwandten mit dem hohen Amt betraut.

Wie funktionierte solch ein theokratisches Staatswesen? Nach Ansicht des Diego de Landa sehr gut: «Bevor die Spanier dieses Land erobert hatten, lebten die Eingeborenen in den Städten auf eine sehr zivilisierte Weise. Sie hielten den Boden von Unkraut frei und pflanzten vortreffliche Bäume an. Ihre Städte waren nach folgendem Schema angelegt: In der Mitte der Stadt befanden sich die Tempel mit schönen Plätzen; rund um die Tempel standen die Häuser der Adeligen und der Priester, der wichtigsten Würdenträger, der begüterten Familien und der Kaufleute, die größte Achtung genossen; an der Peripherie der Stadt schlossen sich die Häuser der unteren Klassen an.»

Die großen Stadtstaaten der Maya setzten ein hohes Maß sozialer Organisation voraus; der Aufbau einer solchen Stadt mußte geplant und organisiert, die Maurer, die Kunsthandwerker und Steinmetzen mußten herangebildet werden. Die früheste und größte Stadt der Maya war Tikal, deren voller Umfang bis heute noch nicht festgestellt werden konnte. Der große, etwa im Zentrum liegende Hof hat ein Ausmaß von 120×75 Meter, er ist umstanden von hohen Pyramiden, deren größte sich siebzig Meter über dem Platz erhebt. Wasserreservoirs, breite Straßen, Ballspielplätze und eine unübersehbare Zahl kleinerer Gebäude und Plätze schließen sich an. Jede der großen Pyramiden hat einen Rauminhalt von etwa 240000 Kubikmetern.

Die Tempelstädte der Maya waren sowohl bürgerliche wie auch religiöse Zentren. Daß man in Copán, Tikal oder Palenque keine Spur von Wohnhäusern findet, erklärt sich durch das leicht vergängliche Material, aus dem die Profanbauten errichtet wurden.

Mayapán war die einzige bekannte «organisierte» Hauptstadt der Maya. Ihre Existenz wird durch eine bilderschriftliche Stadtgeschichte, eine lange

Jahrhundertelang *lagen die Bauten der Maya unter dem dichten Urwald begraben. Die große Tempelpyramide I von Tikal hat eine Höhe von fast 70 Metern; eine steile Steintreppe führt zu dem Tempel auf der abgeflachten Kuppe empor. Tikal bestand vom Jahr 416 bis 869 n. Chr.*

Chichén Itzá *auf der Halbinsel Yucatan nach einer Rekonstruktion von Tatiana Proskouriakoff: Im Vordergrund der heilige Brunnen (Cenote); eine Zeremonialstraße führte zur Kukulcan-Pyramide, dem höchsten Bauwerk der Tempelstätte; rechts befand sich der Ballspielplatz; links ist der Tempel der Krieger zu sehen. Hinter der Kolonnade der «tausend Säulen» lag der Markt. Im Hintergrund die alte Stadt.*

Tradition und die Ausgrabungen der Archäologen bestätigt. Da sie die einzige authentisch nachweisbare Maya-Stadt ist, müssen wir auf sie zurückgreifen, wenn wir eine Vorstellung vom städtischen Leben der Maya gewinnen wollen. Mayapán wurde im Jahr 987 (oder 941) gegründet; nachdem die Itzá mit Hilfe der Tolteken die Stadt Chichén Itzá und die umliegenden Gebiete erobert hatten. Als wirkliche Hauptstadt scheint Mayapán jedoch erst nach 1200 fungiert zu haben.

Wenn Mayapán in der Geschichte der Maya auch erst verhältnismäßig spät auftaucht, so ist es doch, gemessen an den Hauptstädten der anderen theokratischen Sonnenkönigreiche, relativ «früh» nachweisbar. Cuzco, die vielgerühmte Hauptstadt der Inka, entstand nicht vor 1100, und Tenochtitlán, die Inselmetropole der Azteken, wurde sogar erst 1325 gegründet.

Die Stadtstaaten Mayapán, Chichén Itzá und Uxmal hatten sich unter dem Namen Mayapán zu einer Liga zusammengeschlossen, die möglicherweise noch weitere Städte umfaßte. In einem spanischen Bericht heißt es,

daß Mayapán «alle Provinzen beherrschte», und weitere Ausgrabungen werden vermutlich bestätigen, daß es im Zentrum des Straßennetzes lag, das speziell zur Aufrechterhaltung der Kontrolle über das nördliche Yucatan diente. Die Städte, Dörfer und Stadtstaaten, die der Liga unterstanden, waren so zahlreich, daß «das ganze Land wie eine einzige große Stadt aussah», schreibt Diego de Landa. Im Jahr 1194 trug Mayapán in einem Krieg mit Chichén Itzá den Sieg davon und errang damit die Vorherrschaft im nördlichen Yucatan.

Mayapán wurde von zwei Dynastien regiert, von den Cocom, die sich als Nachfahren der Tolteken betrachteten, und von den Tutul Xiu, die sich von seiten der Itzá berechtigt fühlten, das Vermächtnis des Quetzalcoatl (Kukulcan) anzutreten. «Diese Herrscher von Mayapán», erklärte Diego de Landa, «hatten das gesamte Land in ihrer Gewalt, und die Eingeborenen mußten ihnen Tribute zahlen. Die Bürger innerhalb der Stadtmauer von Mayapán – die Adeligen des Landes – waren steuerfrei..., das Land gehörte allen gemeinsam, so daß es zwischen den Städten weder Grenzen noch Grenzsteine gab..., auch die Salzvorkommen an der nördlichen Küste waren gemeinsamer Besitz» (eine weitere Bestätigung der Annahme, die Liga von Mayapán habe sich über die drei genannten Städte hinaus erstreckt).

Im Jahr 1194 fand die «Zweiermonarchie» von Mayapán nach zweihundertjährigem Bestehen ein gewaltsames Ende. Chichén Itzá, eine der Städte der Liga von Mayapán, wurde von den Tutul Xiu regiert, den Erzfeinden und Rivalen der Cocom. Da Macht und Einfluß der beiden Familien zu dieser Zeit annähernd gleich waren, wandten sich die Cocom nach Xicalango und nahmen ein kleines toltekisches Heer in Sold, das sich dort gesammelt hatte. (Im Jahr 1156 war Tula von den Chichimeken in Brand gesetzt und zerstört worden. Die Überlebenden waren, wie Ende des 10. Jahrhunderts Quetzalcoatl mit seinem Gefolge, ausgewandert und ließen sich als Soldaten anwerben.) Hunac Ceel, der Anführer der Cocom, brachte dieses toltekische Söldnerheer nach Yucatan. In dieser Hinsicht stimmen alle Geschichtsquellen überein, selbst die mexikanischen Namen der Hauptleute sind uns überliefert. Ihre Eroberung von Chichén Itzá ist auf Wandmalereien, Basreliefs und auf den goldenen Scheiben dargestellt, die man im 19. Jahrhundert im *Cenote* der Stadt entdeckte. Der Unterschied zwischen den «Mexikanern» und den Maya ist an der Wiedergabe von Kleidung, Gestalten und Waffen leicht festzustellen. Nachdem die Cocom ihre Rivalen aus Chichén Itzá und der Umgebung vertrieben hatten, wurde die Stadt wieder aufgebaut.

Nun rückte Mayapán unter der Herrschaft der Cocom an die führende Stelle. Aber es war eine Stadt der Epigonen, die vor allem durch den Übergang von einer Tempel- zur reinen Wohnstätte gekennzeichnet ist, eine Entwicklung, die sich in dieser Zeit nach 1200 auf die gesamte Halbinsel von Yucatan erstreckte. Der Kukulcan- und der Rundtempel von Mayapán sind im Vergleich zu ihren Vorgängern in Chichén Itzá nur kunstlose, verhältnismäßig grobe Nachahmungen, deren rohes Mauerwerk sich nicht mit den sauber behauenen Steinplatten von Cichén Itzá und den anderen Tempeln der Blütezeit messen kann. Unter den Cocom war es Brauch geworden, die Schädel verstorbener Fürsten als Masken zu konservieren und zusammen mit hölzernen Ahnenbildern in den Privathäusern aufzubewahren. Den Toten gab man statt wertvollen Hausrats nur gewöhnliche Tongefäße mit ins Grab.

Die Rivalen der Cocom, die Tutul Xiu, vergaßen die alte Feindschaft zweihundertfünfzig Jahre lang nicht. Um 1440 verbündete sich einer ihrer Fürsten, Ah Xupán, mit mehreren Adeligen von Mayapán und führte den sorgfältig geplanten Gegenschlag: Er überfiel die Stadt, als sich sämtliche maßgeblichen Mitglieder der Cocom innerhalb der Mauern befanden. Dem

«Wollte man in diesem Land nach Gold suchen», *schrieb einer der spanischen Konquistadoren, « dann nur in diesem Brunnen, dem Cenote von Chichén Itzá, dem sich die Eingeborenen nur mit größter Ehrfurcht nähern.» Im Jahr 1905 bestätigten sich diese Worte. Die Archäologen entdeckten vergrabene Opfergaben, unter denen sich auch die oben abgebildete goldene Scheibe befand. Sie zeigt toltekische Krieger aus Tula, die einem Maya-Gefangenen das Herz aus der Brust reißen und ihren Göttern opfern.*

Gemetzel fielen alle Häuptlinge der Tutul Xiu zum Opfer bis auf einen einzigen, der sich zu diesem Zeitpunkt mit einer Handelskarawane in Honduras befand. Über den Fall von Mayapán existieren genaue Aufzeichnungen; denn er stand in seiner Tragik noch allen in lebhafter Erinnerung, als die Spanier 75 Jahre später erschienen. Er bedeutete das Ende der einzigen bekannten Hauptstadt der Maya.

11 *Kunst für die Götter*

DIE ARCHITEKTUR DER MAYA unterschied sich von derjenigen der anderen Sonnenkönigreiche vor allem dadurch, daß sie sich des Kalkmörtels bedienten. «Ihre Bauten», erklärte unlängst ein Schriftsteller, «sind im wesentlichen Monolithe aus Bruchstein und Kalk mit einer Auflage von skulptiertem Stein.»

Städte und Zeremonialzentren der Maya finden sich im gesamten Gebiet, das sie besiedelten – am Strand und auf den Felsklippen des Meeres, im flachen Landinneren, längs der Flußufer, am Ufer der Seen und im undurchdringlichen Urwald. Die Städte unterscheiden sich in ihrer Größenordnung und Zweckbestimmung, bilden aber immer eine sinnvoll geplante, in sich geschlossene Anlage, die von den Tempelpyramiden überragt wird. Diese Tempelpyramiden, deren Höhe und Steilheit ihnen in den älteren spanischen Berichten die Bezeichnung «Türme» eintrug, haben mit den ägyptischen Pyramiden wenig mehr als nur den Namen gemeinsam. Sie dienten nicht – wie am Nil – als monumentale königliche Grabstätten. (Bei der vor einigen Jahren im Innern einer Tempelpyramide von Palenque entdeckten Grabkammer, die durch einen Treppenschacht mit dem Tempel auf der Plattform der Pyramide in Verbindung steht, handelt es sich um eine der wenigen bisher ermittelten Ausnahmen.)

Die Gepflogenheit der altmexikanischen Kulturen, Tempel auf gestuften Erdaufschüttungen zu errichten, hängt mit einem alten, aus den frühesten Zeiten überlieferten Höhenkult zusammen. Während die abendländischen Völker den Himmel als ein «Gewölbe» betrachteten, empfanden ihn die mittelamerikanischen Völker als einen Berg, den die Sonne am Morgen

Steinerne Äxte, Hämmer und Meißel *waren die einzigen Werkzeuge, die den Steinmetzen der Maya zur Bearbeitung der Felsblöcke zur Verfügung standen und mit denen sie alle die herrlichen Ornamente, Figuren und Glyphen schufen.*

Mit kunstvollen Steinreliefs *ist die Fassade des «Nonnenklosters» in Uxmal verkleidet; hier findet sich auch das einfache Eingeborenenhaus als mehrfach verwendetes Dekorationsmotiv.*

hinauf- und am Nachmittag hinabsteigt. Aus dieser Vorstellung erklärt sich auch die Stufenform der «künstlichen Berge», der sogenannten «Sonnenleitern», die man sowohl bei den alten Maya wie noch heute bei verschiedenen Eingeborenenstämmen auch in Form von Miniaturpyramiden aus Erde oder Holz als Tempelschmuck findet.

Das Baumaterial wurde mit steinernen Beilen gebrochen, dünn gespaltenen, polierten Steinklingen, wie sie die neolithischen Völker allgemein benutzten. Ihre Schneiden waren fast so scharf wie Stahlklingen und konnten nachgeschliffen werden. Mit dieser Art Steinbeilen, -hämmern und -meißeln arbeiteten auch die Baumeister der späten Maya. Sie entwarfen die geplanten Bauwerke auf Papier oder Holz und hatten zweifellos auch eine – bisher noch nicht erforschte – Maßeinheit. Es ist anzunehmen, daß es bei den Maya, wie bei den Inka, einen steuerfreien Berufsstand der Baumeister und Architekten gab, obwohl beispielsweise die gesamten Ruinen von Tikal keinerlei Anhaltspunkte für irgendeinen Architektennamen bieten.

Das *na* – das einfache Eingeborenenhaus, aus Flechtwerk erbaut, mit Adobe-Steinen verkleidet und mit Palmblättern gedeckt – war die bescheidene Ursprungsform der Maya-Architektur; es kehrt als dekoratives

Element an einem ihrer schönsten Gebäude, dem sogenannten «Nonnenkloster», von Uxmal wieder. Das Haus des «ewigen Bauern» war der Ursprung für eines der charakteristischen Merkmale der Maya-Architektur, das sogenannte «falsche Gewölbe»: man schichtet die Steine so übereinander, daß jeweils der obere ein Stück über den darunterliegenden hervorkragt, bis die Mauern im Scheitelpunkt zusammentreffen; den oberen Abschluß bilden schwere Decksteine. Die Maya haben, wie es lange Zeit schien, ihre massiven Pyramiden einzig und allein zu dem Zweck errichtet, sie mit einem Tempel zu bekrönen, dessen Grundfläche kaum 15 Quadratmeter betrug. Später, als die Maya die begrenzten Möglichkeiten ihrer Kragsteingewölbe erkannten, gingen sie zu Balkendecken und Türrahmen aus Sapodilla, einem fast metallharten Holz, über.

Die Ruinen und Überreste der im Urwald verstreuten Maya-Bauten sind unübersehbar. Hunderte wurden bereits erforscht und fotografiert oder zumindest registriert; weitere Hunderte dürften noch im undurchdringlichen Dickicht des Dschungels verborgen liegen. So viele dieser steinernen Städte gab es, daß dem spanischen Bischof und Chronisten Diego de Landa «das ganze Land wie eine einzige Stadt» erschien. Auch Bernal Díaz schildert begeistert die «große Stadt... Gran Cairo» (Ekab), die er und seine Leute im Jahr 1517 von den Schiffen aus erblickten. Und als der Kapitän Juan de Grijalva später die Küste entlangsegelte, sah er «drei Städte, in einem Abstand von etwa je zwei Meilen voneinander gelegen..., mit vielen Häusern aus Stein und sehr hohen Türmen... und dann eine so große Stadt, daß sie es mit Sevilla aufnehmen konnte».

Eine der wichtigsten und zweifellos die größte der Maya-Städte war Tikal (416 n. Chr. gegründet). Es liegt auf einem mächtigen Kalksteinplateau und ist von dichten Wäldern umgeben. Zu beiden Seiten fällt das Gelände steil ab. Da trotz der hohen Niederschlagsmenge häufig Wassermangel herrschte, wurden die beiden Schluchten zu Wasserreservoirs ausgebaut und mit einem Damm abgeriegelt, der gleichzeitig als Straße diente. Fünf Gebäudegruppen waren auf einem Areal von zweieinhalb Quadratkilometern durch breite Chausseen verbunden. Wie weit sich die Stadt wirklich erstreckte, entzieht sich jeder genauen Berechnung. Ein langgehegter Traum der Archäologen geht seit dem Jahr 1956 seiner Verwirklichung entgegen: die Universität von Pennsylvania hat die Aufgabe übernommen, Tikal auszugraben und zu restaurieren.

Tikal verdankt seine Bedeutung für die Maya-Kunstgeschichte nicht nur der großen Fülle seiner Monumente – bisher fand man 83 Stelen und 54 Altäre –, sondern auch den in reicher Menge gefundenen holzgeschnitzten Tür- und Fensterstöcken.

Die anschaulichsten Beispiele *für den Kragsteingewölbe-Bau der Maya sind die hohen steinernen Bogen, die spitzwinklig in die Höhe wachsen und durch Decksteine abgeschlossen sind. Der große «Triumphbogen» von Kabah steht am Beginn der alten Maya-Straße nach Uxmal.*

Die Pyramiden von Tikal überragen mit ihren grünumwucherten Häuptern das weite Ausgrabungsfeld. Die beiden größten liegen im Zentrum der Stadt; eine gleicht in ihrer Höhe von 70 Metern einer mesopotamischen Zikkurat – ein steinerner Treppenaufgang führt zum Apex empor, drei engen, düsteren Räumen auf einer Grundfläche von kaum 15 Quadratmetern.

Tikal besaß acht solcher riesigen Tempelpyramiden und gewiß das Vielfache an kleineren Bauwerken, an Palästen und Wohnhäusern. Den aufgefundenen Zeitangaben zufolge muß Tikal vom Jahr 416 n. Chr. bis 869 bestanden haben; möglicherweise war es im 14. Jahrhundert nochmals von den Itzá kurzfristig besiedelt. Der Außenwelt wurde es erst im Jahr 1696 durch den Franziskanermönch Andrés de Avendaño bekannt, als er auf dem Weg nach dem Petén-See auf eine «Anzahl alter Gebäude» stieß. «Obgleich sie sehr hoch waren und meine Kräfte sehr gering, erkletterte ich sie...»

Copán (460 n. Chr. gegründet), die südlichste der großen Maya-Städte, liegt im heutigen Honduras, 610 Meter über dem Meeresspiegel, und war mit den bereits erwähnten Städten sowohl durch See- wie auch durch Landwege verbunden. Die Stadt liegt am Ufer des Copán, eines Nebenflusses des Motagua (der seinerseits bei Omoa in den Golf von Honduras mündet), und spielte in alten Zeiten eine wichtige Rolle als Handelsplatz. Das gesamte Gebiet war durch seinen Kakaoanbau, seine Obsidianfunde und die schönen Marmorgefäße von Ulua bekannt. Diego García de Palacio, ein Richter der *Real Audiencia de Guatemala,* schrieb im Jahr 1561 in einem Bericht über Copán, den er an Philipp II. nach Spanien schickte: «Ich habe versucht, einiges von den Leuten ausfindig zu machen, die dort lebten... Ich habe außer dem einen Buch, das ich auftreiben konnte, keine anderen gefunden. Die Eingeborenen sagen, daß in alten Zeiten ein großer Herrscher aus der Provinz Yucatan hierher gekommen sei und die steinernen Bauwerke errichtet habe... Dann sei er wieder fortgezogen... Nach dem Buch, das ich habe... scheint es, daß einst ein Volksstamm aus Yucatan diese Provinz eroberte.»

Das Zentrum von Copán umfaßt etwa dreißig Hektar Bodenfläche, und über dieses beträchtliche Areal hinaus erstreckten sich die Häuser der einfachen Bevölkerung. Copán ist mit seinen fünf Hauptplätzen und sechzehn Gebäudegruppen die zweitgrößte Stadt der Maya. Der riesige Hauptplatz mit seinen steinernen Tribünen erinnert an den Circus Maximus in Rom. Die «Akropolis» von Copán gehört zu den schönsten Tempelbezirken der Maya. Der östliche Hof mit seinen gemauerten Tribünenreihen verdankt seinen Namen der von steinernen Jaguaren flankierten Jaguartreppe. Das gefleckte Fell der Tiere ist durch inkrustierte Obsidiansteinchen gekenn-

Der Schlangengott, *einer der beiden steinernen Dämonen am Fuße der Hieroglyphentreppe von Copán. Ihre 63 Stufen sind mit mehr als 2500 piktographischen Zeichen bedeckt; sie wurde im Jahr 750 n. Chr. geweiht.*

zeichnet. Am Haupttempel wiederholen sich die Motive hockender Atlanten oder Karyatiden in so verschwenderischer Fülle, daß ein fast unentwirrbares Durcheinander von allegorischen Figuren und Drachenköpfen entstand.

Im westlichen Hof, überragt von einem Schlangengott, befinden sich die «Musterungstribüne» und die berühmte, neun Meter breite Hieroglyphentreppe. Jede der 63 Stufen ist mit piktographischen Zeichen versehen. Die Daten – das einzige, was man bisher entziffern konnte – besagen, daß die Treppe im Jahr 750 geweiht wurde. John Lloyd Stephens hoffte, daß die rund 2500 Glyphen, einmal entziffert, Aufschluß über die «gesamte Geschichte der Stadt» geben würden; doch da man nur zehn Stufen in ihrer ursprünglichen Lage fand, mußten sich die Restauratoren, die ihr Werk 1942 vollendeten, auf Vermutungen stützen.

Jenseits der großen Plaza fand man einen kleinen Tempel, umgeben von den ringsum verstreuten schönsten datierten Stelen des gesamten Maya-

Territoriums. In unmittelbarer Nähe von Copán lagen das mit seiner Geschichte offenbar eng verknüpfte Quirigua und einige andere kleinere Maya-Städte.

Palenque (642 n. Chr. gegründet) liegt 420 Kilometer nordwestlich von Copán. Eine direkte Handelsverbindung bestand zwischen den beiden durch Berge, Schluchten und dichten Urwald getrennten Städten offenbar nicht; aber ihre steinernen Bildwerke, ihre übereinstimmenden Glyphen und ihr Kalendersystem beweisen, daß ein geistiger Austausch trotz der geographischen Hindernisse und der politischen Zersplitterung der Maya-Staaten bestanden haben muß.

Palenque liegt inmitten der Wälder von Chiapas, 305 Meter über dem Meeresspiegel, am Ufer des Otolum, eines Nebenflusses des Usumacinta. Es unterhielt enge Handelsbeziehungen mit dem knapp 120 Kilometer auf dem Wasserweg entfernten Xicalango. Die Stadt Palenque wurde im Jahr 1773 bekannt, als ein Eingeborener einen Priester darauf aufmerksam machte, der sofort der spanischen Krone Bericht erstattete. Später wurde die Stadt von einem spanischen Militäringenieur aufgesucht, in dessen Gefolge sich ein italienischer Architekt, Antonio Bernaconi, befand. Auf Grund ihrer Berichte gab Karl III. den Befehl, sämtliche in Palenque aufgefundenen Altertümer in gutem Zustand zu erhalten, da er ihre Abbildungen in eine *Historia Antigua de América* aufnehmen wollte.

Der bis jetzt ausgegrabene Teil von Palenque umfaßt zwei durch eine schmale Schlucht getrennte Gebäudegruppen von je acht Bauwerken. Das Wasser fließt durch einen überwölbten Kanal, eine bei den Maya ungewöhnliche technische Anlage. Am Westufer liegt der «Palast», ein unregelmäßiger rechteckiger Bau von 103 × 73 Metern und 18 Metern Höhe. In seinem Innenhof erhebt sich, einmalig in der gesamten Maya-Architektur, ein vierstöckiger Turm mit einem inneren Treppenaufgang. Das Eingangstor des Palastes flankieren riesige archaische Steinbilder; die Seitenwände sind mit Stuckreliefs bedeckt, die als die schönsten der Maya-Kunst gelten. Im Innern des Palastes fand man Blendsteine mit sehr gut erhaltenen Glyphentexten.

Vier weitere Bauwerke, die Tempel des Kreuzes, der Sonne, der Inschriften und des «Blattkreuzes», ragen auf hohen Pyramidensockeln empor und zeichnen sich durch ihre reich skulptierten Dachzinnen aus, die ursprünglich farbenprächtig bemalt waren. Im Tempel des «Blattkreuzes» befinden sich zwei lebensgroße Figuren; eine hält eine vogelähnliche Gestalt in der Hand, die trotz aller ornamentalen Überladenheit als der heilige Quetzalvogel zu erkennen ist. Die Reliefplatte ist mit vielen Glyphen versehen. In der Cella des Sonnentempels wiederholt sich das Motiv dieser beiden Gestalten; sie stehen auf den zu Boden gestreckten Körpern zweier

Männer. In der Mitte des Raumes befindet sich das Symbol der Sonne, deren Gesicht mit dem eines Gorgonen-Hauptes verglichen worden ist. Am Tempel der Inschriften in der Nähe des Palastes fehlt die Dachbekrönung, die Dekorationen jedoch sind erhalten; als Datum konnte das Jahr 692 entziffert werden.

Im Jahr 1951 wurde der mexikanische Archäologe Alberto Ruz Lhuillier beauftragt, einige der Bauten von Palenque zu restaurieren. In der

Dichter Urwald *bedeckt noch heute den größten Teil der alten Maya-Stadt Palenque. Nur der Palast (links), der Tempel des «Blattkreuzes» (Mitte) und der «Tempel mit dem Altar» sind auf diesem Luftbild zu erkennen. Rechts, am Fuße des großen Hügels, sieht man noch die Dachzinne des Sonnentempels über den Bäumen. Vier andere bereits ausgegrabene Bauwerke, einschließlich des Tempels der Inschriften, sind auf diesem Luftbild nicht zu erkennen.*

Cella des Tempels der Inschriften entdeckte er eine große, in den Fußboden versenkte Steinplatte. Er hob sie auf und fand eine schmale Treppe, die – mehrmals die Richtung wechselnd – etwa 18 Meter in die Tiefe führte. Sechs menschliche Skelette hockten vor einer schweren steinernen Tür, die in eine Grabkammer führte. Als es Lhuillier gelungen war, sie zu öffnen, fühlte er sich wie in einen Märchenpalast versetzt: durch das herabtropfende Kalkwasser hatten sich in der unterirdischen Gruft lange Stalaktiten gebildet.

Eine reich verzierte schwere Reliefplatte mit einem eingemeißelten Porträt und Hieroglyphen bedeckte das Grab. Es enthielt das Skelett des «wahren Mannes», mit riesigen Ohrringen aus Jade, einem Jadehalsband und einer birnenförmigen Perle. Man hatte lange Zeit geglaubt, die Pyramiden der Maya seien ausschließlich Tempelsockel und niemals, wie etwa in Ägypten, als Grabstätten bestimmt gewesen. Allerdings handelt es sich bei Palenque bisher um einen Einzelfall.

Bonampak (540 n. Chr. gegründet) steht stilistisch in engem Zusammenhang mit dem weiter östlich gelegenen Yaxchilán. Da es mitten im Urwald und abseits vom Fluß liegt, hatte bis zum Jahre 1946 kein Forscher je etwas von Bonampak gehört. Sein Name bedeutet in der Maya-Sprache soviel wie «bemalte Wände». Am 21. Mai 1946 wurde der Fotograf Giles G. Healy, der von den «bemalten Wänden» gehört hatte und sie um jeden Preis finden wollte, zu den Ruinen von Bonampak geführt. Im tiefsten Urwald der Lacandonen entdeckte er ein bisher unbekanntes Zeremonialzentrum mit elf Gebäuden, die sich um einen sorgfältig nivellierten Platz von 82×112 Meter gruppieren. Mehrere datierte Stelen und mit Steinmetzarbeit verzierte Altäre gaben die ersten zeitlichen Anhaltspunkte. Auf einer kleinen Anhöhe fand Healy einige weitere Bauwerke, von denen eines durch eine mit prächtigen Figuren geschmückte dreitorige Fassade auffiel. (Sämtliche hier gefundenen Skulpturen sind erlesene Arbeit und ähneln in vieler Hinsicht denjenigen von Yaxchilán.) Im Innern dieses Bauwerks entdeckte Healy die gesuchten, im Jahr 800 entstandenen Wandmalereien. Sie können sich mit den Fresken auf Kreta, in Indien oder China messen. Als geschichtliches Dokument stellen sie eine der besten Informationsquellen über das Leben der Maya dar, über ihre Kriegsbräuche, Kleidung, Musikinstrumente, religiösen Zeremonien und Opferungen; vor allem ermöglichen Haltung und Ausdruck der Gestalten eine genaue Analyse der sozialen Organisation der Maya.

Uxmal (987 n. Chr. gegründet) liegt im Puuc, in jenem Teil von Yucatan, in dem leicht gewelltes Hügelland, niedrige Kalksteinrücken und fruchtbare Täler miteinander abwechseln. Es ist nicht nur die geschlossenste, sondern auch die schönste aller Maya-Städte, deren Name, Geschichte und

Das höchste Bauwerk von Uxmal *ist der «Tempel des Zauberers» in unmittelbarer Nähe des «Nonnenklosters», in dem sich vermutlich die Wohnstätten der Priester befanden. «Die 150 Treppenstufen», schrieb ein spanischer Missionar im Jahr 1586, «sind steil, sehr verfallen und schwer zu erklimmen.» Ungewöhnlich ist der sonst nirgendwo vorkommende ovale Grundriß dieses Tempels.*

Der prächtige Palast von Sayil, *südöstlich von Kabah gelegen, umfaßte in seiner terrassenförmigen Anlage hundert Räume in drei Stockwerken. Die klare tektonische Gliederung und die Verwendung der Säulen erinnern an die kretische und frühe griechische Architektur.*

Wie eine Festung *liegt Tulum, die 564 n. Chr. gegründete, von Mauern umgebene Stadt, an der Meeresküste. Sie zeigt toltekische Einflüsse und war noch bewohnt, als die Spanier im Jahr 1519 ankamen. Im Vordergrund die Ruinen der Stadttore, dahinter das «Castillo», das größte Bauwerk von Tulum, mit einem quadratischen Tempel bekrönt.*

Die «tausend Säulen» *von Chichén Itzá vor dem Tempel der Krieger trugen ursprünglich ein reichgeschnitztes Gebälk. Die gesamte Anlage einschließlich der drei Ballspielplätze, des Dampfbades und des Marktes entstand während des elften und zwölften Jahrhunderts, vermutlich unter toltekischem Einfluß.*

Der Kukulcan-Tempel, *das größte Bauwerk von Chichén Itzá, nach einer Zeichnung von Frederick Catherwood aus dem Jahr 1842. Im Vordergrund eine der riesigen steinernen Federschlangen, die sich heute – nach der Restaurierung – wieder am Fuß der Treppe befinden.*

Spuren von Bemalung *waren noch, wie Stephens schrieb, in den Stuckornamenten dieser Tornischen von Labná zu sehen. Die Lithographie stammt ebenfalls von Catherwood aus dem Jahr 1842.*

Der Turm von Palenque, *zu dessen Stockwerken im Innern eine Treppe hinaufführte, nach einer Zeichnung von 1832. Graf Waldeck war von der Romantik dieser Ruinen besonders beeindruckt und berichtet, daß das Rauschen des Nachtwindes in den Bäumen wie eine Äolsharfe geklungen habe.*

Schwerelos und fast elegant *wirken die kleinen Pyramidentempel von Palenque. Im Vordergrund der Sonnentempel, eine verhältnismäßig schlichte Konstruktion auf einem künstlich aufgeschütteten Hügel; die Stuckreliefs – und möglicherweise auch die kunstvoll aufgetürmte Dachzinne – waren ursprünglich bemalt.*

Labná, *eine Gründung aus dem Jahr 869 n. Chr., läßt die gleichen charakteristischen Architekturmerkmale erkennen wie die benachbarten Städte Uxmal, Kabah und Sayil. Die nebenstehende Abbildung zeigt den Tempel der Figuren, dessen Fassade ursprünglich mit lebensgroßen Götter- und Menschengestalten geschmückt war.*

Das große «Observatorium» *der Maya in Chichén Itzá: Die Sehschlitze in der Kuppel sind auf bestimmte «astronomische Beobachtungslinien» eingerichtet; zum Beispiel erscheint die untergehende Sonne zur Zeit der Frühlings-Tag-und-Nachtgleiche durch den westlichen Sehschlitz gesehen genau in zwei Hälften geteilt.*

Als Maya-Barock *könnte man den Palast der Masken von Kabah bezeichnen. Charakteristisch ist der über die gesamte 45 Meter lange Fassade als dekoratives Motiv verteilte Rüssel des Regengottes Chac.*

«Das prächtigste Gebäude des alten Amerika» – *der Palast des Gouverneurs von Uxmal: auf einem schmucklosen Unterbau lastet ein schweres, mit kunstvollen Ornamenten überreich geschmücktes Obergeschoß.*

Tradition in der Literatur belegt sind: «In Katun 2-Ahau (im Jahr 987) wurde der Herrscher der Maya, Ah Suytok Tutul Xiu, in Uxmal eingesetzt.»

Uxmal gehörte der Liga von Mayapán an. Es liegt 75 Kilometer vom Meer, 150 Kilometer von Chichén Itzá entfernt und ist die Hauptstadt des Puuc. Der Boden ist zwar fruchtbar, es mangelt auch nicht an Niederschlägen, aber es gibt keine natürlichen Quellen. So mußten sich die Erbauer von Uxmal damit begnügen, wie die Römer auf Capri das Regenwasser in Zisternen zu sammeln.

In Uxmal gibt es acht Gebäudegruppen. Das Haus des Gouverneurs mit den dazugehörigen Nebengebäuden, offenbar ein weltliches Verwaltungszentrum, liegt auf einem künstlich abgeflachten, 15 Meter hohen Plateau und ist von allen Seiten her durch Treppenstufen zugänglich. Der gesamte Bau ist mit reich ornamentierten, kunstvoll ineinandergefügten Steinplatten verkleidet. Vor dem Gebäude hockt auf einem Altar ein zweiköpfiger Jaguar, dessen Blicke in östliche und westliche Richtung gehen. Vor dem Hauptzugang befand sich ein riesiger steinerner Phallus, der in der Mitte auseinandergebrochen und aus «moralischen» Gründen nicht restauriert worden ist.

Der Palast ist für die Geschichte der mexikanischen Archäologie besonders interessant, weil hier der amerikanische Diplomat John Lloyd Stephens im November und Dezember 1841 lebte. Sein Begleiter, der englische Zeichner Frederick Catherwood, verfertigte in den zwei Monaten ihres Aufenthaltes so viele Detailskizzen, daß er genügend «architektonisches Material zur Verfügung hatte, um das gesamte Gebäude bis auf den letzten Stein genau rekonstruieren zu können».

Hier, im Palast von Uxmal, hatte sich auch fünf Jahre früher der französische Globetrotter Jean Frédéric Waldeck einquartiert, dessen mehr originelle als zuverlässige Illustrationen noch heute existieren.

Rings um diesen Bau liegen Pyramiden, kleinere Paläste und das Haus der Tauben, das seinen Namen der taubenschlagähnlichen Dachzinne verdankt. Nicht weit entfernt vom Gouverneurspalast steht auf ähnlich erhöhtem Sockel das nach seinem dekorativen Schildkrötenfries benannte Haus der Schildkröten. Weiter südlich, an der großen Chaussee (die direkt an der Front des Gouverneurspalastes vorbei nach Kabah führte), befinden sich weitere, fast völlig verfallene Gebäude. Einzig der Tempel der Phallen ist als Zeuge des ithyphallischen Kults gut genug erhalten, um Aldous Huxleys Behauptung, die Kunst der Maya sei völlig unerotisch, zu widerlegen.

Der Ballspielplatz liegt nördlich des Palastes und leitet zu einer zweiten Gebäudegruppe über: dem «Nonnenkloster» und der auf ovalem Grundriß errichteten Tempelpyramide des Zauberers. Eine 38 Meter hohe Treppe führt steil zum Tempel empor, der mit dem Motiv des Regengottes Chac geschmückt ist. Im Schatten der Tempelpyramide liegt das «Nonnenkloster», dessen niedrige, reich ornamentierte Gebäude einen annähernd quadratischen Innenhof umschließen. Die Reliefplatten der Fassade sind so angeordnet, daß die helleren weiter hervorragen als die dunkleren und auf diese Weise ein differenziertes Licht-und-Schatten-Spiel entsteht. Eines der Gebäude ist mehrstöckig und mit kompliziert gestuften Ornamenten bedeckt; am zweiten findet sich an den Ecken der herabhängende Rüssel des Regengottes Chac, am dritten das bereits mehrfach erwähnte Eingeborenenhaus, das *na,* als dekoratives Element verwendet, während am vierten ein Ornamentfries mit kunstvoll verschlungenen Reptilien und Männergestalten mit überbetontem Phallus auffällt.

Um die Begründer der erst zu einem geringen Teil ausgegrabenen Stadt ist ein heftiger Streit unter den Wissenschaftlern entbrannt. In den Maya-Chroniken heißt es, sie sei von den Maya sprechenden Tolteken erbaut worden; die Gebäude zeigen jedoch nicht den mindesten mexikanischen Einfluß. Während einige Wissenschaftler vermuten, daß Uxmal eine der drei Städte der Liga von Mayapán gewesen sei, behaupten andere, daß die Stadt zur Zeit der Liga längst öde und gänzlich verlassen war. Insgesamt sechzehn datierte Stelen wurden im Gebiet von Uxmal gefunden; sie stammen sämtlich aus dem zehnten Jahrhundert.

Kabah (879 n. Chr. gegründet) liegt etwa 13 Kilometer südöstlich von Uxmal und ist durch die alte Maya-Straße mit der Stadt verbunden. Die *sacbe* führt an der Hacienda San Simón vorbei, deren Besitzer im 19. Jahrhundert, Simón Peón, auch Eigentümer von Uxmal war und den Archäologen John Lloyd Stephens beherbergte. Neben der Hacienda erhebt sich ein vereinzelter steinerner Bogen. Wenn man der *sacbe* in südöstlicher Richtung folgt, erreicht man nach neun Kilometern die Ruinen von Kabah. Eine Nebenstraße führt unter dem großen steinernen Bogen – ähnlich demjenigen neben der Hacienda San Simón – hindurch, den Stephens ebenfalls entdeckte und den Frederick Catherwood auf einer Zeichnung festhielt. Spätere Archäologen bezweifelten die Existenz des unauffindbaren «Triumphbogens»; heute steht er restauriert an der Zufahrt zur Stadt.

Im heutigen Kabah sind, neben zahlreichen unausgegrabenen Hügeln, drei Gebäudegruppen festzustellen. Im elften und zwölften Jahrhundert war das Gebiet um Kabah eines der dichtest besiedelten von ganz Yucatan. Der Palast der Masken zeigt den typisch «barocken» Stil der Maya. Wir finden wieder, über die gesamte, 45 Meter lange Fassade hinweg verteilt, die Rüsselmasken des Gottes Chac.

Vor dem Palast befindet sich, von einem schweren, mit Glyphen ornamentierten Stein bedeckt, eine riesige Zisterne, *chultunc,* in der man das vom Dach herabfließende Regenwasser sammelte. Zwei reich geschnitzte hölzerne Türpfosten (aus dem Jahr 879) zeigen in den Gestalten der mit Speerschleudern ausgerüsteten Krieger deutlich toltekischen Einfluß.

Labná (869 n. Chr. gegründet), einst zu dem Städtekreis um Uxmal gehörend, liegt nur neun Kilometer von Kabah entfernt. Seine großzügig geplante, zum Teil unvollendet gebliebene Architektur ist charakteristisch für das Puuc. Von Labná sind nur zwei Datierungen bekannt; eine ist im Rüssel des Regengottes angebracht.

Der auf einer künstlichen Anhöhe gelegene Palast hat zwei riesige Zisternen, eine innerhalb der Anlage, die andere erstreckt sich an der gesamten Außenfront entlang. (John Lloyd Stephens ließ sich trotz aller Warnungen hinab, um sich zu vergewissern, daß es sich tatsächlich um eine Zisterne handelt.) Der Palast diente wahrscheinlich als Verwaltungssitz und war mit den anderen Gebäudegruppen durch eine 410 Meter lange, drei Meter breite, zwischen 60 und 240 Zentimeter erhöhte Zeremonialstraße verbunden. Wir finden einen ähnlichen Torbogen wie in Uxmal und Kabah, der als ornamentales Motiv das mit Palmblättern gedeckte Eingeborenenhaus aus Adobe-Ziegeln aufweist.

Piedras Negras (534 n. Chr. gegründet) liegt etwa 90 Kilometer von Palenque entfernt am Südufer des Usumacinta inmitten des Urwaldes und ist eine der größten Maya-Städte. Die stark verfallenen Tempel und Paläste auf den leicht gewellten Uferhügeln wirken wie die Teile eines einzigen riesenhaften, zusammenhängenden Monumentes. Die Basreliefs an den Stelen und Fensterstürzen sind meist mit Kampfmotiven geschmückt und gehören zu den schönsten Steinmetzarbeiten der frühen Maya. Als Werkstoff dienten größtenteils die im Flußbett verstreuten *piedras negras,* die schwarzen Steine, von denen schließlich auch der Name der Ausgrabungsstätte abgeleitet wurde.

Eine der größten Sehenswürdigkeiten von Piedras Negras ist das Gebäude, in dem sich einstmals das Dampfbad, *zumpulche,* befand. Es bestand aus zwei großen Räumen, die in ihrer Anordnung und mit den steinernen Bänken an die römischen Bäder erinnern. Den Dampf erzielte man dadurch, daß man, wie in einer Sauna, Wasser auf heiße Steine schüttete.

Sayil (800 n. Chr. gegründet) ist, nach stilistischen Merkmalen zu schließen, die älteste Siedlung dieses Gebiets. Im Mittelpunkt der Stadt liegt ein dreistöckiger, großzügig proportionierter Palast, dessen zweites und drittes Stockwerk so zurückgebaut sind, daß zwei große, durch Treppenaufgänge verbundene Terrassen entstanden sind. Rings um das 64 Meter lange und 23 Meter breite Gebäude läuft der Fries der Masken, der, wie Tatiana Proskouriakoff schreibt, «frei von der bedrückenden Monotonie der anderen Bauten des Puuc ist». Von den vielen Maya-Städten, deren jede ihr individuelles Gepräge hat, seien hier nur die wichtigsten genannt: Xcalumkin;

Chacmultun mit seinen interessanten Wandmalereien; Holactun; Almu-chil; Kickmool; Keuic (das von Stephens besucht wurde); Huntichmool; Sabacche; Yache; Xcalumpococh.

Chichén Itzá (bei dem man drei Gründungsstufen unterscheidet: 432 n. Chr., 964 und 1194) war die größte der Maya-Städte auf der Halbinsel Yucatan. Ihre beiden wichtigsten Verkehrsverbindungen waren die Straßen nach Izamal und nach Polé an der Küste, in deren direkter Verlängerung die Insel Cozumel lag.

Das ursprüngliche «erste» Chichén wurde im Jahr 432 von Auswanderern aus dem alten Reich zur Zeit der sogenannten «Kleinen Wanderung» gegründet. Im Zentrum der Stadt liegt der Brunnen, *Xtoloc cenote,* zu dem zwei gemauerte Steintreppen hinabführten. Die Ruinen des alten Chichén mit ihren Masken, Säulchen und Bandornamenten – besonders das Haus *Abab dzib* – erinnern an den Puuc-Stil. Der runde «astronomische Turm», eines der interessantesten Gebäude des gesamten Gebietes, trägt das Datum 900 n. Chr.

Das «neue» Chichén Itzá entstand am Nordende der Stadt rund um den Sakralbrunnen, dessen grün schimmernder Wasserspiegel zwanzig Meter unter der Erdoberfläche liegt. Hier lebten von 987 bis 1194 die Itzá, denen die Stadt ihren heutigen Doppelnamen verdankt. In Yucatan und Chichén Itzá fanden zwei deutlich voneinander geschiedene Invasionen statt: Die erste war friedlich; die Maya sprechenden Itzá verständigten sich mit dem toltekischen Häuptling Quetzalcoatl, der mit seinen Anhängern aus Tula vertrieben worden war; sie gründeten vereint die neue Stadt Chichén Itzá. Das geschah zur Zeit der allgemeinen, durch Hungersnot, Dürren oder Krankheiten veranlaßten Wanderungen im Maya-Territorium.

Tikal, Palenque, Piedras Negras und zweifellos noch einige Hundert kleinerer Städte der Maya stellten damals ihre letzten datierten Stelen auf. Dann senkte sich das große Schweigen über sie herab. Die folgenden Jahrhunderte waren für ganz Mittelamerika eine Zeit des Verfalls. In der historischen Überlieferung der Maya ist sie als «Große Wanderung» festgehalten.

Zu Beginn des 10. Jahrhunderts (hier gehen die Meinungen der Archäologen und der geschichtlichen Überlieferung allerdings auseinander), als die Itzá gemeinsam mit den Tolteken Quetzalcoatls an die Gründung der neuen Stadt gingen, wurde die erste Pyramide von Chichén Itzá errichtet. Archäologen des Carnegie-Instituts entdeckten bei ihren Restaurationsarbeiten an der Tempelpyramide des Kukulcan, daß sich in ihrem Kern eine kleinere, im Maya-Stil erbaute Pyramide verbarg, die toltekische Motive – wie zum Beispiel den schreitenden Jaguar – aufweist. Eine Geheimtreppe führte zum Thronsaal des Roten Jaguars, in dem sich die lebensgroße, in grellem

In dieser Zisterne, *dem heiligen Cenote von Chichén Itzá, fand man Gold, Juwelen, Götterbilder und Überreste menschlicher Skelette. Das Foto zeigt den Verfasser am Rande des heute grün überwucherten Brunnenschachts, dessen ursprüngliche Ausmaße jedoch noch deutlich erkennbar sind und der heute noch einen etwa meterhohen Wasserstand hat.*

Mandarinrot bemalte, mit poliertem Jade inkrustierte Skulptur eines Jaguars mit aufgerissenem Rachen befand.

In Chichén Itzá lebte unter dem Einfluß der Tolteken zwischen 900 und 1156 die Kultur des zerstörten Tula weiter. «Es ist anzunehmen», schrieb Bischof Diego de Landa, «daß zur Zeit der Itzá, die Chichén Itzá (wieder) besiedelten, ein großer Herrscher namens Kukulcan (*kuk* = Quetzal, *ul* = Feder, *can* = Schlange) herrschte und daß das wichtigste Gebäude deshalb der Tempel des Kukulcan genannt wird.»

Diese Tempelpyramide, von den spanischen Konquistadoren als Geschützstand benützt und «Castillo» genannt, wurde, wie bereits gesagt, als eine Art Ummantelung über der ursprünglichen kleineren Pyramide errichtet. Beim Bau des Tempels verwendeten die toltekischen Architekten unter der Herrschaft des Hunac Ceel, des Eroberers von Chichén Itzá im

Jahr 1194, zum erstenmal die Balkendecke. Auf diese Weise konnten sie – im Unterschied zu dem beengten Gewölbebau der Maya – wesentlich größere Innenräume schaffen. Die Balustraden der vier breiten Treppenaufgänge laufen am Boden in je zwei mächtige Federschlangendrachen aus, die auch im Tempel selbst wieder erscheinen.

Auf der riesigen trapezförmigen Plaza, auf der sich die Pyramide erhebt, liegt auch der Ballspielplatz (dessen Dekors an Tula erinnern). Niedrige, durch Treppen erreichbare Plattformen scheinen die Angaben de Landas («auf zwei kleinen Bühnen spielten sie Possen... und Komödien zum Vergnügen der Zuschauer») zu bestätigen.

Auch der Tempel der Krieger gleicht in vieler Hinsicht den toltekischen Tempeln. Wir finden das Federschlangenmotiv, die Symbole der Jaguar- und Adlerritter und die Gestalt des liegenden Chac-Mool. Auch die bewaffneten Speerträger, eines der am häufigsten wiederkehrenden Dekorationsmotive an den «tausend Säulen», erinnern an Tula.

Tulum (564 n. Chr. gegründet), eine ummauerte Stadt, liegt unmittelbar an der Karibischen See, etwa 25 Meilen von der äußersten Südspitze der Insel Cozumel entfernt. Bei den Maya lebt noch heute die legendäre Über-

Die Tolteken *hinterließen eindrucksvolle Skulpturen und Bauwerke in Chichén Itzá. Der Vergleich dieser toltekischen Plastik von Tula mit der Chac-Mool-Figur vor dem Tempel der Krieger (Seite 201) zeigt deutlich die enge Verwandtschaft dieser beiden Skulpturen.*

lieferung weiter, daß in alten Zeiten Tulum mit Cobá, Chichén Itzá und Uxmal durch eine am Himmel aufgehängte Straße *cuxan san* verbunden war. Die Archäologen haben inzwischen festgestellt, daß es tatsächlich – wenn auch nicht «am Himmel aufgehängte» Straßen – so doch gepflasterte Chausseen zwischen diesen Städten gegeben hat.

Die Anfänge von Tulum, in alten Tagen Zama genannt, reichen bis in die frühesten Zeiten zurück. Es wurde während der letzten toltekischen Periode in Yucatan erweitert und war besiedelt, als die Spanier im Mai 1518 mit vier Schiffen unter dem Kommando Juan de Grijalvas die Küste entlangsegelten. Bernal Díaz berichtet, er habe drei große Städte gesehen: «Dort war auch ein sehr hoher Turm, am Strand stand eine große Schar Indianer; sie schwenkten zwei Fahnen und winkten uns, näherzukommen.» Tatsächlich gab es an diesem Küstenstreifen vier Städte – Xelha, Soliman, Tulum und Tancah –, die auf einer Strecke von etwa 17 Kilometern so dicht beisammen liegen, daß sie fast ineinander übergehen.

Tulum ist die größte und eindrucksvollste Stadt an der Ostküste Yucatans. Sie liegt auf der Spitze einer zwölf Meter hohen Kalksteinklippe, zum Meer hin durch dichtes Kakteen- und Dornengestrüpp verbarrikadiert. Fünf enge Stadttore führen durch die 1100 Meter lange Mauer, die jeweils nur einer einzigen Person Durchlaß gewähren und zusätzlich im Westen durch Wachthäuschen geschützt sind. Vom nordöstlichen Tor aus führt die Straße nach Xelha mit Abzweigungen nach den Städten Cobá und Chichén Itzá.

Am Rande der Klippe erhebt sich, wie ein Leuchtturm in die Karibische See hinausragend, das «Castillo». Eine neun Meter breite Treppe führt zu dem Tempel hinauf, der einst ein hölzernes Dachgebälk hatte und außen mit Stuckfiguren verziert war. Die Fresken im Innern strahlen noch heute einen leisen Schimmer verblichener Farbigkeit aus.

Innerhalb der Stadtmauern befinden sich, vom Castillo überragt, zehn weitere Ruinen, die aus verschiedenen Bauperioden stammen. Der Tempel des «Tauchenden Gottes» am südwestlichen Ende ist acht Meter breit, sechs Meter lang und knapp drei Meter hoch; er gehört in seiner malerischen Form und Ausgestaltung zu den interessantesten Gebäuden von Tulum. Seine Innenwände und Außenmauern sind mit Fresken geschmückt. Eine Nische über der Tür enthält das Steinrelief einer geflügelten, erdwärts schwebenden Gottesgestalt – einem Motiv, wie es auch an dem mehrstöckigen Palast von Sayil erscheint. Sie wurde als *Ah Muzen Cab,* der Bienengott, gedeutet, der sich in ähnlicher Form auch in den Maya-Codices findet.

An der Küstenchaussee, nördlich und südlich von Tulum, lagen noch zahlreiche kleinere Zentren der Maya. Im sechzehnten Jahrhundert erstreckte sich längs der Küste eine fast geschlossene Kette von Dörfern und Städten,

Die Federschlangen mit ihrem weit geöffneten Rachen am Tempel der Krieger von Chichén Itzá bestätigen die engen Beziehungen zu Tula, der 1200 Kilometer entfernten Hauptstadt der Tolteken.

angefangen von Ekab, der Salzmetropole, bis zur Bucht von Zambac, der heutigen Bahía de la Ascensión. Einige dieser Siedlungen reichten bis in die frühesten Zeiten der Maya zurück, andere waren unter der Herrschaft der Liga von Mayapán entstanden. Sie erlebten eine späte Blüte, als das Gebiet der Maya durch die mexikanisch-toltekische Zuwanderung vom zwölften bis weit ins fünfzehnte Jahrhundert neue Kraftreserven erhielt.

Die Skulptur der Maya hat sich – von wenigen selbständigen Monumenten abgesehen – in enger Verbindung mit der Architektur entwickelt. Am auffallendsten in ihrer eindrucksvollen Geschlossenheit sind die riesigen Stelen, deren Daten alle in der Zeit von 328 n. Chr. bis 889 liegen. Ihr Reliefschmuck zeigt meist Figuren von Priestern oder Herrschern in streng stilisierten Formen.

Der Kelt, eine Art Meißel aus Basalt und Diorit, war das einzige Werk-

Vor 500 Jahren *entstand diese Stele vo*
Tikal. Sie wurde erst unlängst entdeckt und dürfte nach ihrer Entzifferung für die Geschichte der Maya ähnlich bedeutungsvoll werden wie der berühmte Rosette-Stein für die Ägyptologie. Die hier abgebildete Seit zeigt einen Priester mit kunstvollem Kopfschmuck; in der erhobenen Hand (links im Bild) hält er eine Kette, unter dem linken Arm trägt er einen Menschenkopf.

Der vielgliedrige Ornamentschmuck *vom Ostflügel des «Nonnenklosters» von Uxmal mit dem Rüssel des Regengottes Chac als Dekorationsmotiv. Die Zeichnung stammt von Frederick Catherwood (1842).*

Das eigene Blut zu vergießen
*galt als wirksamstes Mittel,
sich die Gunst der Götter zu erwerben.
Das Steinrelief von Menché (links)
zeigt einen Priester, zu dessen Füßen
ein kniender Mann sich mit einem Aloe-Dorn
die Zunge durchsticht; er fängt in einem
Korb das herabtropfende Blut auf,
das anschließend den Göttern dargebracht
werden soll.*

Der Sonnengott Pipil
*über einer Opferszene:
Der Priester hält ihm das
Herz eines Sakralopfers entgegen.
Dieses Basrelief, das deutlich
toltekischen Einfluß zeigt, stammt
aus Santa Lucía in Guatemala.*

Jade, *der grüne Stein aus den Bergen des östlichen Guatemala, war einer der beliebtesten Werkstoffe der Maya-Künstler. Unten links: ein Ohrring aus Pomona (Britisch-Honduras) mit eingravierten Kalenderglyphen. Oben rechts: kleines Schmuckstück in Form eines Männerkopfes; darunter: eine Maske, die an die mächtigen Steinköpfe der Olmeken erinnert. Mitte: eine charakteristische Maya-Maske aus Chiapas.*

Kopf eines jungen Maya-Häuptlings *(692 n. Chr.) aus einer Grabkammer von Palenque mit dem typischen Zeremonialkopfschmuck der Maya. Die Entdeckung des Grabes innerhalb der Tempelpyramide widerlegte die Meinung der Archäologen, daß die mexikanischen Pyramiden – im Unterschied zu den ägyptischen – ausschließlich als Sockel für die Tempel gedient hätten.*

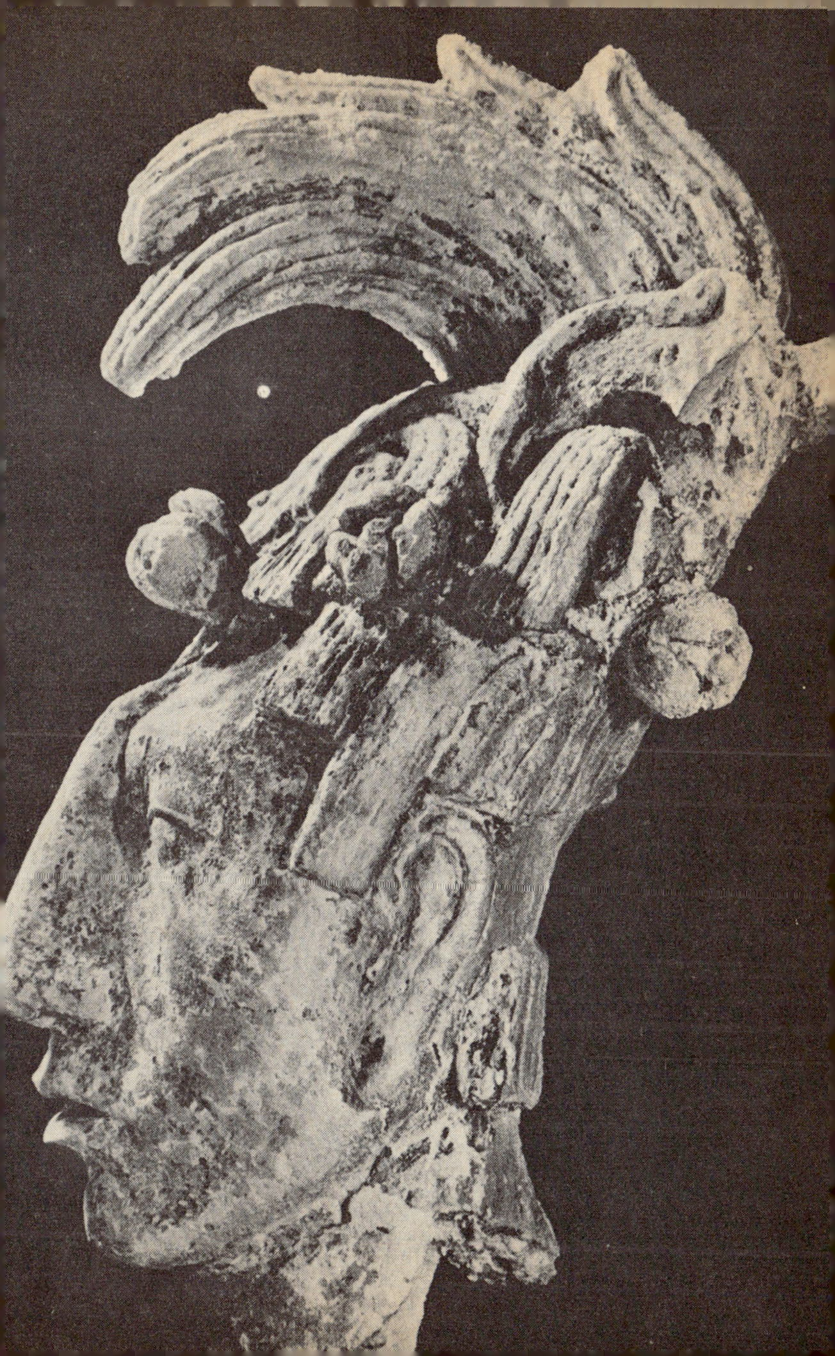

«Die Königin von Uxmal» –
eine eindrucksvolle Porträtplastik, die in den weit geöffneten Rachen einer Schlange eingefügt ist. Sie befand sich ursprünglich am «Tempel des Zauberers» von Uxmal.

Goldene Opfergabe, *die im Opferbrunnen von Chichén Itzá gefunden wurde. Sie zeigt eine stark stilisierte Männergestalt, die aus dem Cauca-Tal in Kolumbien, dem Gebiet der Quimbaya, stammt. Das kostbare Fundstück ist ein Beweis für die ausgedehnten Handelsbeziehungen der Maya.*

zeug, mit dem die Steinmetzen in unendlicher Geduld den oft harten Kalkstein bearbeiteten. Größere Gestaltungsfreiheit gestattete ihnen die sich allmählich verbreitende Verwendung einer Stuckmasse. Sie ließ sich wesentlich leichter modellieren und war, wie die Ausgrabungen bestätigen, im weitesten Umkreis von Tulum bis Dzibilchaltún und bis nach Palenque bekannt. In Palenque «erreichten die Stuckarbeiten, sei es in figürlichen oder ornamentalen Motiven, ihre vollkommenste Entwicklungsstufe». Auch die riesigen, zweieinhalb Meter hohen Masken am Tempel von Uaxactún, einem der ältesten erhaltenen Bauwerke der Maya, waren aus Stuck geformt, ebenso ein in Izamal, dem Sitz des höchsten Gottes Itzamná, gefundener Kopf gewaltigen Ausmaßes, den ein französischer Forscher im neunzehnten Jahrhundert nachgeformt hat.

Tonplastiken waren die Vorläufer der Stein- und Stuckskulptur. Kleine Keramikköpfe von Gottheiten sind die frühesten Fundstücke im Territorium der Maya, die formal bereits – wenn sie sich auch nicht mit der eindrucksvollen Tonplastik der Azteken messen können – auf einer beachtlich hohen Stufe stehen. Die schönsten und künstlerisch wertvollsten Beispiele sind die etwa 13 bis 30 Zentimeter hohen Tonfigürchen von Jaina. Sie verraten, wie der kürzlich verstorbene Miguel Covarrubias (einer der wenigen schöpferischen Künstler, die den Wert dieser Statuetten erkannten) sich ausdrückte, «eine außerordentliche Meisterschaft in der Behandlung des Materials, eine erstaunliche Beherrschung von Form und Bewegung». Sie widerspiegeln die Vorstellungswelt der Maya: Krieger und Schauspieler mit ausgestreckten Armen; Häuptlinge mit kunstvollem Kopfschmuck; Szenen zwischen Männern und Frauen, wie sie sich hinter den prächtig verzierten Fassaden ihrer Häuser abgespielt haben mögen.

Auch im Holz fanden die Maya ein weitaus gefügigeres Material als im Stein, und so waren ihre frühesten Kalenderzeichen nicht auf Steinblöcken, sondern auf hölzernen Stelen festgehalten. Als sie ihre gemauerten Kragsteingewölbe durch hölzerne Türpfosten und Deckenbalken ersetzten, verzierten sie sie mit Schnitzereien. In Tikal haben sich Beispiele dieser «großen, aufrechtstehenden Pfosten, mit Schnitzwerk geschmückt», von denen Diego de Landa berichtet, bis heute erhalten. Einer dieser Türrahmen aus Sapodillaholz zeigt einen Quetzalvogel mit ausgebreiteten Schwingen und einen phantastisch geschmückten Gott. Die Archäologen haben mit Hilfe der Radiokarbon-Methode die auf den Glyphen ermittelte Datierung 741 n. Chr. bestätigt. Einige der schönsten Beispiele dieser Schnitzwerke befinden sich inzwischen in europäischen Museen. Auch Götterbilder, Helme und Masken wurden aus Holz geschnitzt. Und als die Spanier das Land im Besitz hatten, ließen sie sich Bischofsstäbe und Einbanddeckel für ihre Bücher in kunstvoller Schnitzarbeit anfertigen.

In den Ruinen von Tikal *wurden zwölf kunstvoll geschnitzte Türflügel und Türstöcke aus Sapodillaholz gefunden. Das abgebildete Beispiel zeigt in der Mitte ein Flechtornament, das Zeichen des Monats Pop. Aus einer der Glyphen geht hervor, daß diese Türflügel im Jahr 741 n. Chr. entstanden sind.*

Auf der Halbinsel Yucatan gab es in früher Zeit weder Gold noch Silber. Im achten Jahrhundert finden sich die ersten Goldarbeiten, und nach 900 n. Chr., als die Maya die gesamte Halbinsel in Besitz genommen und mit einem Netz von Handelsstraßen durchzogen hatten, tauchen immer zahlreichere Gold- und Silberarbeiten auf. Auch die Itzá trugen ihren Teil dazu bei. Das Kupfer, das von Oaxaca her nach Xicalango auf den Markt kam, wurde zu Glocken verarbeitet; aus den Goldplättchen aus Panama stellte man Zierscheiben und Kopfschmuck her. Unsere Kenntnis beschränkt sich allerdings auf die wenigen Stücke, die Edward H. Thompson in dem *Cenote* von Chichén Itzá entdeckte. Sie lagen jahrzehntelang unbeachtet im Peabody-Museum der Harvard-Universität (Cambridge/Massachusetts) und wurden unlängst zum erstenmal in einer ansehnlichen Broschüre veröffentlicht. Die Goldscheiben (30 Zentimeter Durchmesser) bilden einen interessanten Beitrag zur Kulturgeschichte der Maya: sie zeigen toltekische Themen, das Sakralopfer-Ritual, eine Seeschlacht zwischen den Itzá und den Maya – Zeugnisse ihrer Herkunft und ihres späten Entstehens.

Die Spanier haben, wie gesagt, von den Maya keine sonderlichen Goldschätze erhofft und auch, wie sich bald herausstellen sollte, keine aufregenden Reichtümer gefunden. Die 1524 von Hernando Cortés in Potonchon konfiszierten Gegenstände aus Gold – Kronen, Stirnreifen, Halsbänder, Ohrpflöcke, kleine Götterfiguren, Eidechsen- und Entenamulette – ließen schon von der Form her vermuten, daß sie nicht im Land der Maya entstanden waren. Sie stammten aus Panama. Etwa ein Jahrhundert vor der Konquista waren Maya-Händler bis nach Nicaragua vorgedrungen und hatten eine bescheidene Goldausbeute mit nach Yucatan gebracht; auch aus Honduras kamen geringere Mengen Goldstaub ins Land. Das einzige Goldversteck, das den Konquistadoren einigen Gewinn einbrachte, wurde in den ersten Tagen der Eroberung in der Provinz Chetumal gefunden. Chetumal war das Zentrum des Kanu-Baues – «Wasserhäuser», sagten die Maya in ihrer Sprache – und zugleich ein betriebsamer Handelsplatz; die Spanier nahmen dort, wie es in ihren Berichten heißt, Goldbarren und -gegenstände im Gewichtswert von zweitausend Pesos in Besitz.

Aus den Fresken der Maya geht hervor, daß sie auf diesem Gebiet einen ganz eigenen Stil entwickelt hatten. Die Wandmalereien waren weder belehrend noch als Bilderchronik historischer Ereignisse gemeint. Sie waren religiös und von tiefer Symbolik erfüllt, das schließt jedoch nicht aus, daß wir immer wieder auch die menschliche Gestalt mit Kopfputz, Kostüm und Gestik in lebhafter Bewegung finden. Das früheste uns bekannte Fresko – in den Ruinen von Uaxactún – läßt sich in seiner lebhaften Figurengruppierung unschwer als eine «Konversation» zwischen hohen Maya-Adeligen interpretieren. Die in Chacmultun im Puuc entdeckten Wandmalereien – 315 Kilometer und 600 Jahre von den Uaxactún-Fresken entfernt – bezeugen die Kontinuität einer Kunstauffassung über Zeit und Raum hinweg.

Auch im übrigen Maya-Gebiet befinden sich verschiedene Wandmalereien, meist leider nur in Fragmenten erhalten. Die während der toltekischen Periode in Chichén Itzá entstandenen sind fast ausschließlich erzählerisch-weltlicher Art. Auch die Malereien im Tempel der Krieger zeigen erstaunlicherweise keine religiösen, sondern höchst realistische Alltagsszenen aus dem dörflichen Leben: Kanufahrer, Bäume, Häuser und sogar jene hoch aufragenden Markierungen aus Holz und Federn, die herannahende Schiffe vor Untiefen warnen sollten. Hier ging es dem Künstler nicht um die Verherrlichung von Tempeln und Priestern, sondern darum, die einfache Eingeborenenhütte, Frauen bei der Arbeit und im Festtagsschmuck, Händler und Lastträger darzustellen. Auch die Mauern des Ballspielplatzes und des Jaguartempels von Chichén Itzá sind mit figürlichen Motiven geschmückt: Die verschiedenen Schlachtenszenen geben nicht nur über Waffen und Kampftechniken, sondern auch über Kleidung und Körperhaltung Aufschluß.

Die Wandmalereien von Bonampak, die 1946 erst entdeckt wurden, ergaben völlig neue Aspekte hinsichtlich der Gesellschaftsordnung der Maya, wurden jedoch in der Literatur bisher noch nicht hinreichend ausgewertet. Es handelt sich um drei mit Fresken in durchlaufender Folge ausgestattete Räume; dargestellt werden Einfälle in feindliches Gebiet, Beratungen der Hauptleute, Aburteilung der Kriegsgefangenen und Siegesfeste. Die einzelnen Gestalten sind etwa lebensgroß in erstaunlicher Naturtreue und farblicher Leuchtkraft komponiert. Die Wandmalereien sind in der klassischen al-fresco-Technik entstanden: Der Maurer bewarf die Wand mit frischem Mörtel, und auf den noch feuchten Grund zeichnete der Künstler die Umrisse seiner Darstellung, während seine Mitarbeiter – und es müssen in Bonampak sehr viele gewesen sein – die Farben auftrugen. Ein mexikanischer Freskenmaler, der eine Kopie der Bonampak-Szenen anfertigen half, rechnete aus, daß die Fertigstellung aller drei Räume nicht mehr als 48 Stunden in Anspruch genommen haben dürfte, da Maurer und Maler in ununterbrochener Folge unmittelbar zusammenarbeiten müssen und er keinerlei Anhaltspunkt für eine «Flickstelle» gefunden hat.

Neben zahlreichen Rot- und Orangeabstufungen, neben Gold und leuchtendem Schwarz spielt vor allem das berühmte Maya-Blau eine dominierende Rolle. Man vermutet, daß die Grundfarben mit dem Harz des *pom*-Baumes gemischt wurden, aus dem man heute Firnis herstellt.

Inzwischen wurden nicht nur hervorragende Kopien der Fresken von Bonampak angefertigt, sondern auch eine vollständige genaue Nachbildung der kleinen Tempelruine, die sich heute im Archäologischen Museum von Mexico-City befindet.

Auch die polychrome Keramik und die Maya-Codices – deren Illustrationen man als eine Weiterentwicklung der Fresken *en miniature* betrachten könnte – gehören ins Gebiet der Malerei. Andererseits wiederum gewinnt man bei den Fresken in Tulum und Santa Rita (in Britisch-Honduras) den Eindruck, es könnten Kopien aus den «Büchern» der Maya sein.

12 *Der Untergang einer Kultur*

ALLEN DIESEN KÜNSTEN konnten die Maya jedoch keineswegs in ungestörter Beschäftigung nachgehen. Die Legende von den friedliebenden Maya ist längst überholt. Ständige Kriege lösten einander ab. Zwischen den Stadtstaaten gab es keine festen Grenzen, und die Bauern überschritten sie ohnehin, wenn sie ihre Maisfelder bestellten. Der Handel erstreckte sich über Freundes- und Feindesland. Und die einzige Art, sich Sklaven als Handelsobjekte zu beschaffen, war – von einzelnen Bestrafungsfällen abgesehen – der Kampf. Außerdem brauchte man Sakralopfer, da man von den Angehörigen des eigenen Staates nicht erwarten konnte, daß sie freiwillig aufs Schafott stiegen.

Die Hauptwaffen der Maya waren der Wurfspeer, die mit Obsidianklingen versehene Kriegskeule (das *maquahuitl* der Azteken) und die Speerschleuder *(atl-atl)*, eine sehr wirksame Waffe, wie Bernal Díaz hervorhebt («unser Kapitän wurde an nicht weniger als zwölf Stellen verwundet»). Im Nahkampf setzten die Maya ein Feuersteinmesser mit breiter Klinge und eine dreizinkige geschärfte Muschelschale ein, die blutige Verletzungen schlagen konnten. Außerdem verwendeten sie auch Steinschleudern; eine uns erhaltene Skulptur stellt einen Krieger dar, der einen Korb voll hühnereigroßer Steine auf das Schlachtfeld schleppt.

Der Kriegerhäuptling zog prächtig geschmückt in den Kampf. Von seinem hölzernen «Helm» wippte ein Büschel bunter Quetzal- und Papageienfedern auf die Schultern herab, sein Gesicht war grellfarbig bemalt, seine Armreifen und Halsbänder aus Jade funkelten wie Smaragde im Sonnenschein. So deutlich gekennzeichnet, war er das hervorstechendste Angriffsziel; wurde er gefangen, ergriffen seine Männer gewöhnlich die Flucht.

Im allgemeinen wurden die Kriege der Maya in einzelnen kurzen Kämpfen geführt; oft verlegte man sie auf den Oktober, wenn der Bauernkrieger seine Ernte eingebracht hatte. Am beliebtesten war die Überraschungs-

Der Krieg war eine Art *Dauerzustand zwischen den einzelnen Maya-Staaten. Das Fresko vom Tempel der Krieger (rechts) in Chichén Itzá zeigt die Plünderung eines Dorfes. In der Mitte die Verteidigung des Tempels; im Vordergrund Gefangene, an ihrer quergestreiften Bemalung erkennbar die mit den Händen auf dem Rücken gefesselt abgeführt werden.*

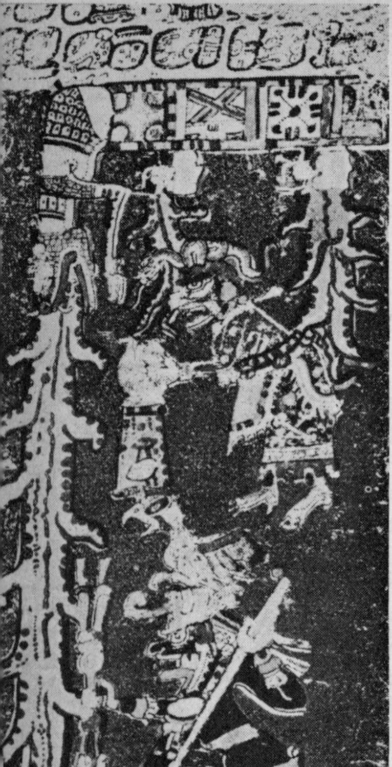

Weltuntergang durch eine Sintflut: *Aus dem Schlund des Drachens am oberen Bildrand – mit den Zeichen der Sonnen- und Mondfinsternis geschmückt – fließen Wasserströme zur Erde. Unter ihm gießt eine Göttin ein Wassergefäß aus, während am Boden der Kriegsgott sitzt, die Speere und den Herrscherstab gesenkt. (Letzte Seite des Dresdener Codex.)*

taktik. War die Verteidigungslinie des Gegners durchbrochen, stürmten die Maya-Krieger geschlossen vorwärts. War der Feind zu fest und sicher verschanzt, schleuderte man ihm Hornissennester zwischen die Reihen und setzte die Palmblattdächer seiner Siedlung in Brand. Das Hauptziel des mit einem Höllenlärm von Trommeln, Pfeifen und Schneckentrompeten eingeleiteten Kampfes bestand keinesfalls in dem allerdings oft unvermeidlichen Gemetzel. Vielmehr ging es darum, wie bei den Azteken, lebende Gefangene zu machen; die Häuptlinge brauchte man als begehrte Sakralopfer, die einfachen Soldaten als Arbeitssklaven. Nach dem Sieg wurden die auf dem Schlachtfeld liegenden Toten des Gegners enthauptet, ihre Kieferknochen vom Fleisch befreit und «über dem Arm als Beute davongetragen». Die schweren Schilde und die mit Salzlake versteiften Baumwollgewänder bildeten zwar eine erhebliche Belastung für den Krieger, die Spanier stellten später jedoch fest, daß ihnen die Eingeborenen in dieser Ausrüstung überlegen waren.

In dem zeremoniellen und rituellen Charakter der Maya-Kriegführung lagen zugleich ihre Nachteile begründet. Wenn der Häuptling fiel, war die Schlacht zu Ende; nachts kämpfte man nicht. Und zu alledem übertraf die Bindung an die bäuerliche Arbeit oft das Pflichtgefühl gegenüber dem anbefohlenen Krieg. Die Revolte der Inka gegen die Spanier in Cuzco im Jahr 1536 wäre sicherlich erfolgreich gewesen, hätten sich die Krieger nicht zerstreut, als die Zeit der Maisaussaat heranrückte. Auch die Maya verscherzten sich auf diese Weise ihre

Chance, als sie, viel später, im Jahr 1848 während des sogenannten «Kastenkrieges» die Hauptstadt Mérida erfolgreich belagerten, plötzlich jedoch aus dem gleichen Grund Kampf und Belagerung aufgaben.

Das gesamte Leben der Maya war nach religiösen Vorstellungen und Riten orientiert: Geburt, Tod, Ackerbau, ihr Kalendersystem, ihre Astronomie und Architektur. Ihre Vorstellung vom Weltall glich derjenigen der Völker des Hochlandes von Mexiko: es gab für sie dreizehn Himmel und neun Höllen. Die Himmel waren in horizontalen Schichten übereinandergeordnet, in denen die Götter hausten; gestützt wurde dieses vielschichtige Himmelszelt von vier Gottheiten, die in den vier Himmelsrichtungen standen und von denen jede ihre eigene Symbolfarbe hatte.

Der Kosmos der Maya war von vier verheerenden Umwälzungen heimgesucht worden. Zu dem Zeitpunkt, an dem sie für die Forschung ins Licht der Geschichte traten, lebten sie in ihrer fünften «Wiedergeburt». Auch bei ihnen hatte sich die Vorstellung einer Sintflut überliefert, und eine der faszinierendsten Seiten des Dresdener Codex stellt die Zerstörung der Welt durch eine große Sintflut, *haiyococab* («Wasser über die Erde»), dar.

Wie der Himmel, so waren auch die Unterwelt und die Erde von Göttern erfüllt: Itzamná war der oberste Gott im Pantheon der Maya. Er hatte verschiedene Attribute und galt als Nahrungsspender, Patron der Heilkunst und Erfinder der Schrift. Ihm unterstanden alle anderen Götter mit den verschiedensten Aufgaben und Funktionen. Jeder Beruf – seien es die Bienenzüchter, Maisbauern, Fischer, Krieger, Kaufleute oder sogar die Schauspieler und Tänzer – hatte seinen eigenen Schutzpatron.

Yum Kaax, der Maisgott, wird meist als junger Mann mit einer blühenden Pflanze in der Hand dargestellt. Sein in Copán gefundenes Bildnis gehört zu den bezauberndsten Kunstwerken der präkolumbischen Ära. Der Tod, Ah Puch, wurde als Skelett abgebildet; er war der Schutzpatron des Cimi-Festes. Der Kriegsgott erscheint stets in roter und schwarzer Bemalung, wie die Krieger, wenn sie in die Schlacht zogen. Wind, Krieg, Tod, alle personifizierten Vorgänge und Vorstellungen hatten ihre individuellen Züge und ihre symbolischen Glyphen. Sie waren unsichtbare Verbündete des Menschen im Kampf um die Erhaltung des Lebens. Man mußte ihnen größte Hochachtung erweisen und zur rechten Zeit die vorgeschriebenen Opfer bringen.

Wie alle Lebewesen, mußten auch die Götter mit Nahrung versorgt werden. Blieb der Regen aus oder traten Krankheiten auf, so erklärten es sich die Maya aus der Unzufriedenheit der Götter mit den Menschen. Man mußte also immer neue Opfer bringen, von denen Menschenblut und vor allem Menschenherzen als die wirksamsten galten. Die zum Opfer Ausersehenen wurden blau bemalt, mit jenem berühmten Maya-Blau, das uns auf

Wandmalereien und Skulpturen erhalten ist. Neben der Darbringung menschlicher Herzen gab es das sogenannte «Pfeilopfer» und ein ebenfalls weitverbreitetes Zeremoniell, das darin bestand, die Opfer in einen Brunnen zu werfen. Der große «heilige» *Cenote* von Chichén Itzá war, wie Diego de Landa beschreibt, häufig Schauplatz solcher Opferungen. Vier Jahrhunderte später fand Edward H. Thompson diese Berichte bestätigt, als er den Brunnen ausbaggern und die Knochenreste von Männern, Frauen und Kindern mitsamt den Geräten zutage fördern ließ, die man im Brunnenschacht versenkt hatte. Unter den Weihegaben befanden sich auch hölzerne Speerschleudern und steinerne Opfermesser, deren geschnitzte Holzgriffe mit Goldblech überzogen waren, ferner – neben den berühmten Goldscheiben – auch goldene Armspangen und Fingerringe aus feinster Filigranarbeit und schließlich metallene Schellen, die als Besatz von Kleidungsstücken, Arm- und Fußbändern gedient hatten.

Blut hatte für die Naturvölker – wie überhaupt wohl in sämtlichen Religionen – eine mystische Bedeutung. Schon vom Bestreichen des Körpers mit Blut versprach man sich erhöhte Kraft und Stärke. Von den Maya heißt es, «sie brachten Opfer mit ihrem eigenen Blute dar». Sie durchbohrten ihre Wangen, ihre Unterlippen und «ihre Zungen in schräger Richtung». Mit dem so gewonnenen Blut wurde die Statue des zu verehrenden Gottes oder der eigene Körper bestrichen.

Die gesamte ideen- und formenreiche Maya-Architektur in Hunderten von Städten mit ihren Tausenden von gemeißelten Steindenkmälern kann als ein einziges Monument ihres ungewöhnlichen Gefühls für die Zeit und ihrer Auswirkungen aufgefaßt werden. In einer mehr als tausendjährigen Geschichte haben die Maya jedes einzelne Stück mit dem Datum seines Beginns oder seiner Fertigstellung versehen, seien es Ballspielplätze und Tempel, Türstürze, Wandfüllungen, Muscheln, Jadestatuetten, Tonschalen, Holz-, Stein- oder Stuckreliefs. Das berühmteste Beispiel ist die Hieroglyphentreppe in Copán mit ihren 63 zehn Meter breiten Stufen, in denen mehr als 2500 verschiedene piktographische Zeichen eingemeißelt sind. Allerdings konnte bisher nur eine Datumsglyphe, das heißt der Zeitpunkt der Fertigstellung, entziffert werden.

Die Maya hielten die Zeit für einen in sich geschlossenen Kreislauf; sie glaubten, daß in der Geschichte dieselben Einflüsse und daher die gleichen Freuden wiederkehrten.

Sie hatten nicht *einen* Kalender, sondern drei: der erste, *haab,* umfaßte 18 Perioden zu 20 Tagen mit einem Annex von fünf Tagen, *uayeb* (den «leeren» oder unglücklichen Tagen). Der zweite, *tzolkin,* war ein heiliger Kalender mit 260 Tagen, der genau dem divinatorischen Kalender der Azteken und Tolteken entspricht. Der dritte Kalender, die «lange Zäh-

Der Kalender der Maya: *die schematische Darstellung der beiden Systeme, die zahnradähnlich ineinandergreifen. Das kleinere Rad, links, zeigt die divinatorische Jahreseinteilung – 260 Tage – mit den 13 Tagesnummern (innen) und den 20 Tagesglyphen (außen). Es ist eingestellt auf den Tag 13-Ahau, und die Glyphe in der Mitte zeigt den Gott der Nummer 13, der sich anschickt, die Last des Ahau am Ende des Tageslaufes abzusetzen. Dieses Datum kann erst nach 260 Tagen, nachdem alle Kombinationen der 13 Nummern und 20 Namen durchlaufen sind, wiederkehren. Das rechte Zahnrad veranschaulicht das 365-Tage-Jahr, das aus 18 Monaten zu je 20 Tagen und den «fünf leeren Tagen» (Uayeb, rechts unten) besteht. Das hier aufgezeichnete Segment zeigt das Ende des Monats Cumku, die «fünf leeren Tage», Uayeb, und die ersten beiden Tage des Pop. Ein genaues Maya-Datum müßte korrekterweise beide Kalenderpositionen enthalten; in diesem Falle also: 13-Ahau, 18-Cumku. Da 5 der einzige gemeinsame Faktor von 365 und 260 ist, muß das Jahresrad 52mal rotieren, ehe 13-Ahau wieder mit 18-Cumku zusammentrifft. Diese 52-Jahre-Periode ist die «Kalenderrunde». Es gibt also 52mal 365 oder 18980 verschiedene Kombinationen der Tage, Namen, Zahlen und Monatspositionen im Maya-Kalender.*

lung», beruhte auf dem mythischen Beginn der Maya-Ära, der aus unerfindlichen Gründen mit 4-Ahau, 8-Cumku (dem Jahre 3111 v. Chr.) angesetzt wurde.

Was zu diesem Zeitpunkt geschah, wissen wir nicht. Es gibt keinen Schlüssel hierzu, zumal die Archäologie nachgewiesen hat, daß damals noch gar kein Volk der Maya existiert haben kann.

Die Zeremonialstraße (sacbe) zum «Tempel der Puppen» bei Dzibilchaltún, ein Kalksteindamm, der auf den sumpfigen Untergrund aufgeschüttet wurde. Diese Dammstraßen oder Chausseen führten oft meilenweit durch den Urwald als Verbindungswege zwischen den einzelnen Maya-Städten.

Der Monat bestand aus 20 Tagen *(kin)*. 18 Monate *(uinal)* ergaben das 360-Tage-Jahr *(tun)*, zu dem noch die fünf «leeren Tage» *(uayeb)* hinzugezählt wurden, so daß sich das 365-Tage-Jahr *(haab)* ergab. Außerdem kannte man noch das *katun*, eine Periode von 7200 Tagen (oder 20 *tun*-Jahren); ferner den 52-Jahres-Zyklus, die «Kalenderrunde». Jeder Tag des *haab* hatte seinen Namen und eine Nummer, ebenso wie im heiligen *tzolkin*-Kalender. Die Koinzidenz eines *haab*-Tages mit einem *tzolkin*-Tag ist also, wie beim 52-Jahre-Zyklus der Azteken, erst nach 18980 Tagen oder nach 52 Jahren wieder möglich.

Man kann die Kalenderberechnungen der Maya schwerlich nur als eine Art «intellektuelles Training» ansehen. Was auch immer sie planten oder unternahmen, sie machten es vom Kalender, das heißt vom Stand der Planeten, abhängig. Sie fürchteten den Zorn der Götter, der das Ende der Welt bedeuten würde, und daraus mag sich ihre leidenschaftliche Beschäftigung mit dem Kalender erklären, der ihnen die Gewißheit gab, jedem Gott im rechten Augenblick das gebührende Opfer zu bringen.

Viele Wissenschaftler behaupten übereinstimmend, daß die Maya ihre astronomischen Berechnungen gegenseitig austauschten und daß im Jahr 765 n. Chr. in Copán ein «Kongreß» stattgefunden habe, bei dem die aus

weit auseinanderliegenden Gebieten zusammengekommenen Kalenderexperten alle im Laufe der letzten 52 Jahre angehäuften Irrtümer berichtigten. Vor allem stimmten sie den Monat Pop, ihren Jahresbeginn, aufeinander ab. Die Anwendung desselben Datums auf Baudenkmälern, die fast 500 Kilometer weit auseinanderliegen, läßt tatsächlich mit großer Wahrscheinlichkeit auf eine unmittelbare Übereinkunft schließen.

Diego de Landa war der erste, der sich mit dem Kalender der Maya beschäftigte. «Sie haben eine ebenso vollkommene Jahresrechnung – mit 365 Tagen und sechs Stunden – wie wir. Sie unterscheiden zweierlei Arten von Monaten, die eine Art zählt 30 Tage... die andere 20 Tage... das Jahr besteht aus 18 solcher Monate plus fünf Tage und sechs Stunden... sie haben für diese Tage 20 Schriftzeichen.» Diego de Landa ist es zu verdanken, daß uns die Glyphen der Tagesbezeichnungen mitsamt ihren Maya-Namen in spanischer Transkription als Grundlage für die wissenschaftliche Forschung erhalten sind.

Schon früh fielen den spanischen Siedlern in Yucatan die Überreste der Maya-Straßen auf. «Sogar heute noch», schrieb Diego de Landa im 16. Jahrhundert, «ist der Verlauf der schönen Straße von Tiho (dem heutigen Mérida) nach der Stadt Izamal zu erkennen.»

Fast alle großen Städte der Maya waren mit derartigen Straßen (*sacbeob*) verbunden. «Es gibt Überreste von gepflasterten Straßen, die das gesamte Königreich durchziehen und angeblich erst im Osten an der Küste enden... diese Straßen gleichen den spanischen *caminos reales*, denen man sich ohne Sorge vor Irrwegen anvertrauen kann.»

Die während der «klassischen» Periode (von 300 bis 900 n. Chr.) erbauten Straßen scheinen vor allem die Aufgabe gehabt zu haben, die Binnenstädte mit dem Meer zu verbinden. Von Tikal führte eine Chaussee nach Uaxactún; von dort konnte man auf den Flüssen leicht zur Küste gelangen. Auch die Maya-Städte im Puuc mit dem Zentrum Uxmal waren, wie schon John Lloyd Stephens im November 1841 feststellte, durch ausgezeichnete Straßen verbunden. Der Verfasser dieses Buches ging ihnen auf seinen verschiedenen Forschungsreisen in Yucatan nach. Eine 4,5 Meter breite Dammstraße, deren Höhe zwischen 60 und 120 Zentimetern variiert, führt von Uxmal nach Kabah (und ist heute noch zu sehen) mit einer Abzweigung durch den «Triumphbogen» in die Stadt und im weiteren Verlauf nach Sayil, Labná und anderen Städten des Puuc. Uxmal war über Mayapán mit Chichén Itzá verbunden. Weniger bekannt ist beispielsweise die Straße von Chichén Itzá nach Chabalám – vom Autor durch Luftaufnahmen festgestellt –, wo sie zweifellos in die vielgenannte Straße von Yaxuná nach Cobá einmündete.

Über die großen Zeremonialstraßen innerhalb der Maya-Städte weiß man heute ziemlich genau Bescheid. Die bereits erwähnte Chaussee von Tikal, zwischen 400 und 900 n. Chr. errichtet, diente sowohl als Gebrauchs- wie auch als Zeremonialstraße, ebenso der mehrfach beschriebene Damm oberhalb des großen Wasserreservoirs von Chichén Itzá. Auch in Labná fand man eine 183 Meter lange und 7,5 Meter breite Straße, die vom Haupttempel zu einem kleineren Tempel führte. Die unlängst entdeckte Zeremonialstraße von Dzibilchaltún ist doppelt so breit wie die von Labná und möglicherweise tausend Jahre älter.

Die einzige wirklich erforschte *sacbe* ist die sogenannte Cobá-Yaxuná-Achse. Sie besteht aus einer aufgeschütteten Steinhalde, die mit einem Gemisch aus Kalk und Wasser bedeckt, festgestampft und nivelliert wurde; so entstanden die *sacbeob*, die weißen Straßen, die von den Spaniern als «schön, breit und eben» gerühmt wurden.

Die Hauptverkehrsader wechselt auf einer Strecke von rund hundert Kilometern Länge sechsmal die Richtung, offenbar, um die in Reichweite liegenden Siedlungen anzulaufen. In bestimmten Abständen stößt man auf wallartige Erhöhungen, wahrscheinlich Reste der sogenannten «Rasthäuser», wie wir sie als *tampu* bei den Inka finden werden. Wir wissen aus den Schriften der Maya, daß sie ein ähnliches System besaßen. Über das *tampu*-Netz der

Inka sind wir verhältnismäßig gut informiert; von den Maya wissen wir nur – aus einem Bericht nach der Eroberung –, daß es einen *alcalde meson* in jedem Dorf gab, der die Rasthäuser in Ordnung zu halten und mit Holz, Mais und anderen Vorräten zu versorgen hatte. Die längs der Straße alle acht Kilometer gefundenen Meilensteine hält Señor Alfonso Villa eher für Grenzmarkierungen als für Entfernungsangaben.

Die Maya waren die einzigen Seefahrer unter den präkolumbischen Kulturvölkern; sie legten Tausende von Seemeilen in ihren großen Einbaumkanus zurück.

Die spanischen Schiffsbesatzungen berichteten wiederholt von «riesigen Einbaumkanus», denen sie begegneten und die jeweils «mehr als vierzig Eingeborene» faßten. Als später die Spanier vorübergehend aus Yucatan vertrieben worden waren und 1542 Omoa, eine Handelskolonie in Honduras, belagerten, wurden gleichzeitig fünfzig Kriegskanus von dem 200 Seemeilen entfernten Chetumal als Verstärkung gegen die Konquistadoren herbeigerufen. In vielen spanischen Berichten werden die geradezu beängstigende Zahl der Kanus und der rege Kanuverkehr längs der gesamten Küste von Tabasco bis nach Panama erwähnt. Das Kanu der Maya war ein ausgehöhlter, bis zu zwanzig Meter langer Zedernstamm; es hatte einen hohen Bug und ein hohes Heck und entsprach im Aussehen etwa den Darstellungen auf den Wandmalereien in Chichén Itzá. Die gefällten Zedern wurden mit Hilfe von Tauen aus dem Urwald abgeschleppt. Die Stadt Buct-zotz, westlich vom Kap Cotoche gelegen, war eine offenbar weithin bekannte Zentrale des Kanubaus, speziell derjenigen Boote, die für den Salzhandel von Ekab benötigt wurden.

Die gesamte Küste um die Laguna de Términos – an der Xicalango lag – bestand aus einem Netz von Flüssen und Bächen. Eine spanische Landkarte aus dem 17. Jahrhundert verzeichnet die Wasserstraßen des Binnenlandes und beschreibt die schmalen Verbindungskanale, in denen sich kleinere Boote – wie an der Nordküste von Florida – in Meeresnähe knapp hinter der Küste vorwärtsbewegen konnten, ohne sich auf offenes Wasser hinauswagen zu müssen.

Es ist nicht erwiesen, ob die Maya Kontakt mit Cuba hatten, obwohl die Insel nur 125 Seemeilen entfernt lag; möglicherweise hielt sie die starke Strömung zwischen Cuba und Yucatan davon ab. Eine vermutlich regelmäßige Verbindung unterhielten die Maya mit den Antillen. Bernal Díaz traf auf der Insel Cozumel eine gut aussehende Eingeborenenfrau, die die Sprache der Insel Jamaica beherrschte. «Da ich die Sprache kannte, fragten wir sie erstaunt, wieso sie hierhergekommen sei. Vor zwei Jahren war sie mit zehn Eingeborenen in einem großen Kanu von Jamaica zum Fischen ausgefahren... die Strömung hatte sie nach Cozumel entführt, wo sie an Land getrieben worden waren... ihr Mann und alle anderen waren getötet und den Götzen geopfert worden...»

Wie weit erstreckte sich der Seehandel der Maya? Archäologisch und historisch ist es erwiesen, daß ihre Fahrten sie längs der Küste von Tampico nach Panama führten; das ist eine Strecke von mehr als 2400 Seemeilen, die sich auf 3000 Seemeilen erhöhen, wenn – wie man annimmt – die Maya bis zur Margarita-Insel vor der venezolanischen Küste gelangten, einer der präkolumbischen Perlenfundstätten. Nachdem man in einem Grab unter dem Tempel der Inschriften in Palenque, datiert 700 n. Chr., und in der Gruft des Hohenpriesters in Chichén Itzá Perlen gefunden hat, liegt die Vermutung nahe, die Maya hätten ihren Seehandel über 3000 Meilen weit ausgedehnt.

Nach dem Jahr 900 n. Chr. scheinen die Händler der Maya sogar bis nach Panama vorgedrungen zu sein, denn es taucht jetzt das Gold häufiger auf. Auch die Smaragde – sofern die Maya sie überhaupt besaßen; der Verfasser konnte allerdings keine echten entdecken – hätten sie über die Goldschmiede von Coclé in Panama erwerben müssen, die sie wiederum von den Chibcha im Hochland von Kolumbien bezogen.

Ob die Maya auch bis nach Südamerika vordrangen, ist schwer zu sagen. Man hat in Südamerika keine Keramik gefunden, die eindeutig auf die Maya schließen ließe, und es gibt auch in den Überlieferungen der südamerikanischen Eingeborenen keinerlei Anhaltspunkte für einen Kontakt mit den Maya.

Die Tatsache, daß die Maya «Bücher» – illustrierte Glyphentexte – besaßen, versetzte die Spanier in Erstaunen. Als der junge Bernal Díaz einen totonakischen Tempel in Cempoala durchstöberte, bewunderte er erstaunt die vielen zusammengefalteten Bücher: «Sie gaben mir viel zu denken... ich weiß nicht, wie ich sie beschreiben soll.» Wie bereits erwähnt, befanden sich «zwei Bücher, wie sie von den Indianern benützt werden», unter den Dingen, die von den Konquistadoren an Karl v. nach Europa geschickt wurden. Die spanischen Humanisten waren «überwältigt vor Staunen» angesichts dieser Zeugnisse einer hochentwickelten Kultur. Denn nicht nur die Maya, sondern auch die Totonaken, Azteken, Mixteken und fast alle anderen präkolumbischen Kulturvölker besaßen derartige Bücher; die Maya jedoch am frühesten.

Das Papier wurde aus den inneren Fasern des wilden Feigenbaums *(Ficus)* gewonnen. Man schälte die Rinde in Streifen von etwa 60 Zentimeter Länge und zwei «Palm» (30 bis 40 Zentimeter) Breite vom Baum ab, weichte sie in Wasser ein – um sie geschmeidig zu machen und ihr den zähen weißen Saft zu entziehen – und klopfte sie mit einem gerippten Klöppel glatt. Auf diese Weise gewann man aus 30 Zentimeter Rindenstreifen einen etwa meterbreiten «Bogen Papier». Die Enden leimte man an

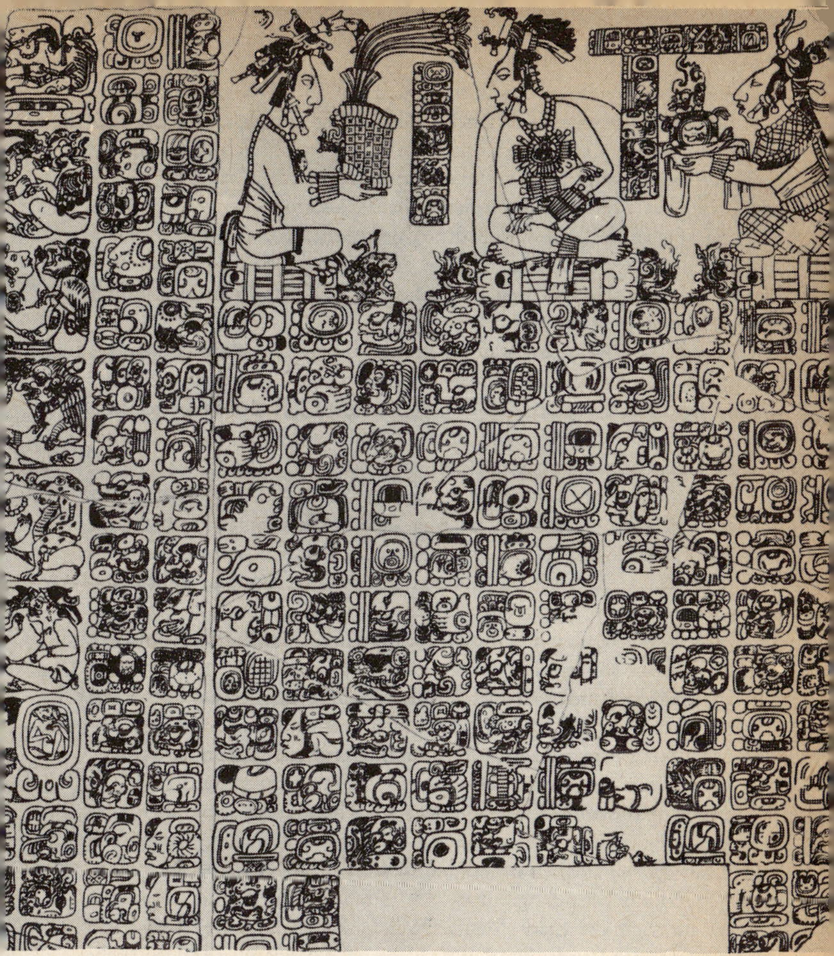

Nur ein Drittel der Maya-Glyphen *konnte mit einiger Sicherheit bisher entziffert werden. Auf den Fundstücken von Palenque wurde eine große Anzahl von Glyphen ermittelt, von denen einige hier zusammengestellt sind. Die Zeichen der Maya sind ideographisch, das heißt, jedes bedeutet ein Wort, nicht einen Buchstaben, obwohl einige Wissenschaftler behaupten, die Glyphenschrift der Maya zeige bereits Ansätze zu einem phonetischen Alphabet. Das Kalendersystem der Maya konnte enträtselt werden – aber welche Geheimnisse mögen sich hinter diesen Inschriften verbergen?*

Holzleisten fest, in die man wahrscheinlich die Titelglyphen einschnitzte. Ein uns überlieferter mexikanischer Codex ist auf die gleiche Weise «gebunden» und mit inkrustiertem Jademosaik verziert, ähnlich den edelsteingeschmückten Bucheinbänden der europäischen Renaissance. Der Dresdener Codex hat 39 beiderseitig bemalte Blätter, also 78 Seiten. Diese Seiten sind die «Falten des *katun*», von denen der Codex handelt. Die Priesterschreiber der Maya verwendeten Pinsel aus Wildschweinborsten. Als Farben bevorzugten sie Hell- und Dunkelrot, Blau, Gelb, Braun, Grün und ein leuchtendes Schwarz.

Es ist schwer zu sagen, wann die ersten Bücher der Maya entstanden. Nach dem Jahr 889 n. Chr. finden sich, wie gesagt, keine datierten Stelen mehr. Man nimmt also an, daß die Maya seitdem ihre Berechnungen und Aufzeichnungen auf dem handlicheren Papier festhielten, das heißt also, daß die ersten Bücher um 900 n. Chr. entstanden.

Das schönste und kostbarste der drei erhaltenen Maya-Bücher ist der Dresdener Codex, so genannt, weil er sich in der ehemals Königlichen Bibliothek, der jetzigen Nationalbibliothek, in Dresden befindet (bis 1739 war er in Wien). Die genaue Entstehungszeit des Codex ist unbekannt. Aber nachdem sein letztes verzeichnetes Datum unserem Jahr 1178 entspricht, hält es Dr. Eric Thompson für die Kopie eines in der klassischen Periode (323 bis 889 n. Chr.) entstandenen Originals.

Die Spanier hatten berichtet, in den Büchern der Maya sei auch das «Leben ihrer Herrscher und des einfachen Volkes» behandelt gewesen – eine Behauptung, die heute nicht mehr nachzuprüfen ist. Denn die Spanier, wie es bei Diego de Landa lakonisch heißt, «...verbrannten sie alle...»

Den Konquistadoren war von der spanischen Krone anbefohlen worden, den Götzendienst auszurotten, und Diego de Landa selbst gab den Befehl zur großen Bücherverbrennung von 1562. Im Vollzug des Bekehrungsprogramms bemächtigte man sich sämtlicher Bücher der Maya und brachte sie nach der Stadt Maní. «Wir fanden eine große Menge von Büchern», schrieb Landa, «und da sie nichts als Aberglauben und teuflische Lügen enthielten, verbrannten wir sie alle, was bei den Eingeborenen ein großes Wehgeheul auslöste.»

Die Maya waren das erste Volk der Sonnenkönigreiche, das mit den weißen Männern in Berührung kam. Seltsamerweise waren sie das letzte, das ihnen zum Opfer fiel, obgleich ihr Schicksal von jenem Augenblick an besiegelt war, als Kolumbus im Jahr 1502 die Existenz eines «kulturell überragenden Volkes», der *Mayam,* feststellte. Die Spanier waren hartnäckig, und die Beziehung der Konquistadoren zu den Maya stand von Anfang an unter unheilvollen Vorzeichen. Als der spanische Gouverneur von Cuba den Bericht erhielt – «wir haben dichtbevölkerte Ländereien mit gemauerten

Häusern und Menschen entdeckt, die Baumwollkleidung tragen» –, schickte er zur Verstärkung neue Männer nach Yucatan, und Hunderte mußten ihr Leben lassen im Kampf gegen die Eingeborenen.

Hernando Cortés traf im Jahr 1518 ein und erkannte bald mit dem Auge des geschulten Offiziers, daß von diesem unwirtlichen Land wenig Gold zu erwarten sei, und begnügte sich damit, den als Sklaven von den Eingeborenen festgehaltenen Aguilar zu befreien. Später, nach der Unterwerfung der Azteken, beauftragte er Pedro de Alvarado, das Land Guatemala zu unterwerfen, und schickte Cristóbal de Olid 1524 nach Mittelamerika, um die den Azteken tributpflichtigen Stämme aufzuspüren. Statt dessen aber errichtete Olid ein eigenes unabhängiges Regime in Hibueras (dem heutigen Honduras). So machte sich Cortés im selben Jahr zu seiner berühmten Strafexpedition auf, die ihn durch Sümpfe, Flüsse und dichten Urwald führte. Er durchquerte das Territorium der Maya, die den kleinen energischen Mann mit seinem Gefolge voll Ehrfurcht betrachteten und ziemlich unangefochten ziehen ließen.

Im Jahr 1527 schlug die Schicksalsstunde der Maya. Francisco de Montejo, der schon bei der Eroberung Mexikos eine maßgebliche Rolle gespielt und die erbeuteten Schätze nach Spanien gebracht hatte, verließ die Audienz beim König in Madrid mit dem Vertrag, das Reich der Maya zu erobern, in Besitz zu nehmen und zum Christentum zu bekehren. Er traf 1527 mit 380 Mann, 57 Pferden und großen Hoffnungen in Yucatan ein. Er wird als ein «Mann von mittlerer Größe mit einem heiteren Gesicht, als kluger Geschäftsmann, guter Reiter und ein junger Mensch – er war damals 37 Jahre alt – von großzügiger Lebensart» geschildert. Er setzte sich mit seinen Leuten in der Küstenstadt Xelha fest; kleinere Scharmützel und Krankheiten dezimierten seine bescheidene Streitmacht. Unter ständigen Kämpfen mit den Kriegern der größeren Maya-Städte, die ihm Widerstand leisteten, zog er schließlich an der Nordküste Yucatans entlang. Im Jahr 1535 befand sich kein einziger weißer Mann mehr auf der Halbinsel Yucatan. Die wenigen Überlebenden waren, der erfolglosen Kämpfe müde, dem Kriegsruf des Francisco Pizarro gefolgt, der in Peru gegen die Inka zu Felde zog.

Montejo gab, reich an Jahren und Narben, seine Titel- und Machtbefugnisse an seinen Sohn weiter. Als die Spanier schließlich den Kampf mit neuen Kräften aufnahmen, gelang es ihnen 1542, etwa das halbe Territorium von Yucatan zu unterwerfen und inmitten der Bauten des alten Tiho ihre neue Hauptstadt Mérida zu gründen. Diejenigen Stämme der Maya, die noch Widerstand leisteten, wurden 1546 in einem mitleidslosen Blutbad vernichtet. Die Maya hatten die Sklaverei zwar auch gekannt, aber nie in ähnlicher Härte praktiziert: Fünfhunderttausend freie Männer wurden als

Leibeigene verkauft; die alten Zeremonialzentren fielen in Trümmer; die heiligen Bücher der Priester wurden verbrannt; die Häuptlinge, die sich nicht ergaben, fanden den Tod.

Doch damit war die Eroberung noch nicht abgeschlossen. Noch lebten einige Hunderttausend Eingeborene in dem zweiten großen Kulturterritorium der Maya. Im Jahr 1194, nachdem Chichén Itzá in die Hände des Hunac Ceel und seiner mexikanischen Söldner gefallen war, hatte sich ein Teil der Itzá in das Sumpfgebiet von El Petén abgesetzt und auf einer Insel inmitten des heutigen Flores-Sees die Stadt Tayasal gegründet. Die Häuser und Maisfelder der neuen Siedler erstreckten sich rund um den See bis ins Innere des Landes, das vier Jahrhunderte lang – von 1200 bis 1618 – das Gebiet der «klassischen» Maya-Kulturen bilden sollte; die Ruinen des uralten Zeremonialzentrums Tikal lagen nur siebzig Kilometer entfernt.

Bis zum Ende des 17. Jahrhunderts fehlte es nicht an Versuchen, in das Gebiet der Itzá einzudringen; aber sie schlugen alle fehl. Dann wurde eine Straße in Angriff genommen, die die beiden Wirtschaftsgebiete Guatemala und Yucatan verbinden sollte. Die Itzá lagen auf halber Strecke am Weg, und diese Tatsache besiegelte ihr Schicksal.

Im Januar 1697 standen Martin de Ursua, der Gouverneur von Yucatan, und seine Soldaten am Ausgangspunkt der neuen Straße. Am 13. März überquerte eine spanische Streitmacht in einer großen Piroge den Flores-See, um die friedliche Übergabe der Inselstadt Tayasal zu erwirken – oder sie zu erstürmen. Unterwegs wurde die Piroge von einer Flottille bewaffneter Indianer umzingelt. Die spanischen Soldaten hatten Befehl, nicht zu feuern, an den sie sich auch dann noch hielten, als die zweitausend Itzá sie mit gutgezielten Pfeilschüssen herausforderten. Kurz vor der Stadt feuerte ein spanischer Soldat, als Revanche für eine Pfeilwunde, seine Arkebuse aufs Geratewohl ab. Wie auf Kommando schossen alle anderen Soldaten ebenfalls, und bald färbte das Blut der Itzá den See. Die Spanier gingen an Land; die wenigen überlebenden Eingeborenen flohen. Am 14. März 1697 ergriffen die Spanier im Namen des Königs offiziell Besitz von der letzten bewohnten Stadt der Maya.

Dreitausendsiebenhundert Jahre hatte sich die Kultur der Maya in ununterbrochener Folge erhalten, und das ist eine lange Zeit, gemessen an der Geschichte der Menschheit.

Die gesamte Geschichte der Inka, *mit europäischen Augen gesehen, enthält dieser Kupferstich des Frankfurters Theodorus de Bry aus dem 16. Jahrhundert. Die obere Bildhälfte zeigt die Eingeborenen auf der Suche nach Gold und beim Waschen der Körner. In der unteren Bildhälfte wird der Herrscher der Inka, im Thronsessel sitzend, auf einer Sänfte getragen, während im Hintergrund der ornamentalen Felskomposition die Landung Pizarros in Tumbes dargestellt ist.*

III Die Inka

SEQVVNTVR ICONES
artificiosæ ordine Historiam
præcedentem illustrantes, ad
ditis ad singulas suis ex=
plicationibus.

13 *«Vergessene» Vergangenheit*

Kaum ein anderes Gebiet der Erde bietet ein so vielgestaltiges und kontrastreiches geographisches Bild wie Peru. Die ausgedörrte Küstenwüste, das hohe Gebirge, die Urwaldniederungen: diese drei Extreme verschmolzen die Inka zu einem Reich, und in kaum einem anderen Land der Welt dürften Geographie und Klima eine so entscheidende Rolle für die kulturelle Entwicklung gespielt haben.

Eine der Voraussetzungen dieser extremen Lebensbedingungen ist die von der Antarktis nach Norden bis zum Äquator ziehende kalte Meeresströmung, der Humboldt-Strom, der das Klima der Küstengebiete entscheidend beeinflußt. Die Atacama ist auf einer tausend Kilometer langen Strecke nur von Trockenbetten durchzogen. Es regnet fast nie, und im gesamten Küstenstrich von Peru herrscht gnadenlose Dürre.

Die einzige Lebensmöglichkeit in diesem ausgedörrten Küstenstreifen bieten die etwa vierzig Täler, die das Land von Osten nach Westen durchqueren und deren Flüsse fruchtbare Erde angeschwemmt haben. Hier entstanden die frühesten Siedlungen jener Stämme, die es mit Hilfe ständig verbesserter Bewässerungssysteme verstanden, dem kargen Boden eine gewisse Fruchtbarkeit abzugewinnen.

Bäume waren rar; darum formten die ersten Küstenbewohner ihre Götterbilder aus dem kostbaren Holz. Zum Bauen dienten luftgetrocknete Lehmziegel. Die Sonne brannte und entzog sich jeder Beschwörung; der silberne, meerbeherrschende Mond wurde zur bevorzugten Göttin.

Die Inka, die eines Tages dieses Land beherrschen sollten, stammten aus dem baumlosen, von der Mittagshitze versengten, von Nachtkälte durchschauerten Hochland: dem Land der Quechua, dem «Volk der warmen Täler», mit deren Namen man später die Sprache der Inka bezeichnete.

Die gemäßigte Andenzone – weite Grasflächen in 2700 Meter Höhe – eignet sich zur Landwirtschaft. Der Baumbestand ist dürftig, dafür mangelt es nicht an Felsen: Der Stein diente als Baumaterial und als Werkstoff der

Das Reich der Inka *erstreckt sich über 4800 Kilometer an der Westküste Südamerikas, ein Gebiet, das aus dem Wüstenstreifen der Atacama, dem zerklüfteten Gebirge der Anden und tropischen Urwaldniederungen besteht.*

KOLUMBIEN
Amazonas
Putumayo
Quito
ECUADOR
Tumbes
Tumibamba
Yavari
BRASILIEN
Jurua
Purus
Marañon
Ucayali
Chachapoyas
Chiclayo
Caxas
Cajamarca
PERU
Madeira
Chan-Chan
Chavín
Huánuco
Junin-See
Bonbon
Lima
Jauja
Pachacamac
Apurimac-Schlucht
Machu Picchu
Ollantaytambo
Cañete
Limatambo
Pisac
Sacsahuamán
Pisco
Tambo Colorado
Cuzco
Paracas
Vilcas-huaman
Ica
Ayaviri
Carabaya
Nazca
Titicaca-See
BOLIVIEN
Tiahuanaco
N
Potosi
PAZIFISCHER
OZEAN
CHILE
PARAGU
Copiapó
Tucumán
ARGENTINIEN
URUGUAY
Maule
Purumauca

Die drei Landschaftsbilder von Peru: *hohe Berge und tiefe Schluchten (links: der Urubamba), unermeßliche Urwälder (oben: ein Nebenfluß des Arizona) und der Wüstenstreifen entlang der Küste (unten).*

Bergbewohner. Hier haben sich durch die Jahrhunderte in den Städten der Andenvölker beachtliche Beispiele kunstvoller Steinmetzarbeit erhalten. Die wärmende Sonne spendete Leben, also wählte man sie zur Gottheit.

In den tiefen Tälern der Kordilleren – so nannten die ersten Spanier das Kettengebirge am Westrand Südamerikas – sammelt sich das Wasser zu zahlreichen, in die Ströme Huallaga und Marañón mündenden Flüssen. Hier, in 1800 Meter Höhe, beginnen die fruchtbaren Landstriche Perus: der tropische Urwald.

Regenfeuchte Passatwinde beeinflussen das Klima der östlichen Ausläufer der Anden. Bewaldete Bergrücken, grüne Täler, Wasserfälle und reißende Ströme charakterisieren die *yungas*, wie sowohl das feuchte Tropenland als auch die hier lebenden Stämme in der Quechua-Sprache heißen.

Am Osthang der Berge erstrecken sich die unermeßlichen Waldgebiete, von Flüssen durchzogen, die mit der Neigung des Bodens – er senkt sich allmählich nach Osten – dem Amazonas zufließen. In diesem Dschungel lebte ein wildes, unabhängiges Volk, Jäger und Pflanzer, die das Land bebauten, jedoch jeglicher Organisation widerstanden und sich mit ihren vergifteten Pfeilen dem Zugriff der Inka-Krieger entzogen. Nur die Randgebiete wurden unterworfen.

Das sind die drei Peru, die unter der Herrschaft der Inka, ihrer unterschiedlichen Bodenbeschaffenheit zum Trotz, schließlich zu einem einzigen großen Reich vereint wurden.

Welche Völker waren es, die diesem «Imperium» der Inka vorangingen? Wer waren die Menschen, die einem öden Land fruchtbaren Boden abzwangen und trockene Gebiete bewässerten? Die Archäologen haben festgestellt, daß eine etwa tausendjährige Kulturfolge, deren Aussterben auf die verschiedensten Gründe zurückzuführen sein mag, den Inka vorausging. Daß uns so gut wie keine Überreste dieser Vor-Inka-Kulturen erhalten sind, ist in der Hauptsache den Inka selbst zuzuschreiben, die alle Traditionen der eroberten Stämme austilgten.

Die Inka machten sich nicht nur Land und Volk, sondern auch jegliche Überlieferung untertan. Für sie gab es nur eine historische Version: Ganz Südamerika bestand aus einem kulturlosen Ödland, und erst sie, die Inka, kamen und brachten die «Zivilisation». Überlieferungen und Legenden wurden aus dem Gedächtnis der Unterworfenen ausgelöscht oder zumindest in einer Weise eigenmächtig «zurechtgebogen», deren Praktiken sich nicht viel von der späteren «Umdichtung» der Inka-Geschichte durch die Spanier unterschied.

Dennoch gelang es den Archäologen mit Hilfe der Schichtenforschung und der Radiokarbon-Methode, eine annähernd zuverlässige Raum- und Zeiteinteilung der Vor-Inka-Kulturen vorzunehmen. Keramikornamente, einer der besten Bestimmungsfaktoren, halfen mit, die Lage und Zeitdauer der alten Siedlungen zu bestimmen.

Der Vorhang hebt sich ungefähr um 1200 v. Chr.: Die nördliche Wüstenküste ist seit langem bewohnt, Töpferei und Weberei sind bekannt; man baut Häuser und pflanzt Mais, zweifellos mit Hilfe des Guanodüngers, und die Staudenpflanze Maniok, aus deren Wurzelknollen man eine Art Mehl gewann. Diese sogenannte Periode 1 ist jedoch nicht als erste Besiedlungszeit zu betrachten: Die Radiokarbon-Methode bestätigt, daß Weberei und Ackerbau bereits im dritten vorchristlichen Jahrtausend hier betrieben worden sind.

Die erste Kulturstufe von nachweisbarer Bedeutung ist die Chavín-Periode; ihr Leitmotiv, der in Ton, Stein und Textilien zu findende Katzengott, lebte noch zweitausend Jahre in der Vorstellung der Eingeborenen weiter. Das Zentrum der Chavín-Kultur, offenbar noch in später Inka-Zeit eine Kultstätte, lag in Chavín de Huantar, einem schmalen Andental jenseits der Cordillera Blanca, wo sich noch heute Überreste eindrucksvoller, wohlgefügter, mit steinernen Menschen- und Tierköpfen geschmückter Bauten finden.

Eine andere schwer belegbare und rätselvolle Vor-Inka-Kultur ist die Paracas-Periode. Südlich von Lima in der Nähe von Pisco lebte ein Volksstamm, dessen Textilien zu den schönsten Erzeugnissen der Webkunst gehören. Wir wissen weder den Namen noch irgendeine andere historische Tatsache von jenen Menschen, die in den unterirdischen Felsenkammern der Halbinsel Paracas (Paracas Cavernas) und in den rechteckigen, unterschiedlich großen Gräbern vom Necropolis-Typus inmitten der glühenden Küstenwüste ihre Toten begruben: Man entdeckte nicht mehr als etwa 400 Mumien, die in feinste, mit farbenprächtigen Stickereien verzierte Tücher, Schals und Turbane gehüllt waren.

In der Zeit zwischen 400 und 1000 n. Chr. finden wir den Menschen als Beherrscher der Küsten und Gebirgstäler. Er hat Städte gegründet und als Baumeister, Töpfer und Weber eine beachtlich hohe Kulturstufe erreicht. Das Küstenvolk der Mochica – wie sie sich selbst nannten, wissen wir nicht – dehnte seine Herrschaft bis in die nordperuanische Wüste aus. Noch heute sind die Ruinen einer ihrer Tempelpyramiden, Huaca del Sol, im Moche-Tal zu finden – Zeugen einer klassenbewußten Gesellschaft, dessen Leistungsfähigkeit sich nicht nur in der Organisation riesiger Tempelbauten, sondern ebenso in der Herstellung feinster Gold- und Holzarbeiten bewährte. Die Mochica scheinen auch bereits eine Art Tuchindustrie gekannt zu haben; eine Tonvase zeigt unter einem gefältelten Sonnenschirm einen Mann, der eine Schar emsig webender Frauen überwacht. Der Reichtum der Bekleidung und die sehr anspruchsvollen handwerklichen

Rätselhafte Überreste einer Kultur, *deren Zentrum auf der Halbinsel Paracas lag: ein Terrakottafigürchen (links), 9 Zentimeter hoch. In der ornamentalen Gestaltung und der geometrischen Stilisierung von Gesichts- und Kopfschmuck scheinen sich unbewußt stilistische Merkmale späterer Perioden anzukündigen.*

Tonkrug der Chimú, *eines Stammes, der von etwa 1000 n. Chr. bis zu seiner Unterwerfung durch die Inka im Jahr 1466 das nördliche Peru bewohnte. Das Gefäß ist aus schwarzem Ton hergestellt und mit einem kleinen Figürchen geschmückt, dessen Körper einen Teil des Bügelhenkels bildet.*

Ieisterwerke der Prä-Inka-Keramik *schufen die Mochica (400 bis 1000 n. Chr.). Ihre höchst originellen Töpferwaren vermitteln ns einen Eindruck von den Details ihres Alltagslebens; hier ein Krieger mit erhobener Keule.*

e Nazca-Kultur, *etwa zeitlich 'chlaufend mit der Mochica-Periode, orzugte stilisierte Formen, n Reiz vor allem in der polychromen nalung liegt.*

Stilisierter Kopf des Katzengottes, *Hauptgottheit der alten Chavin-Kultur (1200 bis 400 v. Chr.). Diese gehämmerte Silberplakette stammt von Pachacama, Peru.*

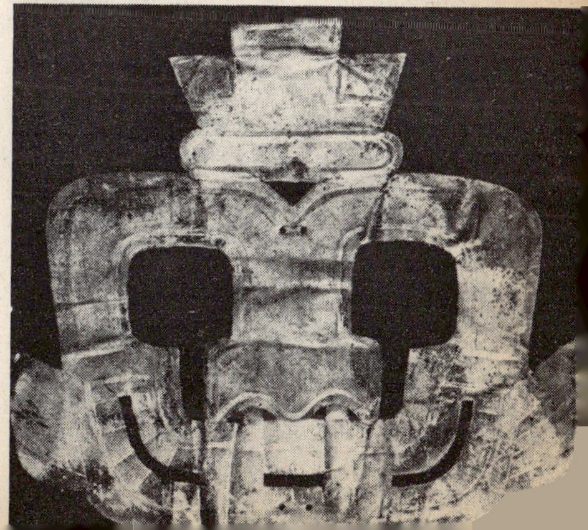

Erzeugnisse deuten auf ein vielschichtiges soziales Gefüge. Die Mochica unterscheiden deutlich Krieger, Boten, Weber, Medizinmänner. Sie bauten Straßen, schufen ein Kuriersystem und entwickelten Einrichtungen, die später von den Inka übernommen wurden.

In den grünen Flußtälern des Nazca-Beckens, südlich der Halbinsel Paracas, war die Ica-Nazca-Kultur entstanden, die im 9. Jahrhundert von einem Kriegerkult beeinflußt und später, nach 1400, von den Inka assimiliert und «aus dem Gedächtnis der Überlebenden» ausgelöscht wurde. Daß wir uns heute ein gewisses Bild von diesem Volksstamm machen können, ist der Arbeit der Archäologen zu verdanken. Aus den Textilien und den Töpferwaren ließ sich eine Verwandtschaft zu den Dekors der Paracas-Keramik ermitteln; die Überreste der Bauten allerdings reichten kaum aus, eine Vorstellung vom Alltagsleben dieser Volksstämme zu gewinnen. Das große Geheimnis der Ica-Nazca-Kulturen sind die in den Felsengrund eingezeichneten «Linien»-Gebilde, phantastische rechteckige oder kurvenförmige Motive, oft auch Vogel- oder Fischornamente. Diese fast abstrakt wirkenden «Scharrbilder» erstrecken sich mit ihren teils geometrischen, teils figürlichen Gebilden oft über kilometerweite Strecken hin. Sie sind etwa 1500 Jahre alt und können ebensogut kalendarische wie auch genealogische Aufzeichnungen sein. Der einzige zuverlässige Anhaltspunkt ist das Jahr 500 n. Chr., die mit Hilfe der Radiokarbon-Methode festgestellte Datierung eines hölzernen, am Ende eines solchen Nazca-Scharrbildes von einem amerikanischen Archäologen aufgefundenen Vermessungspflocks.

Etwa um 900 n. Chr drang ein kriegerisches Bergvolk von seinem Lebenszentrum am Titicacasee oder von der etwas weiter nördlich gelegenen Stadt Huari gegen die Küste vor: die Träger der Tiahuanaco-Kultur. Sie beschäftigten sich mit Astrologie, besaßen einen solaren Kalender und offenbar auch eine Art Sonnenuhr. Möglicherweise übernahmen die Stämme des Nazca-Beckens von ihnen nicht nur den Kult des «Weinenden Gottes», sondern auch die Technik der Scharrbilder.

All das verschweigt jedoch die «gelenkte Geschichtsschreibung» der Inka, deren Baumeister keine Bedenken hatten, eine acht Meter breite Küstenstraße mitten durch die Felsenbilder der Nazca-Periode hindurchzuführen.

Die Tiahuanaco-Kultur, die zwischen 1000 und 1300 n. Chr. in Peru und Bolivien blühte, ist – wie alle Vor-Inka-Kulturen – voller ungelöster Geheimnisse. Die Ruinen ihres wahrscheinlich größten Zeremonialzentrums liegen auf der bolivianischen Hochebene, 3700 Meter über dem Meeresspiegel. Es handelt sich zweifellos um die bedeutendste Kultstätte des gesamten Andengebiets und nach den Worten von Dr. Wendell Bennett um die «reinste Manifestation einer noch zu ermittelnden Kultur».

Symbole einer versunkenen Welt:
Im Gebiet der Ica-Nazka-Kultur finden sich diese seltsamen, in den Fels eingegrabenen Zeichen. Die Spanier nannten sie «Tres Cruzes» (Drei Kreuze); vermutlich handelt es sich um ein unserem Lebensbaum verwandtes religiöses Symbol. Andere dieser sogenannten «Scharrbilder» stellen stilisierte Vögel oder Fische dar.

Die Steinmetzen und Baumeister der Tiahuanaco-Kultur hatten, Jahrhunderte vor dem Auftauchen der Inka, die großartigsten Kunstwerke des Andengebiets geschaffen. Sie besaßen zweifellos ein straff organisiertes Staatswesen, das in einer vorwiegend vom Ackerbau lebenden Bevölkerung den Einsatz von Arbeitskräften für derartig riesige Bauobjekte regelte.

Das Fehlen jeder mündlichen Überlieferung aus der Tiahuanaco-Periode beweist den Erfolg der Inka, jegliche Erinnerung an sie bewußt ausgelöscht zu haben. Als im Jahr 1549 der Spanier Pedro de Cieza de Léon nach den Erbauern der Festung fragte, deren Ruinen er in Tiahuanaco gesehen hatte, erwiderte ihm der älteste Indianer, daß sie lange vor den Inka errichtet worden sei. Er war jedoch außerstande, nähere Auskunft zu erteilen.

Viele zeitgenössische Kulturen, selbst die der frühen Inka, übernahmen das Symbol des Sonnengottes, eines Idols, aus dessen kreisrunden Augen schlangen- und kondorkopfförmige «Tränen» herabfallen und dessen eindrucksvollstes Abbild sich auf dem Monolith-Tor von Tiahuanaco findet.

Chan-Chan, die Hauptstadt der Chimú, *war eine weitläufige Siedlung mit rechtwinkelig angeordneten Straßen, Gärten und Wasserreservoirs. Ihre Mauern aus luftgetrockneten Lehmziegeln sind mit Tier- und Pflanzenornamenten geschmückt, die sich innerhalb der Zierleisten wiederholen und offenbar mit Modeln in den feuchten Lehm eingedrückt wurden.*

Mit ornamentalen Kopfmotiven *ist diese Stele von Cerro Sechin, einem Zeremonialzentrum der Chavín-Kultur, geschmückt. Die wenigen über diesen rätselhaften Kult bisher bekannten Tatsachen lassen darauf schließen, daß zum Ritual dieses frühen peruanischen Kults Menschenopfer gehörten.*

Es wird als der große Schöpfergott der peruanischen Mythologie betrachtet. Die spanischen Chronisten gaben ihm später die verschiedensten Bezeichnungen, von denen der Name *Tici Viracocha* am geläufigsten geworden ist. Auch andere Motive – Puma, Dreizack und Stufenornament – verbreiteten sich über die mehr als 3000 Kilometer lange Küste. Jedoch scheint es dem aus religiösen Antrieben ausgelösten Eroberungszug an Organisation gefehlt zu haben: Außer Ziermotiven auf Keramik und Textilien und außer dem Kult des «Weinenden Gottes» hinterließ die Tiahuanaco-Periode keine Spuren.

Das Reich der Chimú (1000 bis 1476 n. Chr.), das sogenannte Königreich von Chimor, gehörte ebenfalls dieser Periode an und dauerte bis in die Zeit der beginnenden Inka-Herrschaft.

Die Chimú waren Küstenbewohner, geschickte Lehm- und Tonverarbeiter und Verehrer des Mondes. Ihre Hauptstadt Chan-Chan (an ihrer Stelle erhebt sich heute die spanisch-peruanische Stadt Trujillo) erstreckte sich über ein Areal von 13 Quadratkilometern und enthielt riesige Stufenpyramiden, Häuserzeilen, geräumige, mauerumgebene Höfe, bewässerte Gärten und große, mit Steinplatten ausgelegte Wasserreservoirs.

Von Chan-Chan aus beherrschten die Chimú ein nahezu tausend Kilometer langes Küstenreich, das sich von Rimac (heute Lima) nach Norden bis zu den feuchten Tropenzonen Ecuadors erstreckte. Indirekt beeinflußten sie ein weit größeres Gebiet. Stoffe und Keramik wurden mit Hilfe von Modeln in Massenproduktion hergestellt, insbesondere Haushaltgeschirr aus *terra negra* und die typischen Krüge mit Bügelhenkelausguß. Geschulte Weber verfertigten prachtvolle Federmäntel, und die Kunst der Goldschmiede stand auf hoher Stufe. An Gold herrschte offenbar kein Mangel, denn der später an die Inka geleistete Tribut war unermeßlich, weit größer noch als die Goldmenge, die den Spaniern in die Hände fiel. Die Chimú verbesserten das von ihren Vorgängern, den Mochica, übernommene Straßennetz, sie entwickelten das Kuriersystem und schlossen zur Sicherung ihrer Wasserversorgung politische Bündnisse mit Gebirgsvölkern bis weit in das Andengebiet hinauf.

Die Chimú waren das letzte größere Volk, das den Inka Widerstand leistete. Diese Kenntnis verdanken wir lediglich dem Umstand, daß die Spanier landeten, ehe es den Inka gelang, jegliche Kunde von den Chimú durch ihre «gelenkte Geschichtsschreibung» zu unterdrücken.

Dies sind in großen Zügen die wichtigsten Vor-Inka-Kulturen. Daß es zahllose andere gab, beweist den kontinuierlichen kulturellen Entwicklungsprozeß in Peru während der dreitausend Jahre, die dem Auftreten der Inka vorangingen. Die Kulturen standen auf einer erstaunlich hohen Stufe und bildeten die Voraussetzung für jene Monumente und Kunstwerke, die die Inka schufen.

Die Archäologie verneint die von den Inka verbreitete Überlieferung, ihre Vorgänger, die Anden- und Küstenstämme, seien wilde, kulturlose Völker gewesen, auf das entschiedenste.

«Im Jahr 1000 n. Chr.», schrieb Pedro de Cieza de León, dessen Berichte diesen Ausführungen vielfach zugrunde liegen, «gründete Manco Capac die neue Stadt im Namen des *Tici Viracocha,* der Sonne, und anderer Götter.»

«Die Keimzelle von Cuzco war ein kleines strohgedecktes Haus aus Stein, das Manco Capac und seine Frauen bauten und das sie *Curicancha* (Goldhof) nannten.»

Pedro de Cieza de León hat diese «Entstehungsgeschichte» im Jahr 1549 von den Inka in Cuzco übernommen und sie – nichtssagend und simpel, wie sie ist – in seinem Bericht überliefert.

Das Reich der Inka war eine durch keinerlei äußeren Einfluß beeinträchtigte Verdichtung bereits vorhandener kultureller und sozialer Gegebenheiten. Es entwickelte sich im Tal von Cuzco und setzte offenbar die völlige Vernichtung der ursprünglichen Bewohner voraus. Was die Inka vor allen anderen Andenvölkern auszeichnete, war ihr Organisationstalent und eine gezielte Expansionspolitik. Für sie bedeuteten Krieg und Kampf keine pompöse Schau, den Feind zu erschrecken; ihre Eroberungszüge standen von vornherein im Zeichen geplanter Zweckmäßigkeit.

Die Inka entwickelten im Rahmen ihres streng organisierten Staatswesens ein Reich, dessen Menschen ihr Leben in nahezu uneingeschränktem Ausmaß in den Dienst des Staates und der Gesellschaft stellten. Dieser Prozeß erstreckte sich über Generationen – über jenen Zeitraum zwischen 1200 und 1438 n. Chr., in dem die Inka die engen Grenzen ihres Ursprungstales sprengten und weite Teile des Andengebiets unter ihrer Herrschaft vereinten.

Der «Weinende Gott» von Tiahuanaco, *das dominierende Motiv des großen Tor-Monolithen, nach einer Zeichnung aus dem 19. Jahrhundert. Der Gott hält in jeder Hand einen Stab, der in einen Kondorkopf ausläuft; ein «Strahlenkranz» von Kreis- und Tierkopfornamenten umrahmt sein Haupt; auch sein Gewand ist mit ähnlichen Motiven geschmückt. Das Bildnis dieses Gottes kehrt auf zahlreichen Fundstücken von Tiahuanaco wieder und findet sich auch in der Nazca-Kultur.*

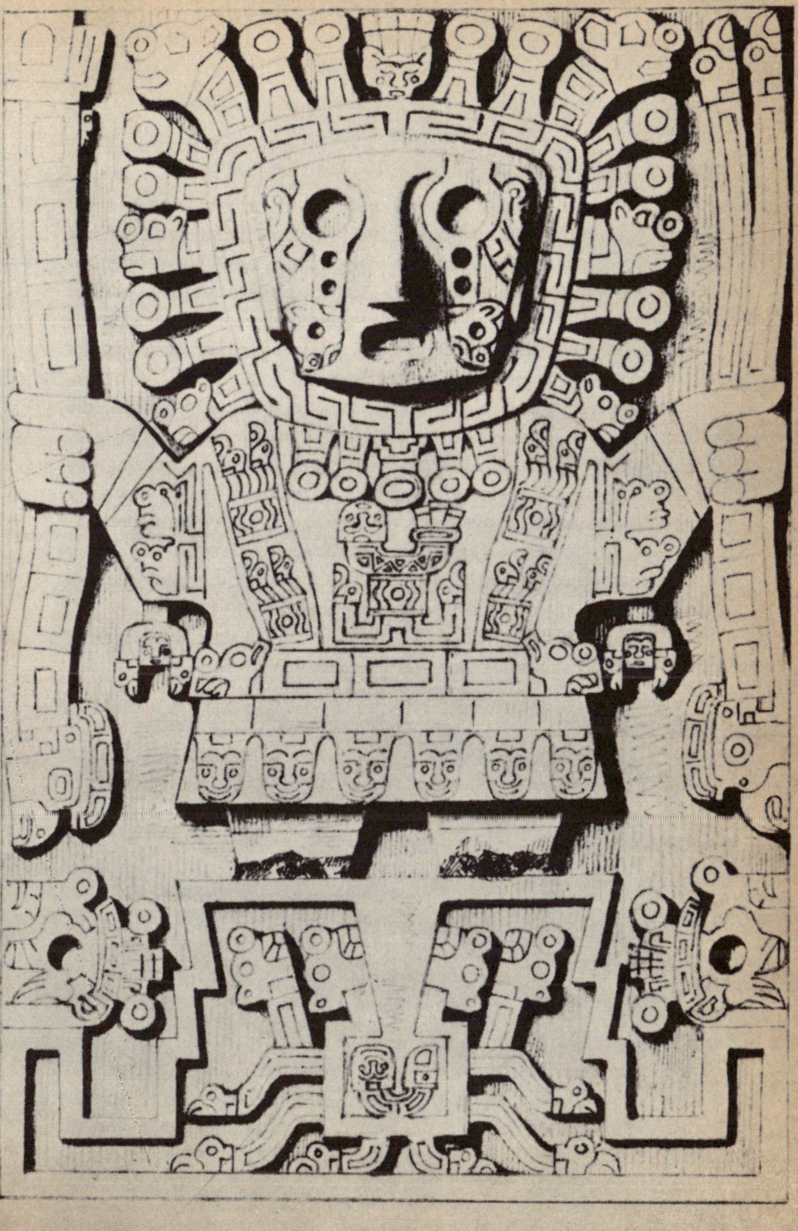

14 Das Fundament der Pyramide: der Arbeiter

DIE QUECHUA, jenes Volk, das die Inka unter ihre Herrschaft zwangen, waren aus den Anden stammende Indianer. Unterschiedliche Merkmale kennzeichnen die mannigfaltigen, das ungeheure Land bewohnenden Stämme. Dennoch gehören sie alle dem gleichen Konstitutions-Typus an: Sie sind mittelgroß, haben derbe Hände, schmale Gelenke, einen unverhältnismäßig breiten Brustkorb (der dem Bergbewohner das Atmen in der dünnen Höhenluft erleichtert), stämmige Beine und breite Füße. Charakteristisch sind der große Schädel, die vorstehenden Backenknochen, die Adlernase und schmale, mandelförmige, fast mongolisch wirkende Augen.

Die Frauen sind kleiner, zarter und eher zierlich, obwohl sie den größten Anstrengungen gewachsen sind und vierundzwanzig Stunden nach der Geburt eines Kindes bereits wieder Feldarbeit verrichten. Viele Quechua-Frauen wirken ausgesprochen anmutig, manche geradezu schön – nach den Bildern zu urteilen, die sich die spanischen Konquistadoren im 16. Jahrhundert von ihnen anfertigen ließen. Ein spanischer Chronist schrieb über die Frauen von Chachapoyas: «In ganz Westindien fanden wir keine schöneren. Sie sind hellhäutig und wohlgestaltet.»

Selbst in 3000 bis 4000 Meter hoch gelegenen Gebieten ist der Quechua noch zu großen körperlichen Anstrengungen fähig. Jahrhunderte stetiger Anpassung an das rauhe Andenklima haben ihn befähigt, auch in den normalerweise für Menschen kaum erträglichen Höhen die Leistungsfähigkeit seines Körpers unbeeinträchtigt zu erhalten. Brust und Lungen sind besonders stark entwickelt und bewahren ihn vor Kurzatmigkeit. Der kupferbraune, leistungsfähige, unermüdliche, robuste, abgehärtete Quechua bildete das Fundament des Inka-Reiches, dessen soziale Struktur, wie diejenige der Azteken und der Maya, sich in Form einer Pyramide aufbaut. Er wurde in der Quechua-Sprache als *hatun-runa* oder *puric,* das heißt «tauglicher Arbeiter», bezeichnet und gehörte einer Schollengemeinschaft an.

Er trug eine Art Poncho, eine an beiden Seiten zusammengenähte Tunika mit einer Öffnung zum Durchstecken des Kopfes und zwei Armlöchern. Der Poncho bestand gewöhnlich aus einem Alpakagewebe. Ein zweites wollenes Kleidungsstück, die *yacolla,* wurde des Nachts oder an kalten Tagen zur Ergänzung des *onka,* des Poncho, über die Schulter geworfen. Vervollständigt wurde diese Gewandung durch den Lendenschurz, dessen

Enden mit einem farbigen Wollgürtel *(chumpi)* zusammengehalten wurden. Diesen Lendenschurz trugen die Männer von ihrem vierzehnten Lebensjahr an.

Lendenschurz, Poncho und Umhang waren trotz des kalten Klimas die einzigen Kleidungsstücke des *puric*. Arbeitete er auf den Feldern, knotete er sein langes Haar mit Wollbändern zusammen; zog er zu Märkten oder Festen, trug er eine Haartracht, die ihn von anderen Eingeborenen auf den ersten Blick unterschied. Bei festlichen Gelegenheiten hüllte er sich in einen knöchellangen Mantel, der mit kunstvollen Stickereien oder Webmustern verziert war; dazu trug er im allgemeinen Sandalen.

Auch die Kleidung der Frauen war sehr einfach. Ein rechteckig geschnittenes Alpakagewand *(anacu)* wurde über den Kopf gezogen und mit einer Schärpe zusammengehalten. Es war knielang oder reichte sogar bis auf den Boden. Darüber warf die Frau bei Nacht oder an kalten Tagen ebenfalls eine *yacolla*. Diese Tracht der Frauen ist uns von den Zeichnungen

Der Inka-Chronist Felipe Guamán Poma de Ayala *verwendete vierzig Jahre seines Lebens darauf, alle erreichbaren Informationen über die Geschichte und Tradition seines Volkes zu sammeln und in einer Bilderchronik zu veröffentlichen. Im Jahr 1599 schickte er das fertige Werk an den König von Spanien, der ihm jedoch keine Beachtung schenkte. Es geriet völlig in Vergessenheit und wurde erst 1908 in der Königlichen Bibliothek von Kopenhagen wiederentdeckt. Heute gehört es zu den wichtigsten Quellen über das Leben im alten Peru. Links der sechste Inka mit seinem Sohn, beide tragen den charakteristischen, durch einen bestickten Gürtel zusammengehaltenen Poncho und den Schulterumhang. Rechts: zwei Frauen bereiten die Garnknäuel zum Weben vor.*

aus der Zeit der Konquista in vielen Beispielen bekannt: Über die Schultern trugen sie einen Schal, den eine kupferne, silberne oder, bei besonders begüterten Familien, eine goldene Nadel zusammenhielt. Diesen *topo* finden wir noch heute bei den Eingeborenenfrauen. In das Haar wurden bunte Wollbänder eingeflochten.

Die höhergestellten Klassen und die «Inka durch Vorrecht», zu denen auch die regierenden *curaca* gehörten, kleideten sich ähnlich wie der gewöhnliche Indianer, allerdings in prunkvollere Stoffe. Noch stärker als durch die Gewandung kam der soziale Unterschied durch die großen, meist aus juwelenbesetztem Gold gearbeiteten Ohrpflöcke zum Ausdruck. Auch die Tracht des Inka-Herrschers glich der seiner Untertanen, nur waren seine Gewänder aus feinster Vicuñawolle gesponnen und gewebt. Der Inka-Herrscher trug keines seiner Gewänder zweimal; es wurde vernichtet, sobald er es ablegte. «Ich fragte, warum», schrieb ein spanischer Soldat, «und erfuhr, daß alles, was der Inka, der ‹Sohn der Sonne›, berührt hatte, verbrannt und in alle Winde verstreut werden mußte, so daß es kein anderer jemals in die Hände bekam.»

Die Bauernbevölkerung *des Inka-Reiches waren die Quechua; noch heute leben fünf Millionen dieser Indianer, an denen wir viele Charakterzüge ihrer Vorfahren erkennen. Dieser Mann stammt aus Hatuntaqui im Hochland der Anden. Sein Gesicht ist geprägt vom Kampf gegen das harte Klima und den kargen Boden.*

Modell und Wirklichkeit:
Ein schwarzes Tongefäß der Chimú-Kultur in Form eines Beines; daneben eine Wollsandale aus einem Inka-Grab. Die nahe Verwandtschaft der beiden Kulturen erstreckte sich bis auf die einfachsten Dinge des täglichen Lebens.

Das *ayllu* war die Keimzelle des Inka-Staates, eine Schollengemeinschaft, deren Kollektivsystem für das gesamte Andengebiet bezeichnend ist. Jeder Eingeborene gehörte einem solchen *ayllu* an; es mochte groß oder klein sein, zu Dorf oder Stadt anwachsen – Cuzco, die Hauptstadt, war im Grunde nichts anderes als ein vergrößertes *ayllu* –, das Ausmaß änderte nichts an der gesellschaftlichen Struktur. Auf diesem *ayllu*-System beruhte das gesamte Inka-Reich.

Grund und Boden gehörten der Allgemeinheit. Dem *ayllu* wurde ein bestimmtes Gebiet zugesprochen, dessen Nutzrecht man an seine Angehörigen, der Größe ihrer Familie und ihren Bedürfnissen entsprechend, verlieh. Allerdings war dieses System keineswegs eine Erfindung der Inka, sondern das Ergebnis einer jahrhundertelangen Entwicklung, das von den Inka planvoll organisiert wurde. Jedes *ayllu* unterstand einem gewählten Führer, den ein Ältestengremium in wichtigen Angelegenheiten beriet. Die nächsthöhere Instanz war das Distriktsoberhaupt; mehrere Distrikte bildeten einen Bezirk, mehrere Bezirke, zu einem der «Vier Weltteile» vereint, unterstanden der Herrschaft eines Präfekten, der lediglich dem Inka-Herrscher selbst verantwortlich war.

Sobald ein junger Mann das zwanzigste Lebensjahr erreichte, hatte er sich zu verheiraten. Zögerte er zu lange, suchte man eine Frau für ihn aus. Das

Ehezeremoniell war einfach: Man reichte einander die Hände und tauschte die Sandalen.

Der einfache Eingeborene lebte monogam. Vielweiberei war nur in den privilegierten Kreisen üblich, der Inka-Herrscher selbst hatte einige hundert Konkubinen. Sämtliche höheren Beamten durften mehrere Frauen haben, deren erste stets «Hauptfrau» blieb. Starb eine dieser Frauen – insbesondere die erste –, so löste ihr Tod ein «lautes und langanhaltendes» Wehklagen unter den anderen aus; nicht zuletzt in der Hoffnung, durch eine laut vernehmliche Anteilnahme möglicherweise zur neuen «Hauptfrau» aufzurücken. Die Söhne der Beamten wuchsen mit gleichaltrigen Mädchen auf, die mit ihnen bis zum Tag ihrer Verheiratung als Konkubinen zusammenlebten. Waisenknaben der oberen Schichten vertraute man kinderlosen Witwen an, die sie aufzogen und in Liebesdingen unterwiesen.

Einmal im Jahr, jeweils im Herbst, wurde das Gemeindeland der *ayllu* unter die Mitglieder der Siedlungsgemeinschaft verteilt. Jedes verheiratete Paar erhielt vom Dorfvorsteher einen etwa 90×45 Meter großen Streifen Ackerland *(topo)* zugeteilt. Der Umfang der zugesprochenen Landfläche richtete sich nach der Größe der Familie; für jedes Kind gab es ein zusätzliches Stück Boden. Jede Familie war für die Nutzung und Bebauung des ihr verliehenen Landes verantwortlich.

Das *ayllu*-Gebiet wurde nach folgenden Richtlinien verteilt: entsprechend der Personenzahl an die Dorfbewohner, an den Inka (den Staat) und an den Sonnengott (die Staatsreligion). Das dem Kult und dem Staat zugemessene Land wurde gemeinsam bestellt und abgeerntet, eine Arbeit, die im Rahmen der Steuerdienste geleistet werden mußte und zu deren Verrichtung jeder *ayllu*-Angehörige verpflichtet war.

Das Haus des Eingeborenen, eine meist fensterlose, rechtwinkelige Hütte, bestand aus rohen, mit Lehm gebundenen Steinbrocken oder aus sonnengetrockneten Adobe-Ziegeln. Ein buntgewebter Wollvorhang diente als Tür. Das Dach, sorgfältig mit *ichu*-Gras gedeckt, ruhte auf knorrigen Pfählen aus Unterholz. Den Rauch, der von der primitiven Feuerstätte aufstieg, ließ man durch die Ritzen des Strohdachs abziehen. Beispiele dieses typischen Eingeborenenhauses sind noch heute zu finden. Den festgestampften Lehmfußboden bedeckten Lama- oder Alpakafelle; Möbel kannte man nicht; lediglich für den Stammeshäuptling hielt man einen Stuhl bereit. Der einfache Indianer saß und schlief, in ein Lamafell oder eine Decke eingehüllt, auf dem Fußboden. In einer Wandnische stand ein kleines Götterbild; ferner gab es Haken für Gewänder, Tücher, Festkleider, Schleudern, Kriegstracht, Helm, Schild und den charakteristischen, mit dem Totemzeichen des *ayllu* gezierten Kopfputz. Auf niedrigen Steinborden stand das Kochgeschirr aufgereiht, Töpfe, Schalen, Teller aus Ton, Kupfer-

und Bronzemesser, Knochenspieße und der unerläßliche Mahlstein, den die Eingeborenenfrauen zum Zerreiben der Maiskörner benutzten.

Die Zahl der Häuser wuchs, wie es der Zufall ergab, bis das *ayllu* die Größe einer *marca* erreichte. Dann wurde nach rechteckigem Grundriß weitergebaut, wahrscheinlich unter Aufsicht der Architekten, die der Staat mit der Leitung des Siedlungswesens betraut hatte. Drei bis vier rechtwinkelige Mauern umschlossen einen gemeinsamen Hof *(cancha)*, dessen Benutzung sämtlichen *ayllu*-Bewohnern freistand. Aus diesen Anfängen entwickelte sich die organisierte Dorfgemeinschaft. Ein anschauliches Beispiel für dieses System bieten noch heute die Ruinen von Ollantaytambo, von der gleichnamigen Festung überragt, am Vilcañotafluß, etwa 36 Kilometer von Cuzco entfernt.

Das Tagewerk des *puric* begann beim ersten Frühlicht. Er trank einen Becher von dem gegorenen *a'Ka* (heute *chicha* genannt), einem dickflüssigen, schwach berauschenden, nach Mais schmeckenden Getränk, und begab sich an die Feldarbeit.

Letzte Reste vergangener Zeiten: *eine Indianerhütte im Gebiet von Machu Picchu. Vor die niedrigen Türen hängte man meist einen gewebten Vorhang; die Fenster bestanden höchstens aus schmalen Luken, der Lehmfußboden wurde festgestampft.*

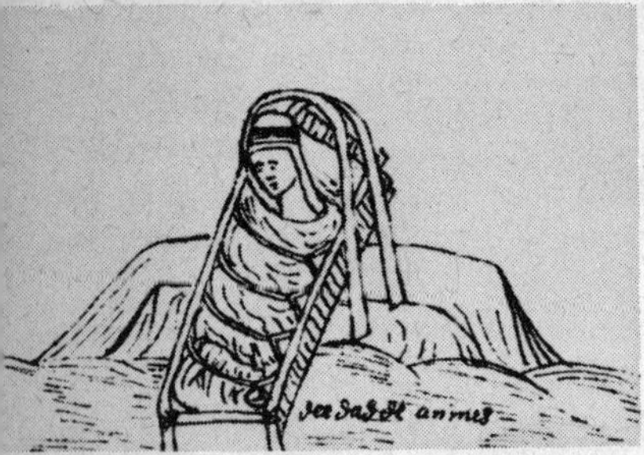

Am späten Nachmittag versammelte sich die Familie zur Hauptmahlzeit. Die Speisen waren meist gekocht (das Braten kannte man nicht), der Mais zu einem dicken, mit Paprikaschoten und Kräutern gewürzten Brei *(mote)*. Mit gedörrtem Lamafleisch bereitete man eine Suppe, die mit weißlichem Kartoffelmehl *(chuño)* eingedickt wurde. Gemahlener Mais, zu Teig verrührt und in heißer Asche gebacken, ergab eine Art Brot. Als Haustiere hielt man sich *cui,* kleine Meerschweinchen, deren Fleisch man ebenfalls kochte und verzehrte.

Die Männer hockten sich auf den Boden rings um die Töpfe – sie standen meist auf einem Tuch – und bedienten sich mit den Händen oder schlürften die Suppe aus Tonschüsseln. Die Frauen saßen außerhalb des Kreises und wandten den Männern den Rücken zu. Wurde das *ayllu* vom staatlichen Verwalter inspiziert, saßen die Männer einander in langen Reihen gegenüber (jeder brachte sein eigenes Essen mit), während der *curaca* auf einem goldenen Sessel thronte.

Die Kinder wurden von frühester Jugend an auf ihre künftigen Aufgaben vorbereitet. Das Neugeborene wurde im nächstgelegenen Fluß gewaschen und am vierten Tag in eine Art Wiege *(quirau)* gelegt, die seine Mutter entweder auf dem Rücken trug oder in ihrer Nähe abstellte. Seinen Namen erhielt das Baby *(wawa)* erst nach Vollendung des zweiten Lebensjahres; im Familienkreis vollzog man das feierliche Haarschneide-Zeremo-

Altersstufen eines Knaben *nach den Zeichnungen von Poma de Ayala: links außen das fest in eine Wiege eingebundene Baby; anschließend der Fünfjährige mit einer Wolfskappe und einem Kreisel; rechts der Zwölfjährige, dem man die Beaufsichtigung der Tiere (hier wahrscheinlich Alpakas) anvertraut. Ein an zwei Stöcken befestigtes Netz diente zum Vogelfangen.*

niell, das *rutu-chicoy*. Der dabei verliehene vorläufige Name wurde nach Erlangung der Geschlechtsreife durch den endgültigen Namen ersetzt. Das erfolgte bei den Knaben etwa mit vierzehn Jahren, wenn sie ihren ersten Lendenschurz erhielten. Für die Söhne des Adels war dieses Fest mit einer Pilgerreise nach Huanacauri, dem im Tal von Cuzco gelegenen Ursprungsort des Inka-Staates, verbunden. Das Zeremoniell entsprach in seinen Grundzügen den bei den meisten Naturvölkern verbreiteten Initiationsriten: Man opferte Lamas und bestrich das Gesicht des jungen Mannes mit Blut. Man überreichte ihm Schild, Schleuder und Ohrpflöcke, führte ihn dem Inka zur öffentlichen Huldigung vor und unterzog ihn einer Ausbildung, die ihn später zur Bekleidung eines Verwaltungspostens befähigen sollte.

Die jungen Mädchen feierten diesen Zeitpunkt mit einem sehr hübschen Kamm-Zeremoniell, bei dem sie ebenfalls ihren endgültigen Namen erhielten. Erstaunlicherweise hatte die Frau eine Möglichkeit, das *ayllu* zu verlassen und zu einem «besseren Leben» aufzusteigen. War sie schön und besonders geschickt im Kochen und Weben, konnte sie zur «Erwählten» *(nusta)* aufrücken. Man brachte sie nach Cuzco oder in die Hauptstadt eines der «Vier Weltteile» und ließ sie dort in der Kunst des Webens, Kochens oder im Sonnendienst, der Staatsreligion, unterweisen. Sie hatte die Chance, einen hohen Beamten zu heiraten oder im besonderen Glücksfall vom Inka-Herrscher zur Konkubine erhoben zu werden.

August: *Männer beim Umstecken, Frauen zerkleinern die Erdschollen.*

September: *Die Maiskörner werden in die vorbereiteten Löcher gelegt.*

Oktober: *Ein Knabe in furchterregendem Aufzug verscheucht die Vögel.*

Die Monatsarbeiten der Inka, *wie sie uns der Chronist der Inka, Poma de Ayala, in seinen Zeichnungen überliefert; zu jeder Feldarbeit sind die entsprechenden Wetterhinweise angegeben.*

Für den Durchschnittsindianer jedoch bedeutete das *ayllu* Anfang und Endstation seines Lebens, das heißt Geburts-, Arbeits- und Sterbestätte. Er genoß den Schutz des Staates und war zugleich unentrinnbar sein Diener.

Unter der Anleitung der staatlichen Gouverneure wurde das gesamte Inka-Reich – Anden, Wüste und das Gebiet des oberen Amazonas – zu einem Zentrum bedeutender landwirtschaftlicher Entwicklung. Mehr als die Hälfte unserer heutigen Nahrungsmittel verdanken wir dem Andenbauern. Wissenschaftliche Schätzungen ergaben, daß in Peru mehr Speise- und Heilpflanzen gezogen wurden als in jedem anderen Land der Welt: Mais (20 Sorten), Kartoffeln (240 Sorten), süße Kartoffeln, die verschiedensten Kürbis- und Bohnenarten, Maniok (eine Staudenpflanze, aus deren Knollen Tapioka gewonnen wird), Erdnüsse, Kaschu, Ananas, Kakaobohnen, Avocadobirnen, Tomaten, Paprika, Papaya, Maulbeeren – Pflanzen und Früchte, die inzwischen in Europa so heimisch geworden sind, daß man an ihren amerikanischen Ursprung nicht mehr denkt.

Die Kartoffel ist das Hauptnahrungsmittel der Andenbewohner. Nirgendwo kennt man sie in so vielen verschiedenen Sorten und Farben wie in Peru: Es gibt weißgelbe, rotgraue, braune, purpurfarbene, schwarze, gefleckte und gestreifte Kartoffeln, und sie gedeihen in heißen Küstenstrichen ebenso wie auf hochgelegenen Berghängen. Die *tatu*-Sorte wächst sogar noch in Höhen von fünftausend Metern und übersteht selbst die härtesten Nachtfröste.

November: *Eine Frau bewässert die hervorkeimenden Schößlinge.*

Dezember: *Ein Mann, zwei Frauen beim Anbau einer Bodenfrucht (oca).*

Januar: *Jäten und Hacken, während Wolken den Regen anzeigen.*

Eine ähnlich wichtige Rolle spielt der Mais *(sara)*. Er ist allerdings nicht so widerstandsfähig wie die Kartoffel, sein höchstes Anbaugebiet liegt auf windgeschützten Hängen von etwa viertausend Metern Höhe, in der Nähe des Titicacasees. Spuren von *sara*-Körnern befinden sich bereits in Gräbern aus dem vierten vorchristlichen Jahrhundert.

Das Jahr des Andenbewohners zerfällt in die beiden großen Hauptabschnitte Regen- und Dürrezeit. Die Regenzeit beginnt im Oktober und dauert bis Mai; die Trockenzeit beginnt im Mai und hält gewöhnlich (daher der Kult der Inka mit den unsichtbaren Mächten) bis Oktober, zuweilen sogar bis Mitte November, an. Die Feldarbeit wurde gemeinsam verrichtet, die Ernte stapelte man in Vorratshäusern. Diese staatlichen Speicher bargen, wie die spanischen Eroberer feststellten, Berge von Mais, Quinoa, *chuñu, charqui* (gedörrtes Lamafleisch) und Körbe voll gedörrtem Fisch, Hanf, Wolle, Baumwolle, Sandalen und Waffen. Francisco de Xeres, der erste Soldatenchronist der Konquista von 1533, berichtet, diese Vorratshäuser seien «zum Bersten voll wie die Speicher der flandrischen Kaufherren» gewesen.

Im August begann die Feldbestellung, eingeleitet von einem Fest, an dem auch der Adel regelmäßig teilnahm. «Waren der Inka, sein Statthalter oder ein anderer hoher Beamter zugegen», schreibt der Jesuitenpater Bernabé Cobo, «so tat er den ersten Spatenstich mit einem goldenen Grabstock, und alle Edlen folgten seinem Beispiel.»

Die Indianer kannten weder Pflug noch Zugtiere, sondern benützten damals – wie heute – den *tajllo,* einen spatenähnlichen, mit einer Trittsprosse versehenen Grabstock. Er war etwa 1,20 Meter lang und wurde mit

Februar: *Tiere bedrohen den reifenden Mais; der Regen dauert weiter an.*

März: *Der Mais reift im Regen; ein Knabe verscheucht die Vögel.*

April: *Ein Dieb hat sich heimlich in das Maisfeld geschlichen.*

kräftigem Schwung in die Erde gestoßen. Bezeichnenderweise war auch der Grabstock eine Art «Gemeinschaftswerkzeug», dessen sich ein einzelner Mann nur selten bediente. Die Angehörigen des *ayllu* stellten sich in langer Reihe auf und gruben, von rhythmischen Gesängen begleitet, den Boden gemeinsam im Takt um. Die Männer arbeiteten rückwärts schreitend, die Frauen folgten, das Gesicht ihnen zugewandt, und zerkleinerten die aufgeworfenen Schollen mit einer Hacke *(lampa)*. Die Aussaat des Maises erfolgte im September, die Kartoffeln wurden zu Beginn der Regenzeit (Oktober bis November) gelegt. Hatte der *puric* die Staats- und «Sonnenfelder» und seinen eigenen Landstreifen bestellt, bearbeitete er das Land derjenigen, die Kriegsdienst leisteten, und bebaute schließlich zuletzt die Felder der Gebrechlichen und Kranken.

«Die Bestellung der dem Staat und der Sonne zugehörigen Äcker», schreibt der Inka-Chronist Garcilaso de la Vega, «bildete die wichtigste Pflichtleistung der Indianer.»

Ebenes, planiertes Ackerland war in den tiefeingeschnittenen, schmalen Andentälern knapp bemessen. So waren Terrassenbau und Bewässerung die wichtigsten Voraussetzungen der indianischen Landwirtschaft. Man stufte die steilen Hänge zu kunstvollen Terrassen ab, ein Verfahren, das auch während der langen Regenperioden ein Abschwemmen des Ackerbodens verhinderte.

Unter der Herrschaft der Inka wurde die Terrassierung der Andentäler in starkem Maße gefördert und systematisch betrieben. Größere Projekte – zum Beispiel Pisac, dessen gestufte Hänge hoch über dem Urubamba-Fluß ansteigen, oder Ollantaytambo, dessen grandioses Stufensystem in den

Mai: *Die Kolben werden gebrochen, die Wurzelstöcke herausgezogen.*

Juni: *Beim Kartoffellesen; Frauen schleppen die gefüllten Säcke fort.*

Juli: *Einlagern der Ernte; Hühner picken die herabgefallenen Körner auf.*

nackten Fels gehauen werden mußte – wurden von staatlichen Architekten überwacht und unter ungeheurem Aufwand an Arbeitskräften durchgeführt. Die Tatsache, daß diese Terrassen fünf Jahrhunderte überdauerten und noch heute den Betrachter faszinieren, beweist den Weitblick der Inka-Herrscher und die Kunst ihrer Baumeister.

Das Wasser, durch kunstvolle Kanalisierung gebändigt, war das Lebenselixier der Landwirtschaft und eine der wichtigsten Voraussetzungen für den Fortbestand des Reiches. Während der Regenzeit war keineswegs immer mit ausreichenden Niederschlägen zu rechnen, noch vermochte die boraxhaltige Erde die Feuchtigkeit zu speichern. Ein künstliches Bewässerungssystem war die einzige Möglichkeit, eine gleichmäßige Verteilung des Wassers zu erreichen. Die Inka-Techniker verstanden es, reißende Gletscherströme zu bändigen und mit Hilfe eines wohldurchdachten Berieselungsnetzes auf die Äcker zu leiten. In der Festung Sacsahuamán bei Cuzco fanden sich ungeheure Wasserbehälter. Unterirdische, mit Steinplatten ausgemauerte Kanäle verbanden die fernsten Gebiete, Flußläufe wurden begradigt, andere abgezweigt, wie zum Beispiel der Urubamba einige Kilometer östlich von Cuzco und unterhalb der großen Festung von Pisac. Diese Bewässerungsanlagen durchzogen einstmals das gesamte Hochland; sie fielen jedoch im Laufe der Jahrhunderte den Unbilden der Zeit und Witterung zum Opfer.

Das System dieser Berieselungsanlagen bestand darin, das Wasser zur obersten Terrassenplatte zu leiten, so daß es von Stufe zu Stufe herabsprühte und mit Hilfe eines einzigen Stromes einen ganzen Hügel bewässerte – ein Beweis, daß die Erbauer über gute wasserbauliche Kenntnisse verfügten.

Riesige Steinterrassen, *in die Berghänge eingeschnitten, ermöglichten ein kunstvolles Bewässerungssystem und auf diese Weise einen einträglichen Ackerbau in 4000 Meter Höhe. Man leitete das Wasser oft viele Kilometer weit und legte ein kunstvolles Kanalnetz an. Dieses Luftbild zeigt die Terrassenhänge im Gebiet von Pisac in der Nähe des Urubamba.*

Baumwolle *gehört zu den frühesten Nutzpflanzen in Peru. Sie läßt sich schon in Grabfunden aus dem zweiten vorchristlichen Jahrtausend nachweisen. Hier eine junge Indianerin bei der Baumwollernte.*

Jäger und Heger der Tiere, die dem Staat gehörten, waren die «königlichen» Beamten. Das Lama (gegenüberliegende Seite: eine der frühesten Darstellungen auf einer unlängst entdeckten Felsenmalerei in Chile) lieferte Fleisch und grobe Wolle; sein getrockneter Dung diente als Brennmaterial. Von den Alpakas (links) stammt die feinere Wolle für Kleider und Textilien. Die Vicuña wurde von Pedro de Cieza de León als «ein schmalgliedriges Tier mit einer Menge feinster Wolle» charakterisiert. Ciezas Holzschnitt (oben) ist die erste Abbildung der Vicuña, die in Europa bekannt wurde.

Das Gefälle war genau berechnet: Floß das Wasser zu schnell, bröckelten die Ufer ab; lief es zu langsam, drohte Verschlammung. Ließ nach der Septemberaussaat der Regen auf sich warten – in den hochgelegenen Gebirgszonen, die sich der künstlichen Bewässerung entzogen, galt der Oktober als «kritischer Monat» –, so geriet die gesamte Ernte in Gefahr. Nahm die Trockenheit beängstigende Ausmaße an, suchte der Eingeborene seine Zuflucht bei den kultischen Mysterien und setzte alle Hoffnung auf die Hilfe der Priester.

Man führte Lamas auf das Feld und brachte sie den Regengöttern als Opfer dar. Erzielte man mit dieser Gabe keinen sichtbaren Erfolg, mußten ein Mann, eine Frau, vielleicht sogar ein Kind ihr Leben lassen. In der Hauptstadt Cuzco wurde das Zeremoniell im prunkvolleren Rahmen wie-

derholt: Die Menschen hüllten sich in Trauergewänder und zogen in feierlicher Prozession durch die Stadt; man fesselte schwarze Lamas an Pflöcke, gab ihnen kein Futter und hoffte, daß die Götter – vom Hunger- und Durstgeschrei der Tiere gerührt – sich erbarmen und Regen senden würden.

Das Lama kann sich, wie das Kamel, großen Höhenunterschieden mühelos anpassen und ist in fünftausend Meter Höhe ebenso leistungsfähig wie in der Wüste. Ein Lama, mit der Hälfte seines eigenen Gewichts beladen, legt am Tag ungefähr zehn bis achtzehn Kilometer zurück, im Notfall auch mehr. Das Lama kommt in seiner Bedeutung etwa der Rolle gleich, die das Kamel für den Asiaten spielt: Seine Wolle wird hauptsächlich zu schweren Decken, starken Stricken und Säcken verarbeitet; sein Dung wurde in öffentlichen Senkgruben gesammelt und diente, getrocknet, als Brennstoff.

15 Arbeit und Freizeit des Volkes

MEISTER DER WEBKUNST waren nicht nur die Frauen, sondern auch die Männer. Jeder Angehörige eines *ayllu* erhielt, der Mitgliederzahl und den Bedürfnissen seiner Familie entsprechend, eine gewisse Wollmenge zugeteilt. Der Überschuß wanderte in die staatlichen Speicher, wurde von den *Quipu*-Garnzählern registriert und dem Statthalter des betreffenden Gebiets gemeldet, der auf diese Weise einen genauen Überblick über die Lieferfähigkeit seines Distrikts erhielt.

Ehe die Inka auf ihren Feldzügen Handelsbeziehungen zu den Baumwollgebieten anknüpften, bildete die Wolle das wichtigste Rohmaterial der Andenbevölkerung. Zur Herstellung von Kleiderstoffen wurde die meist weiße, oft jedoch mit natürlichem Braun und Grau vermischte, besonders feine und langfädige Alpakawolle verwendet. Die fettige und filzige Lamawolle verspann man zu Fasern, die zur Herstellung von groben Säcken, Seilen und Lamahalftern dienten. Die Vicuñawolle blieb, wie schon erwähnt, den in kunstvollster Webarbeit hergestellten Gewändern für den Inka-Herrscher und seinen Hofstaat vorbehalten. Im allgemeinen wurde die Wolle vor dem Spinnen gefärbt.

Die Spindel, ein gerader, mit einem meist hübsch verzierten Keramikgewinde versehener Stab, wurde zwischen den Fingern wie ein Kreisel gedreht, während Daumen und Zeigefinger der anderen Hand, mit Speichel befeuchtet, die Wollfäden der Spindel zuführten. Es ist das über die ganze Welt und bei allen Naturvölkern verbreitete Grundsystem des Spinnens, das ebenso auch bei der Baumwolle angewandt wurde.

Es gab drei Arten von Webstühlen: den Band- oder Gürtelwebstuhl, dessen Kettbaum an einem Ast befestigt und dessen Brustbaum mit einem Gurt um die Taille des Webers gebunden wurde; den waagerechten Webrahmen, der auf einer gegabelten, etwa 20 Zentimeter hohen Stütze auflag, und schließlich den senkrechten Webstuhl, den man an der Wand befestigte und den vorzugsweise die Männer benutzten.

Die Inka fanden eine in ganz Peru verbreitete Webkunst vor, die auf einer tausendjährigen Entwicklung beruhte. Die meisten der in den Gräbern entdeckten Stoffe – darüber sind sich fast alle Fachgelehrten einig – wurden mit Hilfe des Bandwebstuhls ausgeführt. Man fand dieses Gerät, mit halbvollendeten Textilien bespannt, mehrfach in Frauengräbern –

Vielfarbige Textilien *wurden in den Inka-Gräbern, zum Teil mitsamt dem Webgerät, gefunden. Das Prinzip des Webens war überall das gleiche – der Kettbaum wurde an einem Pflock, der Brustbaum um die Taille des Webers befestigt –, doch arbeiteten die Inka meist nur mit der Hand und ohne Weberschiffchen.*

Arbeitskorb einer Indianerin *aus Stroh, auf Holzrahmen geflochten, mit Garnspindeln und anderen Web-utensilien. Er stammt aus einem Grab der Tiahuanaco-Kultur (1000 n. Chr.), in dem sich außerdem eine Mumie und ein Stück buntgewebtes Totentuch befanden.*

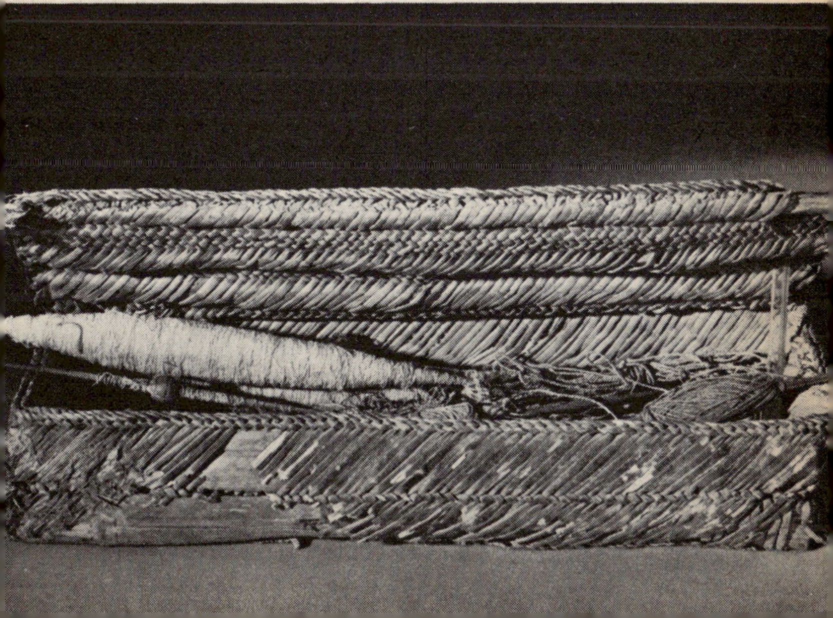

ein Beweis, daß sich die Toten auch im Jenseits mit den vertrauten Arbeiten beschäftigen sollten. Vergleicht man diese Funde mit den in abgeschlossenen Gebieten Perus noch heute verwendeten Webstühlen, wird man feststellen, daß sie sich kaum voneinander unterscheiden.

Die Inka waren also die Erben uralter, sorgfältig ausgearbeiteter Webverfahren; ihr Beitrag zur Vervollkommnung der Webkunst erstreckte sich vor allem auf die Verwendung der Vicuñawolle, ein Material, das die Spanier anfangs für schwere Seide hielten. Die Herstellung der märchenhaften Vicuñastoffe gehörte vor allem zu den Obliegenheiten der «Erwählten Frauen», die auch Gewänder aus den buntschimmernden Federn der Urwaldvögel, wie wir sie bei den Maya und Azteken fanden, mit großer Geschicklichkeit verfertigten. «Pracht und Glanz dieser Federstoffe», berichtete der Jesuitenpater Bernabé Cobo, «sind von solcher Schönheit, daß man sie nicht beschreiben kann. Man muß sie gesehen haben.» Die «Erwählten» verfertigten auch glöckchengeschmückte, mit Gold, Silber oder polierten Kupferplättchen benähte Festgewänder für den Inka-Herrscher und seinen Hofstaat.

Für den einfachen Arbeits- und Hausgebrauch stellte der eingeborene Weber drei genormte Tuchqualitäten her: *awaka,* einen ausgesprochenen Strapazierstoff; *kumpi,* ein von beiden Seiten gleichmäßig gemustertes, feines Gewebe, und den dicken, schweren, teppichartigen *chusi,* der hauptsächlich als Bett- und Bodenbelag Verwendung fand.

Die Töpferwaren, die zu den ältesten Fundstücken des präkolumbischen Amerika gehören, entstanden ohne Töpferscheibe nach dem weitverbreiteten Wulstverfahren. Auf diese primitive Weise entstanden Keramiken, die in ihrer Feinheit des Materials, ihrer Formschönheit und ihrer fast metallischen Härte zu den besten keramischen Erzeugnissen der frühen Kulturen gerechnet werden dürfen. Die Technik des Wulstverfahrens war denkbar einfach: Man rollte den Ton zu spaghettiähnlichen dünnen Strängen, legte sie spiralenförmig in die gewünschte Form, half mit der linken Hand verbessernd nach und glättete das so entstandene Gefäß mit einer kleinen Holzscheibe oder mit der flachen Hand. Dann wurde es in der Sonne getrocknet, bunt bemalt und gebrannt.

Auf diese Weise entstanden die vielfältigsten Gefäße für die verschiedensten Zwecke. Es gab die in zahlreichen Stücken überlieferten dreifüßigen Töpfe, die bei Feldzügen Verwendung fanden; Haushaltsgeschirr aus besonders hartem, grellrot bemaltem Material; schön geformte Krüge (deren Name «Aryballos» zwar aus dem Griechischen stammt, die in der Form aber nicht mit ihren attischen Vorgängern übereinstimmen); flaschenförmige, nach unten konisch zulaufende Gefäße, die sich neigten, sobald sie geleert waren. Ihre Form ist von bewundernswerter Ausgewogenheit. Ein langer schlanker Hals und zwei Henkel, durch die man ein Tragseil zog, vervollständigen das Bild dieses charakteristischsten Erzeugnisses indianischer Töpferkunst. Große Sorgfalt verwendete man auch auf die flachen, oft prächtig verzierten Teller, auf die becherförmigen Trinkgefäße und die dreibeinigen Glutpfannen, die einzige Wärmequelle, die man in den kalten Gebirgsnächten kannte.

Die Töpferwaren der Inka mit ihren meist kunstvollen geometrischen Mustern sind so charakteristisch, daß sie ihr Herkunftsland ebenso eindeutig verraten wie beispielsweise eine römische Münze. Sie tragen ein so unverkennbares Gepräge, daß ihre Auffindung an einem bestimmten Ort mit Zuverlässigkeit auf eine vorübergehende Beherrschung dieses Gebietes durch die Inka schließen läßt.

Die Inka begünstigten die Abhaltung und regelmäßige Durchführung von Märkten. Tauschhandel war jedoch streng ortsgebunden; sobald er größere Ausmaße annahm, wurde er zum ausschließlichen Staatsmonopol. Der Notwendigkeit, Märkte zu veranstalten, kam im wirtschaftlichen Gefüge des Reiches größte Bedeutung zu. «Zur Entspannung der hart arbeitenden Bevölkerung», berichtet der Inka-Chronist Garcilaso de la Vega, «befahl der Inka-Herrscher, allmonatlich drei Feiertage einzuschalten, an denen die verschiedensten Spiele den Menschen Zerstreuung bieten sollten. Desgleichen gebot er, drei Märkte abzuhalten, bei denen sich die Feldarbeiter auf dem Marktplatz versammeln und die Befehle des Inka und seiner Räte entgegennehmen sollten.» Diese Märkte hießen in der Eingeborenensprache *catu.*

An die Gepflogenheit, das Volk an Markttagen von staatlichen Verordnungen in Kenntnis zu setzen, erinnert noch heute der Name eines kleinen Platzes in Cuzco. Er heißt *Rimacpampa,* «Platz des Sprechers». Dort versammelte sich das Volk, um das «Hört, hört...» der obrigkeitlichen Anordnungen zu vernehmen.

Die jungen Leute brachten Federn für die Federmosaikweber zum Verkauf, *chonta* (eine überaus harte, bei den Quechua beliebte Holzart), Urwaldtiere, Fledermausflügel (deren seidenweiches Fell zu Mänteln für den Inka-Herrscher verarbeitet wurde), Farbstoffe und zahlreiche Arzneien, wie Chinin, Ipecacuanha, Sassafras, *guayusa* (ein fiebermilderndes Mittel), eine Art Kaugummi, der aus dem Sapodillabaum gewonnen wurde, Coca- und Tabakblätter.

Die Andenbevölkerung brachte ihre handwerklichen Erzeugnisse und ihren Ernteüberschuß auf den Markt: Textilien, Tongefäße, Schnitzereien, Kartoffeln, Mais. Da der Staat keine Güterabgaben, sondern nur die Arbeitsleistung *(mita)* forderte, stand es der Bevölkerung frei, mit diesen Dingen in bescheidenem Umfang Tauschhandel zu treiben.

Die Vielfalt der Töpferwaren *reicht von den rustikalen Gefäßen der Mochica bis zum eleganten Funktionalismus des späten Inka-Stils. Die hier abgebildeten Gefäße entstanden – ohne Töpferscheibe, nur von Hand geformt – sämtlich in der späten Inka-Zeit zwischen 1450 und der Konquista.*

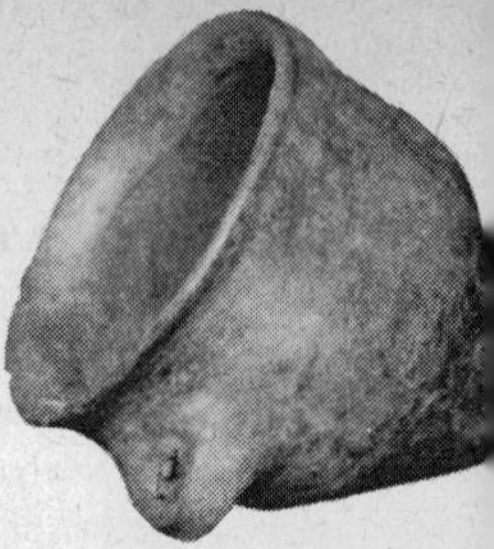

Mörser und Henkelschale *mit Deckel, etwa 8 Zentimeter ho*

«Aryballos» *(links) zum Aufbewahren von Maisbier; dieser Krug aus Cuzco ist etwa 1,20 Meter hoch.*

Hölzerner Trinkbecher *oder «quero» aus Cuzco (rechts) in Form eines Männerkopfes; ähnliche Gefäße werden noch heute von den Andenbewohnern benutzt.*

«Aryballos» *der Chancay-Kultur. Dieser Küstenstamm wurde nach 1400 von den Inka unterworfen.*

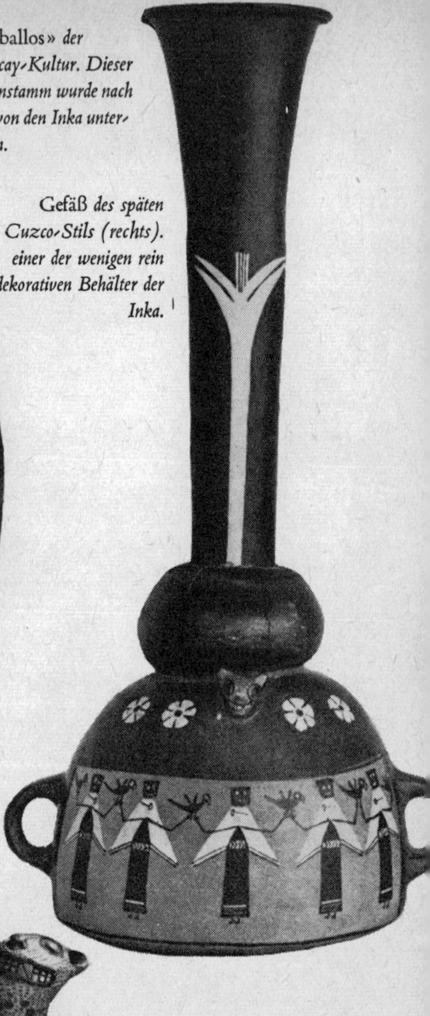

Gefäß *des späten Cuzco-Stils (rechts). einer der wenigen rein dekorativen Behälter der Inka.*

Jaguar und Schlange, *ein ungewöhnliches Motiv der Inka, lassen vermuten, daß dieser bei Cuzco gefundene Krug (links) nach Eroberung des oberen Amazonasgebietes entstand.*

Pedro de Cieza de León beschrieb einen peruanischen Markt im Jahr 1549, nachdem die Glanzzeiten der Inka längst versunken waren. Er vermittelt daher nur einen schwachen Eindruck jenes rustikalen Prunkes, der bei diesen Gelegenheiten aufgeboten wurde:

«Wir haben das gesamte Gebiet des Königreiches bereist und wissen, daß die Eingeborenen dort große Märkte abhalten, bei denen sie Tauschgeschäfte abschließen. Zu dem berühmtesten und reichsten zählte der Markt von Cuzco. Selbst nach der Eroberung wurden dort ungeheure Mengen Goldes und die vielfältigsten anderen, zu Tauschzwecken in die Stadt gebrachten Waren verschachert. Dennoch läßt sich der Umsatz von Cuzco mit jenem von Potosi, wo täglich Waren im Wert von 25000 bis 30000 Goldpesos den Besitzer wechseln, nicht vergleichen. Es ist ein großartiges Bild, und ich glaube, daß man einen ähnlichen Markt auf der ganzen Welt vergebens suchen wird...»

Öffentliche Festlichkeiten, meist staatlich gelenkt, gab es in reicher Menge. Sie fanden häufig im Zusammenhang mit den Märkten statt und standen in enger Verbindung mit den jahreszeitlichen Feldarbeiten und dem Zeremonialkalender.

Das Inka-Jahr zerfiel in zwölf Monate, von denen jeder den Namen seines wichtigsten Festes trug. Capac Raymi, der Monat des «Herrlichen Festes», eröffnete den Jahreslauf im Dezember. Mit jedem Fest waren Spiele und Wettkämpfe verbunden; vor allem das «Mündigkeitsfest», bei dem die Knaben ihren ersten Lendenschurz erhielten, wurde mit besonderen Initiationsriten gefeiert. Es folgten die Monate der «kleinen» und der «großen» Reife, des «Tanzes der jungen Maiskolben», des «Wasserfestes» und anderer Feste.

Die Feiern währten, je nach Anlaß, einen Tag oder eine ganze Woche lang; mitunter wurde getanzt, wie zum Beispiel bei jenem überlieferten Fest, als Hunderte prächtig gekleideter «Erwählter Frauen» mit Huascars Kette tanzten; man veranstaltete Spiele und Wettkämpfe und trank in großen Mengen den vergorenen *Chicha*. Rituelle Trunkenheit war zum Gelingen eines Festes ebenso unerläßlich wie disziplinierte Landarbeit zur Erzielung einer guten Ernte.

Die Zahl der gebräuchlichen Musikinstrumente entsprach den geringen Variationsmöglichkeiten der Tänze. Man verwendete vor allem Blas- und Schlaginstrumente einfachster Art: Es gab Trommeln verschiedener Größen (deren kleinste gewöhnlich den Frauen vorbehalten war), die meist aus einem hohlen, mit Lama- oder Tapirhaut bespannten Baumstamm bestanden. Als Schlegel diente in fast allen Fällen ein Stock mit gummiüberzogenem Ende, und die Töne, die der Quechua seinem Instrument damit entlockte, waren hart und unmelodisch. Die Tänzer schlugen mit einem

«Fiesta» *nennt Poma de Ayala die Feste der Inka, bei denen es sich vorwiegend um kultische Feiern handelte. Hier eine Tanzszene: Die Männer tragen kleine Kupfer- und Silberglöckchen an langen Schnüren unter dem Knie; der rechte bläst auf einer Panflöte.*

Tamburin den Takt, der vom Klirren und Klingeln der Kupfer- und Silberglöckchen *(chanrara)* an den Gewändern, von den Armbändern und Muschelketten an Hand- und Fußgelenken verstärkt wurde.

Eines der wirkungsvollsten Instrumente war das *potóto,* das etwa der Schneckentrompete der Azteken und Maya entsprach und dem die Quechua durchdringende Töne entlockten, deren Monotonie bei Kriegsfesten auf die Masse einen geradezu erregenden Einfluß ausgeübt haben muß. Die großen Metall- oder Keramiktrompeten, wie man sie bei den Küstenbewohnern fand, scheinen den Inka unbekannt oder zumindest nicht vertraut gewesen zu sein.

Unter den verschiedenen Arten von Flöten findet sich vor allem die über zwei bis sechs Töne verfügende blockflötenähnliche *quena;* ferner gab es die aus Jaguar- oder Menschenschenkelknochen gefertigte *piroro* und als gebräuchlichstes Instrument die aus Rohr oder gebranntem Ton hergestellte Syrinx *(antara)*, eine Hirtenflöte, die in den Anden noch heute gespielt wird.

Die Musik war eng mit dem Tanz, das heißt mit dem Kult verbunden. Jede religiöse Empfindung fand ihren Ausdruck im Tanz, zu dem als Begleitung der Gesang gehörte – beides unerläßliche Komponenten der magisch-kultischen Massensuggestion. Die Gesänge wurden in ihrer end-

Schlag- und Blasinstrumente: *Die Flöten bestanden aus Ton, Schenkelknochen oder Schilfrohr. Rechts schlägt eine Frau das große Tamburin mit einem hölzernen Klöppel.*

losen Monotonie unaufhörlich wiederholt; die bis zum Exzeß gesteigerten Tänze gaben dem Zuschauer das Gefühl und das geradezu rauschhafte Bewußtsein, in diese kultische Ekstase mit einbezogen zu sein. Masken und Kostüme spielten bei diesen Tänzen, die sich im Andengebiet bis auf den heutigen Tag erhalten haben, eine wichtige Rolle. Man hüllte sich in Tierfelle ein, vollführte Erntetänze mit sämtlichem Arbeitsgerät oder zog im Kriegsschmuck zu Siegestänzen *(cachua)* auf, bei denen man sich an den Händen faßte und einen wildbewegten, wogenden Kreis bildete.

Ein fast höfisch wirkender, graziöser Tanz war das *way-yaya,* der Tanz der Inka-Familie, der den am Hofe des Sonnenkönigs, Ludwigs XIV., getanzten Menuetten auffallend glich: Langsam und feierlich näherte sich die Reihe der Tänzer – zwei Schritte vor, einen Schritt zurück – dem goldenen Sessel, auf dem der Inka thronte.

Das Reich der Inka war eine funktionelle Theokratie – der Inka-Herrscher war Mensch und Gott zugleich, und jedes Verbrechen war nicht nur ein Ausdruck des Ungehorsams, sondern zugleich auch ein Sakrileg.

Der einfache «Unrechtsbegriff» der Andenvölker war, wie alle ihre Gefühle und Lebensäußerungen, von ererbten Vorstellungen bestimmt. Die Eltern besaßen uneingeschränkte Gewalt über das Kind, es wuchs zwanglos

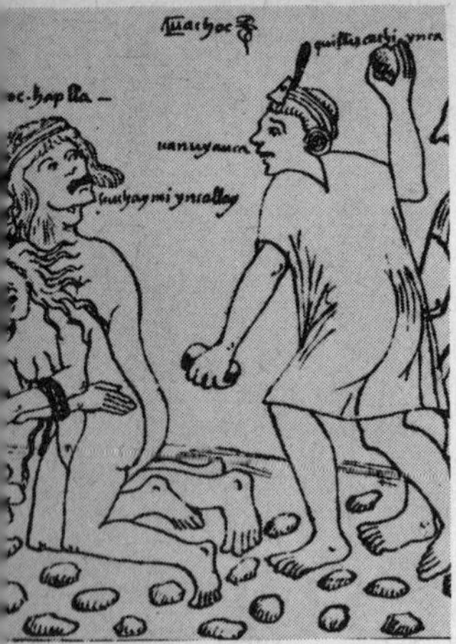

Ehebruch *wurde mit Steinigung bestraft; hier eine Szene aus dem Buch des Poma de Ayala.*

An den Haaren *über eine Klippe aufgehängt wurden in flagranti ertappte Sünder.*

in die Welt der Erwachsenen hinein und lernte aus der Beobachtung und Nachahmung seiner unmittelbaren Umwelt.

Mord, Gewalttätigkeit, Diebstahl, Betrug, Ehebruch galten, wie in jeder geordneten menschlichen Gesellschaft, als verpönt und wurden entsprechend bestraft. Mörder wurden gehängt, gesteinigt oder von einem Felsen herabgestoßen. (Man kennt mehrere solcher Hinrichtungsstätten, insbesondere in Ollantaytambo in der Nähe von Cuzco.) Geschah der Mord aus Notwehr oder im Jähzorn gegen eine ehebrecherische Frau, wurde die Strafe gemildert. Als verabscheuungswürdige Untat galt auch der Diebstahl von Staatsgütern – ein Einbruch in die Vorratskammern des Inka oder in den Palast der «Erwählten» –; die Beschädigung oder die Zerstörung von Brücken bewirkte unnachsichtig die Todesstrafe. Diebstahl war um so verabscheuungswürdiger, als kein Mangel herrschte, und im Grunde sinnlos, da für den einfachen *puric* jegliche Voraussetzung fehlte, einen persönlichen Besitz anzuhäufen.

Die Ehrlichkeit des Inka-Volkes wurde nicht nur von spanischen Juristen, sondern auch von dem berühmten Mancio Sierra de Leguisamo bezeugt, dem Konquistador, der «die Sonne verspielte». Sein in Cuzco aufbewahrtes Testament beginnt mit den Worten: «Die Inka herrschten solcherart, daß es keine Diebe, keine Verbrecher, keine Untätigen gab ... die Indianer ließen ihre Häuser unverschlossen; zwei gekreuzte Stäbe auf der Schwelle bedeuteten, daß der Hauseigentümer abwesend war... und so betrat niemand die leere Hütte.»

Bei Diebstahl von Privateigentum – die Rechtsprechung beschränkte sich darauf, daß Kläger und Beklagter einem *curaca* den Hergang des Streitfalls erzählten – wurde zuerst festgestellt, ob es sich um einen Diebstahl aus Böswilligkeit oder aus Not handelte. Im letzteren Fall traf die Strafe den Beamten, dessen schlechte Verwaltung die Vorbedingung für das Vergehen geschaffen hatte.

Trägheit galt als böswillige Unterschlagung der schuldigen Dienstpflicht gegenüber dem Inka-Herrscher und wurde durch öffentlichen Tadel, im Wiederholungsfalle mit Steinigung und schließlich, bei Unbelehrbarkeit, sogar mit der Todesstrafe geahndet. Trunkenheit galt nur dann als strafbar, wenn sie während der Arbeitszeit festgestellt wurde und die Arbeitsleistung beeinträchtigte.

«Die Inka», berichtet der Eingeborenen-Chronist Garcilaso de la Vega, «erließen ihre Gesetze nicht zu dem Zweck, ihre Untertanen einzuschüchtern, sondern nur im Hinblick auf jene, die sie zu überschreiten wagten ...»

Offensichtlich gab es zweierlei Maßstab für die Strafgesetzgebung: Man unterschied zwischen Verbrechen, die von Adeligen, und solchen, die vom einfachen Volk begangen wurden. Im Inka-Reich wurden hochgestellte Missetäter strenger bestraft als der *puric*. Was der einfache Mann mit öffentlichem Tadel oder mit einer Verstümmelung büßte (zum Beispiel Verlust eines Auges), konnte für den Adeligen Verbannung oder Tod bedeuten.

Der Tod und die Vorstellung eines Weiterlebens im Jenseits spielten im Kult der Inka eine nicht weniger große Rolle als bei den Azteken und den Maya.

«Wahrhaftig», berichtet Pedro de Cieza de León bei seiner Beschreibung der mächtigen Monumente rings um die Stadt

Einem hohen Beamten *wird ein Auge ausgerissen; für Verfehlungen im Amt wurden besonders hohe Strafen verhängt.*

Medizinmänner *setzten ihre Zauberkräfte zur Heilung Kranker, als Traumdeuter, als Feuerbeschwörer oder zum Aussaugen von Giften ein.*

Ayaviri am Titicacasee, «der Ort ist höchst bemerkenswert, insbesondere die großen Grabstätten, die so zahlreich sind, daß sie mehr Platz einnehmen als die Wohnhäuser der Lebenden ...»

Auch der Tod hob die Zweiteilung zwischen dem einfachen Volk und den privilegierten Klassen nicht auf. Der *puric* wurde begraben, wie er gelebt hatte: neben seinen *ayllu*-Genossen. Prunkvolle Beisetzungen waren den Adeligen vorbehalten.

Nach dem Tod hatte sich der kleine Mann mit kleinen Göttern zu begnügen. Zwar verehrte er zeit seines Lebens viele Götter; einer jedoch, *Tici Viracocha,* der Gott der Schöpfung, stand an höchster Stelle; *Pachacamac* thronte als Herr über zahlreichen geringeren Gottheiten, die ihre jeweiligen besonderen Machtbefugnisse und Aufgabenkreise besaßen. Der Indianer glaubte an die Unsterblichkeit – für ihn war das Leben mit dem Tod nicht zu Ende.

Man salbte den Verstorbenen, hüllte ihn in seinen Poncho und umwickelte ihn in Hockstellung – die Knie bis zum Kinn angezogen – mit den Totentüchern. Im Andengebiet begrub man die Toten unter überhängenden Felsen, in runden, viereckigen oder ovalen, aus Felsstein und Lehm gemauerten Katakomben, umgeben von den Gebrauchsgegenständen ihres Alltagslebens und versehen mit Nahrungsmitteln und Getränken. Einem Krieger gab man seine Waffen, einem Handwerker sein Arbeitsgerät, einer Frau Bandwebstuhl, Farbschachteln und Wolle mit ins Grab.

Der Verstorbene wurde zum *huaca,* einem gottähnlichen, geheimnisvollen Wesen. Er übte Zauberkräfte aus und durfte von keinem Mitglied des *ayllu* beleidigt werden. Im Laufe der Jahre jedoch – falls es sich nicht um einen Herrscher handelte, dessen Andenken im prunkvollen Ritual weiterlebte – «starb» der Tote wirklich; das Leben war stärker – er wurde vergessen.

Dennoch spielten die Religion und die kultischen Pflichten eine ungeheure Rolle im Leben des Indianers, denn er stand im Dienst und unter dem Einfluß der Götter und wurde bis in alle Einzelheiten von den allgegenwärtigen unsichtbaren Mächten gelenkt. Die Masse des schwer arbeitenden, von unbekannten Gewalten abhängigen Volkes war die breite Grundlage jener Pyramide, die den hierarchischen Aufbau des Inka-Reiches veranschaulicht. An ihrer Spitze stand der Oberste Inka, der Herrscher.

16 Der königliche Inka

«DER STAAT BIN ICH» – *L'État c'est moi* –, das bekannte Wort des französischen Sonnenkönigs, Ludwigs XIV., könnte ebenso für den Sonnenkönig von Peru, den Sapa Inka, gelten, obwohl er es niemals auszusprechen brauchte. Alles Land und Leben unter der Sonne war sein Eigentum; das wußte und anerkannte jedermann. Der Sapa Inka war göttlicher Abkunft, die Sonne (die bei den Inka wie bei den romanischen Völkern als männlich galt), der Schöpfergott, war sein Stammvater. Land, Menschen, Gold (Schweißtropfen der Sonne) und Silber (Tränen des Mondes) gehörten ihm; seine Macht war uneingeschränkt. Er war der Gott, das Oberhaupt einer wahren Theokratie.

Seine Entscheidungen waren unwiderruflich. Er brauchte nur die Hand zu heben, um einen verdienten General oder einen Blutsverwandten, der sein Mißfallen erregt hatte, in den Tod zu schicken.

«Ich entsinne mich», schreibt Pedro Pizarro, ein Vetter des Eroberers Francisco Pizarro, «daß der Herr von Huaylas vom Inka einst die Erlaubnis erhielt, innerhalb einer gewissen Zeit seine Güter zu besuchen und wieder zurückzukehren. Er blieb länger fort als ausbedungen. Als er zurückkam – ich war gegenwärtig – und dem Inka einen Korb voller Früchte zum Geschenk überreichen wollte, begann er so heftig zu zittern, daß er sich kaum auf den Füßen halten konnte...»

Wenn dies einem der mächtigsten Statthalter, einem *curaca,* geschah, wie stark muß die Wirkung des Inka auf den einfachen Staatsbürger, einen von Tausenden, gewesen sein? Dennoch war der Herrscher um das Wohl seiner Untertanen aus den verschiedensten Gründen der Staatsräson nachdrücklich bemüht – wenn auch weder so wohlwollend, wie es Garcilaso de la Vega, der einheimische Geschichtsschreiber, in seinem aus zeitlicher Ferne pathetisch inspirierten *Königlichen Kommentar* glauben machen wollte, noch so tyrannisch, wie es die spanischen Machthaber darstellten, um die Zerstörung des Inka-Reiches zu rechtfertigen. Die Anteilnahme des Inka beruhte auf praktischen Gründen: Gesundheit und Arbeitsfähigkeit seiner Untertanen garantierten ihm Reichtum und Macht; und nicht nur die Bodenschätze des Landes, sondern auch Charakter und Stärke der Bevölkerung verbürgten den Fortbestand seines Reiches. Ihrer nutzbringenden Entwicklung innerhalb der gesteckten Grenzen galt die Sorge des Inka-

Herrschers. Seine Beamten wurden für Nachlässigkeiten oder Vergehen im Amt streng zur Verantwortung gezogen.

Die Hauptfrau des Inka führte den Namen *Coya,* Königin. In der Frühzeit ihrer Dynastie verschwägerten sich die Herrscher im Hinblick auf künftige Bundesgenossen oft mit anderen Stämmen; später jedoch, als ihre Machtposition fest gegründet war, heirateten sie meist die eigene Schwester, ein Recht, das dem Obersten Inka allein zustand. Allen anderen Staatsangehörigen war es bei Strafe verboten, sich mit Verwandten ersten Grades zu verehelichen. Der offizielle Erlaß lautete: «Ich, der Inka, befehle, daß niemand seine Schwester, Mutter, Base, Tante, Nichte, Verwandte oder Patin seines Kindes heiraten darf... andernfalls man ihm zur Strafe beide Augen ausreißen soll... nur dem Inka ist es gestattet, die leibliche Schwester zur Frau zu nehmen...»

Der Sinn dieses seltsamen Befehls lag offenkundig darin, die Unantastbarkeit der göttlichen Abstammung des Inka zu wahren. Darum wurde stets einer der «reinblütigen» Söhne der *Coya* zum Thronbefolger bestimmt.

Neben der *Coya* hatte der Inka jedoch zahlreiche Nebenfrauen, und der Hofstaat der königlichen Konkubinen ging in die Hunderte. Unverbürgten

Die Frau und Schwester des Inka: *Von ihren Söhnen wurde einer zum Thronfolger ausgewählt. Das Gewand der «Coya» entspricht demjenigen der einfachen Indianerinnen, zeichnet sich jedoch durch feineres Material aus und ist mit einer goldenen Nadel zusammengehalten.*

Schätzungen zufolge soll der letzte Inka vor der Konquista fünfhundert lebende männliche Nachkommen besessen haben, die des Königs unmittelbare Umgebung bildeten, das königliche *ayllu:* ein verläßlicher Kreis hoffähiger Männer, die von der Idee der absolutistischen Herrschaftsform überzeugt und an ihrem Fortbestand interessiert waren. Aus diesem Personenkreis wählten die Herrscher, soweit es möglich war, die führenden Verwaltungsbeamten aus.

Wie im spätkaiserlichen Rom, gab es auch im Inka-Reich keine gesetzliche Regelung der Thronfolge. Man wählte als Nachfolger den am fähigsten erscheinenden Sohn der *Coya,* der keineswegs immer der älteste sein mußte. Schließlich aber war gerade diese Unentschiedenheit der Nachfolge im kritischen Augenblick – bei der Landung der Spanier – eine der ausschlaggebenden Ursachen für den Zusammenbruch des Reiches.

Von Geburt an wurden die Söhne des Inka-Herrschers mit einem aufwendigen Zeremoniell umgeben. Die geringfügigsten Ereignisse – der erste Haarschnitt, die Überreichung des Lendenschurzes im Alter von 14 Jahren – wurden zum feierlichen Ritual erhoben. Sechs Tage lang dauerten die Feste dieser Initiationsweihen. Man opferte ein Lama und bestrich das Ge-

Der «Sohn der Sonne» – *der Inka-Herrscher. Er trug seine Kleider aus Vicuña-Wolle nur ein einziges Mal, dann wurden sie verbrannt und durch neue, von den «Erwählten Frauen» gefertigte Gewänder ersetzt. Poma de Ayala hat die Sonne, der Vorstellung der Inka entsprechend, als männlichen Gott dargestellt.*

sicht des Knaben mit seinem Blut. Dann leistete der junge Mann dem Inka seinen Treueeid, erhielt den erwähnten Lendenschurz, dazu Schild, Schleuder und silberbeschlagene Keule. Am sechsten Tag durchbohrte man seine Ohren und reihte ihn als Krieger in die Elitetruppe des Inka ein.

Die Söhne des Inka-Herrschers genossen eine sorgfältige Erziehung. Sie begleiteten ihn auf seinen Reisen durch das Reich; sie nahmen an den Inspektionsfahrten der Gouverneure und an den Feldzügen zur Unterwerfung rebellischer Stämme teil. Sie beherrschten das Ritual und wußten in der Geschichte der Inka Bescheid; sie durften vor ihrer Verheiratung Erfahrungen in der Liebe sammeln und wurden als Vorübung für ihr hohes Amt mit den verschiedensten Verwaltungsaufgaben betraut.

Wie alle Adeligen, trug auch der Sohn des Inka die Tracht des *puric*, nur war sie weitaus prunkvoller: Sein Gewand bestand aus feinster Alpaka- oder Vicuñawolle, seine Sandalen waren kunstvoll gearbeitet und sein Reichtum und seine hohe Abstammung wurden durch goldene, juwelenbesetzte Ohrpflöcke und das kurzgeschnittene Haar betont.

Fühlte der alternde Herrscher seinen Tod herannahen, wählten er und seine Räte («zwanzig seiner Verwandten», schreibt ein Chronist, «bejahrte, kluge Männer, in Staatsdingen wohl erfahren») einen seiner legalen Söhne mit der *Coya* – bei entsprechender Befähigung den ältesten – zum Nachfolger. War der Herrscher gestorben, trauerte das ganze Reich. Seine Konkubinen und seine persönliche Dienerschaft mußten ihn nach alter Tradition, wie es auch von den ägyptischen Königen überliefert ist, auf seiner Reise ins Jenseits, zur Sonne, begleiten. Sie wurden in einen Rauschzustand versetzt und während des Tanzes erwürgt. Der Körper des Herrschers wurde einbalsamiert, nachdem man die Eingeweide entfernt und die Höhlung mit Tüchern ausgestopft hatte.

Sowohl in Peru als auch in Ägypten lag die Einbalsamierung – ein magisch-religiöser Vorgang – in der Vorstellung begründet, den Leichnam im Hinblick auf die Wiederkehr der Seele unverändert zu erhalten. Dies war im feuchten peruanischen Hochland mit beträchtlichen Schwierigkeiten verbunden, zum Unterschied von den Küstengebieten, wo Sonnenhitze und Sandboden natürliche Vorbedingungen für die Austrocknung und Mumifizierung boten.

Die Mumie des verstorbenen Herrschers wurde in seinem Palast aufbewahrt. Außerdem fertigte man eine lebensgroße goldene Statue an, der man Speise und Trank vorsetzte wie einem Lebenden. Von einigen Chronisten der Konquista sind uns Beschreibungen dieser auf goldenen Stühlen thronenden Mumien erhalten. Der junge Inka Manco Capac II., der sich im Jahr 1536 gegen die Spanier erhob, nahm bei seiner Flucht in die weite Pampa von Vilca mehrere dieser Mumien mit sich. Im Jahr 1559 fand ein

Großohren – «Orejones» – nannten die Konquistadoren die staatlichen Beamten des Inka-Reiches. Zum Zeichen ihrer Würde durchbohrten sie ihre Ohrläppchen und steckten Ohrpflöcke aus Edelstein oder Goldschmuck hindurch. Diese Zeichnung von Cieza de León ist charakteristisch für die Orejones: Sie läßt deutlich die ausgedehnten, herabhängenden Ohrläppchen, die «königlichen Fransen» über der Stirn (llautu) und die Sandalen erkennen.

spanischer Beamter die mumifizierten Leichname dreier Inka-Herrscher. Der spanische Vizekönig befahl ihre Überführung von Cuzco nach Lima, wo sie später verschwanden.

Drei Fasttage des neuen Herrschers gingen seiner «Krönung» voran. Das Volk trank, feierte, tanzte, huldigte dem toten und zugleich dem künftigen Inka, der nach alter Tradition den Grundstein für seinen neuen Palast im Mittelpunkt von Cuzco legte. (Der Wohnsitz des Verstorbenen, von Konkubinen und Dienerschaft verlassen, galt künftig als Begräbnisstätte, als Totenschrein des *huaca*.) Die Hauptfrau des neuen Herrschers rückte zur *Coya* auf. Man führte ihm Nebenfrauen aus erlesenen Adelskreisen zu, und unter den «Erwählten» konnte er sich beliebig viele Konkubinen aussuchen. Er legte die Grundzüge seiner Politik fest und erwarb im Laufe seiner Regierungszeit zahlreiche Ehrentitel, wie sie zuvor seine Vorfahren besessen hatten.

Sein Tageslauf war einem strengen Ritual unterworfen. Die Gold- und Silberteller, von denen er aß, standen auf kunstvoll gewebten Matten, die

Speisen wurden ihm von seinen «Erwählten» gereicht. Was vom Mahl des Herrschers übrigblieb, wurde beiseite gestellt und später mit seinem abgelegten Gewand, das er kein zweites Mal trug, feierlich verbrannt. Er schlief auf erhöhtem, mit farbigen Wollteppichen bedecktem «Bett», von zahlreichen Frauen bedient. Er ging selten zu Fuß und ließ sich auf Kriegszügen und Reisen – zuweilen blieb er ganze Jahre von seiner Hauptstadt fern – in goldener Sänfte tragen. «Die Inka-Herrscher», schreibt Pedro de Cieza de León, «reisten mit großem Gepränge. Ihre Sänften waren aus Edelholz gefertigt und strotzten von Gold und Silber. Zwei hohe gold- und juwelenbesetzte Bogen überspannten die Sänfte wie ein Baldachin.»

Als Francisco Pizarro, der Eroberer von Peru, nach Cuzco kam, fand er einen dieser prächtigen Tragsessel in den Königsgräbern; er nahm ihn an sich, vom spanischen König vertraglich dazu ermächtigt, und betrachtete ihn zeitlebens als sein kostbarstes Beutestück.

Die «Krone» des Inka war – verglichen mit dem kostbaren Material seiner Kleidung und den prächtigen, edelsteinbesetzten goldenen Ohrpflöcken – verhältnismäßig bescheiden: sie bestand aus einem roten, wollenen Kopfschmuck, dessen goldverzierte Fransen ihm ins Gesicht hingen und die Augen beschatteten. In der Beschreibung eines Konquistadors heißt es: «...auf dem Kopf trug der Inka eine runde, zackenlose, etwa handbreite, aus fingerdicken farbigen Wollsträhnen gefertigte Krone; seine Stirn war von überaus kunstvollen goldverzierten Fransen bedeckt.»

Atahualpa, der letzte Inka-Herrscher – die von den Spaniern eingesetzten Marionettenfürsten nicht mitgerechnet –, ist der einzige «König», von dem wir eine genaue Personalbeschreibung besitzen: «Er war eine wohlgebaute, hoheitsvolle Erscheinung, mittelgroß, nicht zu stark, mit schönen, ernsten Zügen und leuchtenden Augen und vom ganzen Volk gefürchtet.» Besonders charakteristisch ist ein kleines Vorkommnis, von dem der Chronist berichtet: «Eines Tages saß er beim Mahl und ließ einen Bissen, den er zum Munde führen wollte, auf sein Kleid fallen. Sofort zog er sich in ein inneres Gemach des Palastes zurück und vertauschte den befleckten Poncho mit einem dunkelbraunen Mantel aus Fledermaushäuten und einem Untergewand.» An seiner Macht konnte kein Zweifel herrschen: «Ich bin in ganz Peru keinem Indianer begegnet, der so kühn und herrisch gewirkt hätte wie Atahualpa.»

Daß die Vorstellung vom märchenhaften Goldschatz der Inka tatsächlich der Wirklichkeit entsprach, haben die Archäologen längst bestätigt. In den Gräbern fand man goldbeschlagene Sänften, Federmäntel und Wollgewebe, die sich heute in den berühmtesten Museen der Welt befinden.

Außer dem unmittelbaren, im königlichen *ayllu* lebenden Hofstaat des Herrschers gab es eine zweite Gruppe hoher Verwaltungsbeamter, die

Den Einzug des Atahualpa *in Cajamarca zeigt ein 1534, zwei Jahre nach dem Ereignis veröffentlichter Holzschnitt. Atahualpa wurde auf einer Sänfte unter einem Baldachin getragen. Links Pater Valverde und der spanische Konquistadorenfeldherr Pizarro.*

curaca, die ihren Aufstieg den eigenen Fähigkeiten verdankten. Manche Inka erweiterten ihr Reich so rasch, daß die königlichen Verwandten nicht ausreichten, alle Verwaltungsposten zu besetzen. Es kam auch vor, daß man dem Häuptling eines besiegten Stammes die Herrschaft beließ und sich darauf beschränkte, seine Söhne in der Hauptstadt Cuzco als künftige *curaca* auszubilden.

Die erste Abbildung von Cuzco *aus dem 1554 veröffentlichten Buch des Cieza de León: Der Inka mit den charakteristischen Wollfransen («llautu») als Kopfschmuck heißt Pizarro in seiner Hauptstadt willkommen.*

Cuzco, *inmitten der Anden gelegen und von hohen Bergen umgeben, nach einem Kupferstich aus dem 17. Jahrhundert im Stil des Theodorus de Bry.*

Die Gründung der Hauptstadt Cuzco geht auf den legendären ersten Inka, Manco Capac, zurück: Hier rastete Manco Capac – etwa im Jahr 1100 n. Chr. –, als er vom Süden heraufwanderte; hier war es, wo sein goldener Stab, das Geschenk des Sonnengottes, im fruchtbaren Boden versank.

Cuzco liegt in einem Hochtal der Anden, 3500 Meter über dem Meeresspiegel, und ist an drei Seiten von steilen Bergen begrenzt. Nach Südosten öffnet sich eine weite Hochebene, die zum Teil aus fruchtbarem

Ackerland, von zwei kleinen, zur Inka-Zeit kanalisierten Flüssen durchzogen, und zum Teil aus Sumpfgebiet besteht. Cuzco zerfiel in zwei Stadtteile: Hanan (Ober-Cuzco) und Hurin (Unter-Cuzco). In Hurin, dem Stadtzentrum, wohnten die Adeligen. «Cuzco war groß und prächtig», berichtet ein Spanier, der die Stadt noch in ihrer unzerstörten Pracht gesehen hatte, «seine Gründer müssen Menschen von bemerkenswerter Klugheit gewesen sein. Die Straßen sind schön, wiewohl schmal, die Häuser aus festen, kunstvoll gefügten Steinen erbaut. Wir kennen keine reichere Stadt in ganz

Westindien, wurden doch des öfteren große Schätze nach Cuzco gebracht und dort gesammelt, den Prunk der Adeligen zu erhöhen ...»

Die Stadt erhielt nach dem Jahr 1400 – damals wurde sie ausgebaut – ihre endgültige, planvoll konstruierte Gestalt. Man kanalisierte die beiden Flüsse, schuf ein geordnetes Straßensystem, dessen Ausgangspunkte die beiden Hauptplätze waren. Die Häuser waren ein-, zwei- oder dreistöckig; der Sonnentempel und die wichtigsten Gebäude standen auf der großen Plaza. Das Wasser, dessen Reinhaltung die besondere Sorgfalt der Inka galt, floß in steinernen Rinnen in der Mitte der Straße.

Die Plaza, Huaycapata («Freudenplatz»), lag im Zentrum der Stadt, deren zwölf Bezirke, in vier Verwaltungsbereiche zusammengefaßt, sich nach den vier Himmelsrichtungen ausdehnten, die dem Reich seinen Namen – Tawantinsuyu – gegeben hatten.

Der Sonnentempel, die königlichen Paläste, das Haus der «Erwählten Frauen» und andere Bauten der privilegierten Klassen wurden nach Plänen der staatlichen Architekten errichtet und von hohen Mauern begrenzt, deren kunstvolles Steingefüge eine in der ganzen Welt unübertroffene Meisterleistung darstellt. Die Außenmauern waren – im Unterschied zu den ornamentübersäten Bauten der Maya und Azteken – meist schmucklos, in Ausnahmefällen mit Goldfolie verkleidet. Einer der ersten Spanier, die in das goldschimmernde Cuzco einzogen, berichtet von einem «quadratischen Haus ..., an jeder Seite 350 Schritt messend, völlig mit Gold beschlagen. Sieben solcher Platten im Wert von je 500 Goldpesos wurden später herabgenommen ...» Ein großer Teil des in Cuzco erbeuteten Goldes bestand aus diesen Wandplatten. «Sie wiesen Löcher auf, waren also mit Stiften an den Mauern befestigt», ein zusätzlicher Beweis, daß die meisten Königsbauten von Cuzco goldverkleidet waren. Kein Wunder, daß die Habgier der Konquistadoren ins Unermeßliche stieg.

Das prächtigste Gebäude von Cuzco war die Curi-cancha, der «Goldhof», der Überlieferung zufolge an der Stätte der vom ersten Inka, Manco Capac, erbauten Hütte errichtet. Die Konquistadoren wurden nicht müde, dieses Wunderwerk zu beschreiben, und noch heute, 500 Jahre später, versuchen die Archäologen mit Hilfe aller nur denkbaren Anhaltspunkte, sich ein Bild von diesem ältesten, weihevollsten und rätselhaftesten aller Inka-Heiligtümer zu machen. Der angrenzende Sonnentempel unterstand

«Die Stadt hat ausgezeichnete, wenn auch schmale Straßen; *die Häuser sind aus großartig gemauertem Stein», schrieb einer der Konquistadoren, der Cuzco in den Tagen seines Glanzes kennenlernte. Es wurde um 1400 nach einem systematischen Plan erbaut. Die Straßen sind heute noch zu sehen, mit neuen Häusern auf den Grundmauern der Inka.*

der «Leitung des Oberpriesters *Huillac-Umu,* der den großen Tempel bewohnte». Sechs größere, der Sonne, dem Mond, den Sternen, Blitz und Regenbogen geweihte Tempel und die Wohnstätten der Priester umschlossen das «Sonnenfeld», Inti Pampa, in dessen Mitte eine Quelle sprudelte. Schwere Goldplatten verkleideten die Außenwände des Tempels, die man zum Teil noch heute als Grundmauern des später auf der Kultstätte errichteten Dominikanerklosters sehen kann. In das dichte Strohdach waren goldene Halme eingeflochten, in denen sich die Sonnenstrahlen glitzernd verfingen.

Am meisten jedoch staunten die Europäer, als sie im Innenhof der Curi-cancha den sagenhaften goldenen Garten erblickten: Pedro de Cieza de León erzählt von «Erdklumpen aus feinstem Gold, Mais mit goldenen Stengeln, Blättern und Kolben, zwanzig goldenen Lamas mit ihren Jungen und goldenen lebensgroßen Hirten mit Krummstäben und Schleudern». So unglaubhaft dieser Bericht klingen mag, er findet sich in der Bestandsaufnahme des königlich-spanischen Schatzmeisters bestätigt, der jedes Beutestück verzeichnete und bei dem es heißt, er habe täuschend ähnliche Halme aus purem Gold gesehen. «Wollte ich alles beschreiben, was mir zu Gesicht kam, wäre des Erzählens kein Ende.»

Es scheint kaum vorstellbar, daß «uramerikanische», von der Alten Welt unabhängige Indianerstämme derartige Meisterwerke hervorbrachten. Die Besichtigung präkolumbischer Museumsschätze wird jedoch den Ungläubigsten von der beispiellosen Organisation und Kunstfertigkeit eines Reiches überzeugen, dessen kostbarste Meisterwerke in die Schmelztiegel der Eroberer wanderten.

Die Inka waren, wie erwähnt, die Erben und Vollender vorausgegangener Kulturen.

Doch eben diese entscheidende Verbesserung und Vollendung des übernommenen Erbes war das große Verdienst der Inka.

17 «Schweißtropfen der Sonne, Tränen des Mondes»

DIE GROSSEN INKA-STÄDTE, wie beispielsweise Cuzco, erwuchsen aus einer Tradition, die bis in die prähistorischen Anfänge Südamerikas zurückreicht. Die einfache Indianerhütte war das Vorbild aller architektonischen und städtebaulichen Planung. Selbst die eindrucksvollsten Gebäude mit ihrem mächtigen Mauerwerk sind im Grunde nichts anderes als in riesige Ausmaße übersetzte Abbilder des Einraumhauses, wie es sich der einfache Eingeborene im gesamten Andengebiet erbaute.

Die um einen quadratischen Innenhof angeordneten Gebäudegruppen lagen auch der rechtwinkeligen Städteplanung der Inka zugrunde, wie groß auch immer sie sein mochten.

Die Bauten der Inka erstreckten sich zur Blütezeit ihres Reiches, etwa um 1500, über ein Gebiet von rund fünftausend Kilometer Länge: von den Sonnentempeln und Festungen von Puru-mauca im südlichen Chile (35 Grad südlicher Breite) bis zum Ancasmayo-Fluß (etwa 1 Grad nördlicher Breite) im heutigen Kolumbien.

Das gesamte Gebiet war von einem Straßennetz durchzogen, das in Entfernungen von 6 bis 18 Kilometern mit Raststationen, *tampu,* versehen war. Längs dieser Straßen gab es Siedlungen mit allen erforderlichen Verwaltungszentren, mit Sonnentempeln, steinernen Palästen, Staatsspeichern und Festungen – ein organisiertes Staatswesen, das sich in mancher Hinsicht mit dem Römischen Imperium vergleichen läßt.

Die Städte lagen meist am Fuße eines Berges, auf dem sich eine Festung erhob, die im Kriegsfall Schutz und Zuflucht bot.

In einem Reich, dessen Ausdehnung Tausende von Kilometern betrug, finden sich noch heute genügend Beispiele eines einheitlichen, durch staatliche Lenkung erzielten Baustils, der eine Vorstellung vom Ausmaß jener öffentlichen und militärischen Bauwerke vermittelt. Eines der bezeichnendsten Beispiele dieser staatlich gelenkten Baukunst ist die Stadt Cacha am rechten Ufer des Yucay, etwa 75 Kilometer von Cuzco entfernt. Von dem Tempel, dessen Vorder- und Rückseite von je einer Säulenreihe flankiert waren und der zu den ungewöhnlichsten Monumenten des Inka-Reiches gehörte, sind die mächtigen Grundmauern – teils aus Steinblöcken, teils aus Adobe-Ziegeln – noch heute erhalten. Er entsprach etwa der Höhe eines modernen dreistöckigen Hauses und war mit Stroh gedeckt.

(«Im Innern barg er ein steinernes Idol, etwa mannshoch, mit einer Robe und einer Krone.») Ein Netz von Straßenzeilen führt zu diesem bemerkenswerten, an der sechs Meter breiten, noch heute sichtbaren Inka-Straße gelegenen Bau. Der Tempel von Cacha zeigt das charakteristische Merkmal aller Inka-Bauten: die trapezförmige Nische.

Zahlreiche Siedlungen städtischen Gepräges – mit der planierten Plaza, mit Palästen und Sonnentempeln, in ihrer Anordnung dem jeweiligen Gelände angepaßt – säumen die Straße nach Cuzco. In Rumicolca, 33 Kilometer von Cuzco entfernt, steht noch heute ein prächtiges Stadttor; Ruinen aus der Inka- und Vor-Inkazeit bedecken die umliegenden Hügel.

Die Inka verwendeten keine Nägel – das Eisen war ihnen unbekannt – und kein anderes Holz als die schweren Balken, die, mit Weidenruten verflochten, das strohgedeckte Dach trugen. Sie kannten zwar den Kragsteingewölbebau und wandten ihn teilweise bei Brücken an, kaum jedoch bei ihren sonstigen größeren Bauten. Die kleinen Fensternischen und die großen Steintore wurden aus Monolithen errichtet und sind von bewundernswerter Symmetrie und Schönheit der Proportionen.

Von kaum geringerer Bedeutung ist Pisac, eine 39 Kilometer nördlich von Cuzco am oberen Urubamba gelegene Siedlung. Häuser und Ackerbauterrassen liegen – oder vielmehr: hängen – am Gipfel eines Felsmassivs. Die Inka-Architekten nützten diese natürliche, vom übrigen Gebirge durch eine tiefe Schlucht getrennte «Festung» zur Anlage einer Reihe von Bastionen mit unterirdischen Gängen, Mauern und Toren. Die größeren Gebäude im heiligen Bezirk, dem Gebiet der sogenannten Sonnenuhr (Intihuatana: «Rastplatz der Sonne»), waren meist dem natürlichen Gestein aufs kunstvollste angepaßt, ein typisches Beispiel jener «organischen Architektur», von der der moderne Architekt John Lloyd Wright gesagt hat: «Sie entwächst dem Boden, der sie trägt, und strebt dem Licht entgegen.»

Nördlich von Cuzco, etwa 40 Kilometer entfernt, liegt Ollantaytambo (Posthaus des Ollantay) am oberen Urubamba. Im Jahr 1460 wurde die ursprünglich dörfliche Siedlung zum Schutz gegen die auf die Hauptstadt vorrückenden Antisuyu (aus dem nordöstlichen «Weltteil» des Reiches) zur Festung ausgebaut. Das moderne Dorf liegt auf dem Gelände der alten Siedlung, einem der schönsten Beispiele inkaischer Stadtplanung, und eignet sich vorzüglich zum Studium der Inka-Architektur.

Das Kennzeichen der Inka-Architektur *ist die Trapezform, die sich in Türen, Fenstern und Nischen in den verschiedensten Größenvariationen findet und die zum Teil auch bei der Anlage von Plätzen und Gebäuden als Grundriß verwendet wurde. Hier ein Beispiel aus Machu Picchu.*

Die Altstadt besteht aus einer großen Plaza, in die sämtliche Hauptstraßen einmünden, und ist überragt von einer ungeheuren, in den Fels gehauenen Festung. Sie befand sich, von Ackerbauterrassen umgeben, gerade im Bau, als 1536 die ersten Spanier in Ollantaytambo auftauchten. Die mächtigen, halbbearbeiteten Steinblöcke blieben liegen, wie man sie noch heute sieht. Das «moderne», 1540 angelegte Dorf erhebt sich auf den Resten der alten, von den Spaniern zerstörten Inka-Siedlung. Schmale Straßen führen zwischen mauerumschlossenen Häusergruppen, der Kernkonstruktion aller architektonischen Planung der Inka, hindurch. Auf einer Steintreppe gelangt man zur halbvollendeten Festung empor, unter deren umherliegenden Steinblöcken sich die sechs berühmten, einst zum Bau des Sonnentempels bestimmten Monolithen befinden. Zahlreiche Wohnräume und Vorratskammern und ein Steinwall vervollständigen die Anlage. Jenseits des Urubamba liegen die Steinbrüche, zu denen eine steile Serpentinenstraße hinaufführt. Hier bearbeiteten die peruanischen Steinmetzen die Felsblöcke; ihre dürftigen Wohnstätten sind noch heute zu sehen, halbbearbeitete Steinbrocken liegen ringsum verstreut.

Eine Kette befestigter Bergstädte – einstmals, wie man annimmt, zum Schutz gegen einfallende Urwaldstämme errichtet – krönt die Steilhänge der Urubambaschlucht: Huaman-marca, Patallacta, Winay-whayna, Botamarca, Loyamarca und schließlich als letzte und prächtigste dieser 500 Meter oberhalb der reißenden Wasser gelegenen Bergfestungen: Machu Picchu. Eine gepflasterte Straße verbindet die jeweils etwa fünfzehn Kilometer voneinander entfernten Berghorste bis nach Machu Picchu, wo sich der Urubamba in schäumenden Kaskaden in die unermeßlichen Urwälder stürzt.

Machu Picchu wurde weder von den Spaniern noch von den Inka jemals erwähnt, seit seiner Entdeckung durch Hiram Bingham im Jahr 1911 gehört es jedoch zu den bekanntesten Stätten der Inka-Kultur. Man gewinnt den Eindruck, als sei die Siedlung von ihren letzten Bewohnern plötzlich verlassen worden, ein Umstand, dem wir – von Pompeji und Herculaneum abgesehen – ein einzigartiges, von subjektiven Restaurierungsversuchen verschontes Beispiel organisierter Siedlungskultur verdanken.

Die Ruinen von Machu Picchu, «ein Komplex von Terrassen, Häusern, Tempeln, Zeremonialplätzen und Wohnstätten», liegen in einer Bergsenke zwischen den Gipfeln Machu (Alt-) und Huayna (Neu-) Picchu.

Ein schweres Portal mit wuchtigen steinernen Torflügeln – ein Pflock, durch einen Steinring gesteckt, diente als Riegel – sicherte den Zugang zu Machu Picchu. Wie in allen Städten des Inka-Reiches, finden wir auch hier die verschiedensten Bausysteme: den Königspalast aus behauenen Granitblöcken, die grobgefügten Steinhütten der einfachen Eingeborenen,

Die Sonnenjungfrauen *lebten in abgeschiedenen Gebäuden (hier die Ruinen eines solchen Hauses in der Nähe von Ollantaytambo) auf einsamen Bergeshöhen.*

Die malerischste Inka-Festung, *Machu Picchu, an der Urubamba-Schlucht, eine der zum Schutz der Hauptstadt Cuzco erbauten Befestigungen. Tempel, Wohnhäuser und Garnison liegen dichtgedrängt auf einem schmalen Sattel zwischen steilen Felswänden. Die Aufnahme rechts zeigt den Huayna Picchu (mit Gebäuden und Terrassen auf dem Gipfel). Oben der «Rastplatz der Sonne» – Intihuatana –; dort wurde nach dem Stand des Schattens die Zeit der Sonnenwende festgelegt.*

Der große Steinthron des Inka, *einst mit Gold beschlagen, auf der Plattform der Tempelpyramide von Vilcas-huamán, dem einzigen erhaltenen Sonnentempel des Inka-Reiches (rechts unten). Hinter dem steinernen Tor in der charakteristischen Trapezform führen 33 Stufen nach oben. Die Inka betrachteten Vilcas-huamán (das «Falken-Heiligtum») als Zentrum ihres Reiches, da es genau auf halbem Wege zwischen Quito im Norden und Chile im Süden lag.*

die barackenähnlichen Unterkünfte der Soldaten. Als Dach diente in allen Fällen eine dichte, wahrscheinlich äußerst dauerhafte Grasschicht. Die Innenräume waren von spartanischer Strenge.

Nordwestlich von Cuzco, am Fuße des rund 6000 Meter hohen, schneebedeckten Salcantay, liegt Limatambo, die letzte Station, ehe man auf der Straße von Cuzco nach Quito zum «Großen Sprecher», dem Apurimac-Fluß, kommt. Die Gebäude von Limatambo sind im «Polygonalstil» (vieleckige Steinblöcke, wie ein Mosaik zur Mauer zusammengesetzt) errichtet und stehen den berühmtesten Bauten von Cuzco an Schönheit und Präzision der Ausführung nicht nach. Die Blöcke schließen so eng aneinander, daß man tatsächlich nicht die feinste Messerklinge dazwischenschieben könnte.

Eine der nächsten Stationen auf dem Weg nach Quito ist Vilcas-huamán, 160 Kilometer nördlich von Limatambo in 3000 Meter Höhe gelegen. Vom hohen Vilcas-Plateau überblickt das «Falken-Heiligtum» den schäumenden Vischongo. Hier finden wir noch eine der wenigen erhalten gebliebenen Tempelpyramiden, von denen es einst Tausende gab. Obwohl es von der Hauptstadt Cuzco durch 300 Kilometer unwegsames, gebirgiges Gelände getrennt ist, zeigt auch Vilcas-huamán eine geradezu verblüffende Einheitlichkeit inkaischer Stadtplanung: Seine riesige Plaza («groß genug, fünfzigtausend Menschen zu fassen», berichtet Cieza de León, der die Stadt offenbar aus eigenem Augenschein kannte) war im Westen vom Sonnentempel, ostwärts vom Palast des Inka, dem Haus der Sonnenjungfrauen und den staatlichen Vorratskammern begrenzt. Die schmalen, von Häusern gesäumten Straßen waren gepflastert.

Auf der Plaza trafen drei aus verschiedenen Richtungen kommende Imperialstraßen zusammen. Für den Sonnentempel gilt noch heute die Beschreibung, die uns Pedro de Cieza de León überliefert hat: «Aus wohlbehauenen Steinen gefügt, weist er an den beiden gegenüberliegenden Seiten zwei große Tore auf und je eine Treppe mit 33 Stufen. Auf der Plattform des 33 Meter hohen Pyramidenstumpfes befindet sich ein großer (einst mit Gold überzogener) Steinthron. Dort saß der Inka und schaute den Tänzen und Volksfesten zu...»

Auch in der Stadt Cajamarca, 320 Kilometer weiter nördlich, finden wir das bekannte Bauschema der Inka. (Hier wurde Atahualpa, der letzte Inka-Herrscher, ergriffen, gefangengehalten und getötet.) Die vergleichsweise kleine Siedlung lag auf halbem Weg zwischen Cuzco und Quito in 2800 Meter Höhe. Die Spanier, die sie am Freitag, dem 15. November 1532, zum

erstenmal betraten, fanden den mauerumschlossenen, mit zwei Toren versehenen Hauptplatz jedoch «größer als irgendeinen in Spanien». Die Häuser, langgestreckt und festgefügt, waren «strohgedeckt und von dreifacher Manneshöhe». «Die schönsten», heißt es im Bericht des Königlichen Inspektors weiter, «die wir jemals sahen.»

Die Stadt Quito, am Ende der von Cuzco herkommenden großen Verkehrsachse gelegen, wurde dem Inka-Reich erst im Jahr 1492 eingegliedert. Innerhalb kürzester Zeit jedoch hatten die Inka die 2000 Kilometer von ihrer Hauptstadt entfernte Siedlung ihrer eigenen Stadtplanung untergeordnet, jenem Schema, das alle ähnlichen europäischen Anlagen der gleichen Zeit weit übertraf. Kein anderes Volk hat es jemals versucht oder verstanden, in derartigen Höhen – 2800 bis 3400 Meter über dem Meeresspiegel – auch nur annähernd ähnlich durchkonstruierte Städte zu bauen und zu erhalten.

Wie auf den Steilhängen der Anden, so veränderten die Inka auch im neueroberten Küstengebiet das Gesicht des Landes. Sie schleiften Teile der unterworfenen Städte, um ihren ausgedehnten Hauptplätzen, ihren Sonnentempeln und Verwaltungsgebäuden Raum zu schaffen. Im Küstengebiet bauten die Inka mit Adobe-Ziegeln, an wichtigen Kultstätten – zum Beispiel in Pachacamac in der Nähe von Lima – machten sie sich die Mühe, schwere Steinblöcke für die Grundmauern, Tore und Nischen herbeizutransportieren, auf denen mit Lehmziegeln weitergebaut wurde. Vielfach begnügten sie sich bei neu errichteten Ansiedlungen, wie etwa in Incahuasi im Cañete-Tal und in Tambo Colorado, jedoch mit Adobe-Ziegeln, die sie wie Steinblöcke formten und verwendeten.

Wie entstand ein solcher Inkabau?

Viele der an diesem Problem Interessierten – einige Archäologen nicht ausgenommen – vertreten folgende Ansicht: Die in Cuzco und an der Festung Sacsahuamán erhaltenen Steinarbeiten in ihren wahrhaft zyklopischen Ausmaßen stammen aus der Vor-Inka-Zeit und sind dem sogenannten «Megalithischen Reich», einer unergründlichen Vorzeit, zuzuschreiben. Diese Theorie entbehrt jeder archäologischen Untermauerung. Die verschiedenen Stilformen sind, wie Grabungs- und Restaurierungsarbeiten beweisen, entweder Kennzeichen einer Entwicklung innerhalb dieses Inka-Baustils selbst oder, was wahrscheinlicher ist, bedingt durch die Verschiedenheit des Baumaterials und die Anpassungsfähigkeit der Handwerker an die geologischen Gegebenheiten.

Wer den ungeheuren Steinbauten der Inka zum erstenmal gegenübersteht, vermag nicht zu glauben, daß die gigantischen Blöcke, mit Steinwerkzeugen behauen – die kunstvoll gekehlten Ränder schließen fugenlos aneinander –, ohne Zugtiere befördert und nur mit Menschenkraft gehoben wurden. Bis zu 20 Tonnen schwere Quadern verschiedenster Form wurden behauen und ohne Mörtel aneinandergefügt, als handle es sich um Teile eines Mosaiks. Auf diese kunstvoll-primitive Weise entstanden Mauern, die völlig unbeeinträchtigt – wenn nicht von Menschenhand zerstört – die Jahrhunderte überdauerten.

Das Verfahren, Stein mit Stein zu behauen, war sowohl in Amerika wie in Ägypten und in allen Kulturen der Frühzeit bekannt. Auch das Brechen der Quadern geschah in etwa der gleichen Weise. Man suchte den Fels nach natürlichen Fehlern ab, bohrte Löcher und füllte sie mit wassergetränkten Holzkeilen. Hatte das Holz seine größte Ausdehnung erreicht, sprengte es den Fels. (Die Römer, die besten Techniker des Altertums, gingen nicht anders zu Werke.) Auf den Berghängen gegenüber von Ollantaytambo sind, wie bereits erwähnt, Steinbrüche der Inka erhalten. Tausend Meter über dem schäumenden Fluß liegen halbbehauene Steine, zum Teil aus Porphyr, mächtige Felsblöcke und -splitter am Boden. Ähnliche Anlagen finden wir zum Beispiel in Huaccoto (12 Kilometer von Cuzco entfernt), wo der schwarze Andesit gebrochen wurde, und in Rumicolca (*rumi* = Stein), 33 Kilometer von Cuzco entfernt. Von hier stammte der besonders feinkörnige, den staatlichen Bauprojekten vorbehaltene Kalkstein. Die große Festung Sacsahuamán wurde aus derartigen Blöcken errichtet, die in den Grundmauern besonders gigantische Ausmaße aufweisen. Daß die alten Ägypter bei der Gewinnung ihres Baumaterials fast ebenso verfuhren wie die Inka, geht aus dem Studium ihrer Steinbrüche und Steinbrechverfahren hervor.

Beim Transport der schweren Felsblöcke war man allein auf Menschenkraft angewiesen. Dem Indianer war das Rad unbekannt. Aber wir wissen, daß er hölzerne und steinerne Walzen, Hebel, Seile und vielleicht sogar Schlitten verwendete. Von den Gesetzen der Dynamik und den Möglichkeiten, schwere Gewichte zu heben, wußte er nur das Allernotwendigste.

Sacsahuamán, die Festung von Cuzco, wurde unter der Regierung des Pachacuti («Erderschütterer») nach 1438 n. Chr. begonnen. Rund 30000 Eingeborene arbeiteten siebzig Jahre an der Vollendung eines der gewaltigsten Bauwerke der Welt. Die wichtigsten Bastionen liegen an der Nordseite hinter einer fünf Kilometer langen Mauer von zyklopischen Ausmaßen: Drei massive Steingürtel, jeder 46 Terrassen tragend, gestützt von Strebepfeilern und mit einer Art Brustwehr versehen, türmen sich zu 20 Meter Höhe. Es gab nur drei Zugänge zu der Festungsanlage – einer trägt noch heute den Namen des Erbauers –, zwei viereckige Wachttürme sicherten den Ein- und Ausstieg des vordersten unterirdischen Ganges, von einer riesigen Zisterne wurde das Wasser in steinernen Röhren an die verschiedensten Stellen geleitet. Außer dem prunkvollen Palast für den Inka-Herrscher gab

Wahre Wunderwerke an Präzision *vollbrachten die Baumeister der Inka. Rechts ein Mauerstück aus Cuzco, links aus Sacsahuamán, der Festung über der Hauptstadt. Während rechts ziemlich regelmäßige Steine verwendet wurden (ein ähnliches Beispiel siehe S. 291), besteht die Mauer von Sacsahuamán aus riesigen polygonalen Blöcken, von denen einer sieben Meter hoch ist und 200 Tonnen wiegt. Wie die Inka es verstanden, diese Quadern meilenweit zu transportieren – bei dem rechten Beispiel sind noch die als Ansatzstellen für den Transport bestimmten Vorsprünge zu erkennen –, zu heben und so einzupassen, daß die verschiedensten Profile fugendicht aneinanderschlossen, wird ein ewig unerklärbares Wunder bleiben. Als Werkzeuge dienten ihnen lediglich Steinäxte und -hämmer, Bronzemeißel, der grobe Sand zum Schleifen und Baumstämme zum Rollen der Felsblöcke. Die Inka-Baumeister verwendeten keinen Mörtel, und doch liegen die Steine so dicht aufeinander, daß sich nicht die feinste Messerklinge dazwischenschieben läßt.*

es Speicher für Waffen und Lebensmittel, Unterkünfte für Soldaten und Verteidiger. Die Spanier waren sprachlos vor Staunen. «...Weder der Aquädukt von Segovia noch die Säulen des Herkules noch die Werke der Römer besitzen die grandiose Würde dieser Festung...»

Auch die Verarbeitung der Metalle spielte eine große Rolle in der Kultur der Inka. Gold stand in reicher Menge zur Verfügung; außerdem förderte und verarbeitete man noch zahlreiche andere Metalle. Bronze, eine Mischung aus Kupfer und Zinn, war ein weitverbreiteter Werkstoff und überdies das einzige Metall, das der gewöhnliche Eingeborene als Zierat tragen durfte.

In Mesopotamien hatte man das Kupfer bereits 3500 Jahre v. Chr. gewonnen; in Peru – aus Gräberfunden ersichtlich – etwa 1500 Jahre später. Die Inka erfanden keine neuen Abbaumethoden, verbesserten jedoch ganz allgemein den Bergbau. Sämtliche Gold- und Silbervorkommen gehörten dem Inka-Herrscher; das gewonnene Metall mußte zur Weiterverarbeitung nach Cuzco geschickt werden. Kein Eingeborener durfte die geringste Gold- oder Silbermenge in Besitz haben, wenn er sich aus der Hauptstadt entfernte.

Bergbau und Bergarbeiter unterlagen bestimmten Gesetzen. Im Hochgebirge der Anden wurde der Bergbau nur während der vier wärmsten Sommermonate betrieben. Das meiste Gold stammte aus den steilen, das feuchte Gebiet von Carabaya (östlich des Titicacasees) einschließenden Bergen, an deren gestuften Hängen sich noch heute Überreste alter Golddörfer finden. Das Auswaschen der Goldkörner war die gebräuchlichste Gewinnungsmethode. Außerdem durchzog man die Flußläufe mit Sperrriegeln, in denen sich nach großen Regenfällen goldhaltige Steine fingen. Die Holzkohlenöfen zum Schmelzen des Goldes befanden sich auf den Kämmen luftiger Hügel und erreichten, nach Osten gewandt, mit Hilfe der Passatwinde die erforderlichen Schmelztemperaturen.

Die Goldarbeiter der Inka wandten sämtliche bekannten Verarbeitungsverfahren an: Gießen, Hämmern, Löten, Nieten und Repoussé. Die meist in Cuzco ansässigen und steuerfreien Goldschmiede «gingen um das Feuer und bliesen mit den Bälgen», wie der 1539 in Cuzco geborene Garcilaso de la Vega in seiner Chronik schreibt.

Gold ist wesentlich weicher als Silber und ungewöhnlich biegsam – ein einziges Goldkorn kann zu einem 30 Meter langen Draht gezogen werden. Die Inka ließen die Gewinnung und Verwendung des Goldes in genau detaillierten Listen registrieren. Bergleute und Minen wurden von staatlichen Beamten überprüft. Während man jedoch in anderen Ländern die Arbeit im Bergbau häufig von Strafgefangenen verrichten ließ, wurde sie von den Bewohnern des Inka-Reiches als Teil der Arbeitssteuer geleistet.

Auch das Silber, um seines milden Glanzes willen als Tränen des Mondes bezeichnet, war ausschließlich Eigentum des Inka-Herrschers. Man schätzte es sehr, obgleich es im feuchten Andenklima rasch erblindet und so seinen Wert als Schmuckstück verliert.

Die Methoden der Metallverarbeitung harren noch genauer Untersuchung. Bekannt ist jedoch, daß die Inka mit Vorliebe Zinnlegierungen herstellten. Viele Metallgegenstände, die auf den ersten Blick wie reines Gold wirken, enthalten in Wirklichkeit Zinn. Außerdem verstanden sie sich darauf, Kupfer und Zinn zu Bronze zu gießen und während des Erkaltens zu hämmern. Auf diese Weise verfertigten sie Keulen, harte Bronzehebel, Messer, chirurgische Instrumente, Bolas zum Fangen von Vögeln und anderen Tieren, Nadeln zum Zusammenhalten der Frauenkleider, Ohrpflöcke, Kämme und zahlreiche andere Gegenstände. Dennoch bilden alle

Das Gold von Peru *war für Europa die faszinierendste Entdeckung der Neuen Welt. Wo es an zuverlässigen Informationen fehlte, sprang die Phantasie ein, wie hier auf diesem Blick in eine Goldschmiedewerkstatt von Theodorus de Bry. Er hatte gehört, daß die Goldschmiede der Inka «mit Blasrohren rings um das Feuer gingen», und hat diese Szene in ein mit Prunkpokalen, Muschelschalen und Tafelaufsätzen ausgestattetes Interieur seiner eigenen Zeit gestellt.*

Einen ganzen Monat lang *mußten die Goldschmiede der Inka auf Befehl der Konquistadoren alle jene prächtigen Kunstwerke einschmelzen, die sie in jahrzehntelanger Arbeit geschaffen hatten. Einige wenige kleinere Stücke, die der Vernichtung entgingen oder von zeitlich benachbarten Kulturen stammen, sind die einzigen Zeugnisse für den Glanz der zerstörten Werte.*

Goldenes Lama, *20 Zentimeter hoch, gehämmert und gelötet. Es wurde 1934 in den Ruinen von Sacsahuamán gefunden. Rechts:* Goldfigur eines Anbetenden, *wahrscheinlich als Grabbeigabe oder Tempelschmuck verwendet.*

Silberschale *aus Cuzco mit zwei Hirschen und einer kleinen Menschenfigur. Wenn man Wasser in den Aryballos auf dem Rand der Schale gießt, fließt es durch das kleine Figürchen in das runde Becken am Grund des originellen Gefäßes.*

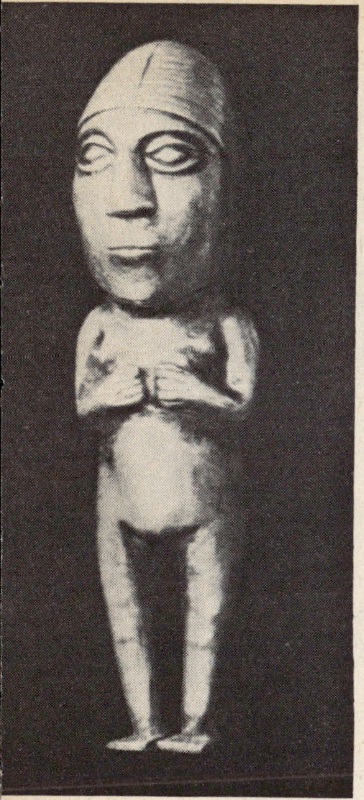

Opfermesser *aus einer Grabhöhle der Chimú, eines Volksstammes, der etwa hundert Jahre lang dem Inka-Reich angehörte. Die Klinge ist aus Stein, der Griff in Form eines reichgeschmückten Gottes aus gehämmertem Gold. Von dem Kopfschmuck aus feinstem Goldfiligran mit eingelegten Türkisen hängen an beiden Seiten goldene Vögelchen herab, Rock und Kniescheibe sind mit Glöckchen geschmückt. Das Messer ist etwa 53 Zentimeter lang.*

Schätze, die den Spaniern entgingen: *Diese prächtigen Goldschmiedearbeiten (und das Opfermesser von Seite 309) wurden erst unlängst in Gräbern bei Batan Grande an der Nordküste von Peru entdeckt. Sie stammen aus der Zeit der Chimú, lassen jedoch als unmittelbare Vorläufer der Inka ziemlich zuverlässige Schlüsse auf deren Goldschmiedekunst zu. Oben: Zwei goldene Becher mit eingelegten Türkisen und deutlich erkennbarem doppeltem Boden. Rechts: Goldener Gewandschmuck der Chimú-Aristokraten mit eingehämmerten, auch in der Keramik vorkommenden Motiven.*

diese Produkte nur einen geringen Anteil, verglichen mit den zu Schmuck und Gerätschaften verarbeiteten Gold- und Silberschätzen.

Alles Gold und Silber wurde im Hinblick auf den Transport und auf die Verteilung unter die Konquistadoren erbarmungslos eingeschmolzen; kein einziges Kunstwerk blieb erhalten, obwohl man einige der schönsten Stücke für Kaiser Karl v. beiseite gelegt hatte. Umsonst! Ein Erlaß vom 13. Februar 1535 ließ keine Ausnahme zu: «Sämtliches Gold und Silber aus Peru ist der königlichen Münze von Sevilla, Toledo und Segovia zur Einschmelzung zu übergeben.»

Wir kennen diese unwiederbringlich verlorene Kunst nur aus den Beschreibungen einfacher spanischer Soldaten, die sie mit staunender Bewunderung betrachteten. «In Cuzco fanden wir viele Gold- und Silberstatuen, Frauen in Lebensgröße, wohlgeformt, innen hohl und so kunstvoll verfertigt, daß man sich nichts Schöneres denken kann...» Ein anderer Konquistador berichtet von «vielen Schüsseln aus Gold, die mit Vögeln und Schlangen, ja sogar mit Spinnen, Eidechsen und Käfern verziert waren». Und der Sekretär der Konquistadoren, der die Beutestücke registrierte, ehe sie in die Schmelztiegel wanderten, schrieb begeistert: «Wahrlich, es war ein wunderbarer Anblick! Schüsseln, Becher und Gefäße verschiedenster Form, zum Gebrauch des Königs bestimmt, vier große goldene Lamas, zehn oder zwölf lebensgroße Frauen, alle aus feinstem Gold hergestellt und so schön, daß es aussah, als seien sie lebendig...»

18 Die Straßen des Goldreiches

CUZCO, HAUPTSTADT DES INKA-REICHES und Zentrum des Straßennetzes, liegt im Herzen der Anden. Nach vier Tagemärschen in nordöstlicher Richtung erreicht man den Regenwald, während man in östlicher Richtung schon nach zwei Tagen auf den Paucartambo trifft, den mächtigen, in schäumenden Kaskaden in den baumreichen Urwald hinabstürzenden Strom. Hier lebte eine Anzahl wilder Stämme, die unverdrossen und mit der Beharrlichkeit von Ameisen ins Reich der Inka einzudringen suchten. Zur Abwehr ihrer unberechenbaren Überfälle errichtete man drei riesige Festungen: Sacsahuamán zum Schutz der heiligen Stadt Cuzco; Ollantaytambo zur Verteidigung des oberen Urubamba-Flußlaufes und Pisac, das sowohl den Urubamba als auch den Bergpaß nach Osten zum Tal des Paucartambo abschirmte.

Hin und wieder gelang es den Inka, einen dieser zerstreuten Urwaldstämme zu besiegen und zu Tributleistungen – Gold, Federn, *chonta*-Holz, Farbstoffe, Früchte, Felle, Fasern und Baumwolle – zu zwingen. Gegen andere Stämme, insbesondere die Aguaruna («Wassermenschen»), eine den Shuara-Kopfjägern verwandte Sippe, versuchten die Inka vergeblich anzukämpfen und mußten im feuchten Urwald, Mann gegen Mann, empfindliche Verluste einstecken. Im Handel mit den Quechua hatten sich die Aguaruna Kupfer- und Bronzegeräte und sicher auch Waffen verschafft.

Hundert Jahre dauerte es, ehe es den Inka gelang, die Küstenstämme zu unterwerfen. Ihre großartig angelegten Straßen, in steile Felsschluchten gehauen oder längs der westwärts fließenden Ströme angelegt, dienten sowohl friedlichen wie auch militärischen Zwecken. Unaufhörliche Kriege beschäftigten den Verwalter oder *apo* des westlichen Reichsgebietes, bis es endlich, im Jahr 1476, gelang, das Chimú-Reich zu erobern und den letzten Widerstand der Küstenvölker zu brechen.

Nicht nur die Männer, sondern auch die Frauen der «Vier Welteile» unterstanden einem strengen Kontrollsystem. Hatten die Mädchen das zehnte Lebensjahr erreicht, wurden sie gezählt und nach Schönheit und Talent klassifiziert. Anmutige und begabte Indianerinnen wurden dem das Land durchreisenden Inspektor, dem *curaca,* vorgeführt und nach Cuzco in den Palast der «Erwählten Frauen» gebracht. Die «Übriggebliebenen» gehörten bis an ihr Lebensende als Arbeiterinnen dem Sippenverband an.

Die «Erwählten Frauen» lebten unter strenger Aufsicht; in klösterlicher Abgeschiedenheit lernten sie weben und kochen oder wurden in die Riten der Sonnenreligion eingeweiht. Wer zur «Sonnenjungfrau» ausgewählt wurde, zog in eines der auf hohen Berggipfeln gelegenen Kultgebäude ein, die für gewöhnliche Sterbliche unnahbar waren. Überreste derartiger Burgen finden sich noch heute in Ollantaytambo und bei Incahuasi (Neu-Cuzco) im Cañete-Tal.

Es gab rund fünfzehntausend dieser «Erwählten». Standen sie nicht im Dienst der Sonnenreligion, wurden sie meist königliche Konkubinen oder Frauen der Feldherren. Blieben sie unverheiratet, verlieh man ihnen den Titel *Mamacuna* und betraute sie mit der Erziehung neu eingetroffener «Erwählter». Die von ihnen gewebten Gewänder waren ausschließlich für den Herrscher und seine Gemahlin, die *Coya,* bestimmt.

Diese Frauen waren es, die von den Spaniern während der ersten fünf Tage der Konquista im Sonnentempel von Caxas (Nordperu) vergewaltigt wurden. Die Kunde von diesem Frevel erbitterte den Inka-Herrscher dermaßen, daß er tödliche Rache schwor. Die Vernichtung der Spanier wurde allerdings durch seine Gefangennahme verhindert.

Die ständige Expansion des Inka-Reiches hat nicht nur eine stets kampfbereite Truppe, sondern auch ein bewegliches Verwaltungssystem erfordert. Widersetzte sich ein unterworfener Stamm den Bedingungen und Verwaltungsmaßnahmen der Inka, wurden seine Sippen erbarmungslos dezimiert und die frei gewordenen Gebiete an verläßliche Quechua sprechende Stämme verteilt. Diesen *mitamaes* fiel, ähnlich den Soldaten des Römischen Imperiums, die Aufgabe zu, als eine Art «Kulturträger» die Sitten und Gepflogenheiten ihres Reiches zu verbreiten.

Ein gut organisiertes Verkehrsnetz war die wichtigste Vorbedingung für das reibungslose Funktionieren eines so ungeheuren Verwaltungsapparats, wie ihn die Inka aufgezogen hatten. In Cuzco liefen nicht nur die Grenzen der «Vier Weltteile» zusammen, sondern es war außerdem Ausgang und Knotenpunkt eines meisterlich angelegten, das Reich mit unzerreißbaren Maschen umspannenden Straßennetzes.

Die beiden Hauptachsen waren die Königs- und die Küstenstraße. Die erstere, *Capac-ñan,* führte vom Ancasmayo an der nördlichen Reichsgrenze über die Anden durch Ecuador, Peru, Bolivien und Argentinien bis nach Chile, wo sie am Maule-Fluß endete. In Puru-mauca bauten die Inka ihre südlichste Festung und Poststation. Der Maule bildete auch den Abschluß der Küstenstraße: sie begann in Tumbiz, der Grenzstadt des Inka-Reiches am Ozean, durchquerte das gesamte Wüstengebiet von Peru, drang bis ins Herz von Chile vor und traf in Copiapó mit der aus Argentinien kommenden Straße zusammen.

Unerschöpflich *ist der Motivreichtum der Textilien, in denen die Inka die verschiedensten Zickzack-, Spiralen- und Mäandermuster mit stilisierten Tierornamenten kombinierten. Der Gobelin rechts stammt aus einem Chancay-Grab und zeigt in braunen und weißen Farbtönen nicht weniger als zehn verschiedene Muster. Die Gewänder für den Inka-Herrscher und seine Gemahlin wurden von den «Erwählten Frauen» gewebt.*

usgestopfte Wollpuppe, *ein Produkt alltäglichen Weberei für den Hausrauch, aus einem späten Prä-Inka-Grab Caqui im Chancay-Tal.*

Die Königsstraße durch die Anden war 5200 Kilometer lang – eine Ausdehnung, die noch die Entfernung der längsten Römerstraße, vom Hadrianswall an der schottischen Grenze bis nach Jerusalem, übertrifft; die Küstenstraße durchlief ein Gebiet von 4000 Kilometer Länge.

Außer diesen beiden Hauptverkehrsadern gab es unzählige kleinere Querverbindungswege: Goldstraßen, die in die reichen, östlich des Titicacasees gelegenen Goldgebiete von Carabaya führten, und breite Militärstraßen, wie beispielsweise die 640 Kilometer lange gepflasterte Straße von Huánuco nach Chachapoyas, die speziell im Hinblick auf die Unterwerfung der aufrührerischen Chanca angelegt worden war. Die Straßen der Inka durchschnitten den tiefsten Urwald, überquerten die höchsten, dem Reiseverkehr jemals dienstbar gemachten Pässe, von denen einer in 5000 Meter Höhe am Gipfel des Berges Salcantay vorüberführte.

Die Standardbreite der Inka-Küstenstraße betrug acht Meter; dies bewiesen die von der Von-Hagen-Expedition auf einem 1600 Kilometer langen Straßenstück zu Hunderten vorgenommenen Messungen, obwohl wir weder den Grund für diese Straßenbreite noch die verwendete Maßeinheit wissen. Man ging von diesen acht Metern Breite nur dann ab, wenn sich ihrer Einhaltung unüberwindliche Hindernisse entgegenstellten. Die Römerstraßen, auf denen die schweren Kriegswagen nordwärts rollten, waren von vornherein einer viel stärkeren Beanspruchung ausgesetzt und durch einen festen Unterbau gesichert. Und es ist erwiesen, daß auch die Völker des Altertums ihre Straßen erst dann auf festem Unterbau anlegten, als sich die Verwendung des mehrrädrigen Wagens durchgesetzt hatte.

Bei der Härte des Küstenbodens erübrigte sich die Bearbeitung der Straßenoberfläche. Stellte sich eine Bodenerhebung in den Weg, brachte man die Straße durch eine langgestreckte Böschung auf gleiche Höhe; fiel das Gebiet steil ab, half man sich mit Stufen. In der Umgebung größerer Städte wurden die Straßen streckenweise gepflastert.

Ein besonderes Charakteristikum der Inka-Straßen sind ihre niedrigen Mauereinfassungen, die Sandverwehungen verhindern sollten und gleichzeitig als Markierungslinien dienten. Außerdem zwangen sie die Krieger, die sie am häufigsten benützten, zur Einhaltung einer disziplinierten Marschordnung. «Längs der Küste», berichteten die ersten spanischen Konquistadoren, «hatten die Kaziken eine breite, mauergesäumte Straße angelegt ...» Die Reste dieser Mauern finden sich noch heute in der Wüste als einziges Zeichen menschlicher Gegenwart inmitten grenzenloser Einöde.

In bestimmten Abständen waren *topo* (Meilensteine) aufgestellt, deren Abstand, wie Cieza de León berichtet, «eineinhalb kastilische Meilen» betrug. Das entspricht einer Entfernung von jeweils etwa sieben Kilometern.

Von den Nebenstraßen, die in die 4000 Kilometer lange Küstenachse einmündeten, konnten bisher elf näher erforscht werden. Manche dieser Querverbindungen stammten bereits aus der Prä-Inka-Zeit (schlechter angelegt und von geringerer Breite) und wurden von den Inka-Technikern entweder ignoriert oder ihren eigenen Anforderungen entsprechend ausgebaut. Die das Cañete-Tal durchquerende Verbindung der Küsten- und der Königsstraße ist eines der am besten erhaltenen Beispiele jener Inka-Gebirgsstraßen, die ursprünglich dazu dienten, den Feind zu überrennen. Die Inka legten ihre Straßen vorzugsweise in Schluchten an. Aus der steilen Felswand brachen sie eine Trasse aus, die seitlich mit Steinblöcken abgestützt wurde. Man vermied es sorgfältig, besonders in den niederschlagsreichen Gebieten, die Straßen zu dicht an Wasserläufe heranzuführen – denn nur zu oft kam es vor, daß Flüsse und Ströme über die Ufer traten und Erdreich und Felsblöcke mit sich fortrissen. Die 200 Kilometer lange, größtenteils gepflasterte Cañete-Straße hatte auf dem Weg ins Hochtal von Jauja, einem wichtigen Kulturzentrum des Spätreichs, eine Steigung von 3200 Metern zu überwinden; sie mündete schließlich in die Andenstraße.

Die 5200 Kilometer lange Nord-Süd-Achse war bis zum 19. Jahrhundert zweifellos die längste Verkehrsstraße in der Geschichte der Menschheit. Ihre Breite schwankt zwischen drei und sechs Metern, was die Archäologen zu der Vermutung veranlaßte, daß die acht Meter breite Küstenstraße entweder auf eine Verbesserung gegenüber der Andenstraße schließen läßt oder daß die Andenstraße einen Kompromiß mit dem schwierigen Gelände darstellt. Im gebirgigen Gebiet einen gut gangbaren Verkehrsweg anzulegen, bedeutete schon bei drei bis sechs Metern Breite eine ungewöhnliche Leistung. Wie die Küstenstraße, lief auch die Andenachse nur dort auf erhöhtem Unterbau, wo man dem Wasser ausweichen mußte: Zum Beispiel in Anta, einer zu Beginn des 14. Jahrhunderts in der Nähe von Cuzco erbauten Stadt, führt ein acht Meter breiter, zwölf Kilometer langer Damm über ein weites Sumpfgebiet. Pedro de Cieza de León beschrieb ihn 1548 mit folgenden Worten: «... der große Sumpf wäre kaum überquerbar, hätten nicht die Inka einen breiten gepflasterten Damm errichtet.»

Wozu diente dieses vollendete Straßennetz? Kaum zur wirtschaftlichen Erschließung des Landes. Die meisten Provinzen versorgten sich selbst. Ein so ausgedehnter Nord-Süd-Handel wäre keineswegs nötig gewesen. Die Inka-Straßen hatten einen anderen Zweck: Eroberung und Kontrolle. «Weder der geringste Aufstand noch ein feindlicher Einfall an den fernsten Grenzen konnte geschehen», schreibt William Prescott, «dessen Kunde nicht sofort in die Hauptstadt gelangt wäre und dem Inka die Möglichkeit gegeben hätte, seine Kampftruppen nach dem Unruheherd abzukommandieren ...»

Mitten durch die Wüste *des südamerikanischen Küstengebiets läuft die 4000 Kilometer lange Inka-Straße. Wo es das Gelände erlaubte, bevorzugte man – wie die Römer – einen schnurgeraden Verlauf. Die Straße war 7 bis 8 Meter breit und mit Steinblöcken oder einer niedrigen Markierungsmauer eingefaßt.*

Zahlreiche Querstraßen *verbanden die Küsten- und die Gebirgsachse; eine der eindrucksvollsten und am besten erhaltenen führte durch das Cañete-Tal. Heute verlaufen moderne Straße und alter Weg (rechts am Felsen) dicht nebeneinander.*

Die Andenstraße *war zum Teil gepflastert, zum Teil als Damm aufgeschüttet. Rechts die «Goldstraße» am Eingang des Dorfes Tambillo im Gebiet von Carabaya, östlich des Titicacasees.*

In Felsenstufen *ging die Andenstraße bei besonders steilem Gefälle – hier auf der Strecke nach Huánuco – über. Da die Inka außer den berggewohnten Lamas weder Zugtiere noch Wagen kannten, wurden diese Straßen nur von Karawanen und Armeen beschritten, denen der Übergang zur Felsentreppe keine Schwierigkeiten bereitete.*

Die Soldaten so schnell wie möglich an den Kampfort zu bringen, war Zweck und Ziel der Inka-Straßen.

Eines der wichtigsten Verbindungsglieder der Straße, zumal in den steilen Gebirgsgegenden, war die Brücke. Die Inka verwendeten die verschiedensten Arten: Hänge-, Ponton- und Trägerbrücken; bei Übergängen über schmalere Wasserläufe begnügte man sich mit einer aus Steinen aufgeschichteten Furt. Jeder Brückentyp hatte seinen besonderen Namen, der gemeinsame Sammelbegriff war *chaca.* Die größte dieser *chaca,* die durch Thornton Wilder in die Literatur eingegangene «Brücke von San Luis Rey», überspannte die tiefe Schlucht des tosenden Apurimac.

Sie entstand ungefähr im Jahr 1350 unter der Herrschaft des «Königs» Roca, als die Inka begannen, ihre Eroberungszüge nach Norden auszudehnen; sie war zweifellos eines der erstaunlichsten Beispiele indianischer Ingenieurkunst.

In den Anden fehlte es von jeher an Holz – den gemauerten Brückenbogen kannte man nicht –, und so finden wir die Hängebrücke als den gebräuchlichsten Typ. Das Wichtigste waren die schweren Taue, die man aus den fleischigen Fasern der *cabuya* (einer agavenartigen Pflanze) herstellte. Sie hatten die Stärke eines menschlichen Körpers und waren so kunstvoll geflochten und gedreht, daß sie schwersten Lasten standhalten konnten. Die Taue wurden unweit der zu errichtenden Brücke verfertigt und an hohen Steinpfeilern befestigt. Drei weitere Taue, um den Sockel der Steinpfeiler geschlungen, bildeten den Brückenboden – er wurde später mit Holzpflöcken durchzogen –, den man durch senkrecht laufende Stricke mit den Tragseilen verband. Da man keine Spannseile verwendete, hing die Brücke in lockerem Bogen und kam bei starkem Wind gefährlich ins Schwanken. Die Apurimac-Brücke wurde von den Spaniern nur widerwillig überquert; sie beschreiben sie als «Ort des Grauens».

Die Brücke von San Luis Rey war länger als fünfhundert Jahre in Betrieb: Sie überdauerte das Inka-Reich, die spanische Kolonialherrschaft

Wichtiges Bindeglied der Straßen *waren die Brücken, zumal in dem schluchtenreichen, zerklüfteten Gebirgsland von Peru. Es gab drei Typen: die Hängebrücke, die Pontonbrücke und die auf einem Kragsteinfundament ruhende Stein- oder Holzbrücke. Der hier gezeigte Steg im Gebiet von Carabaya überspannt ein Flußtal von neun Metern, das entspricht ungefähr der größtmöglichen Breite dieser Art von Trägerbrücken.*

(Ende: 1824) und wurde noch zur Zeit der republikanischen Regierung bis 1890 benützt.

Oft baute man zwei Hängebrücken nebeneinander, eine für die privilegierten Klassen, die andere für die einfache Bevölkerung, die einen Brückenzoll entrichten mußte. Hernando Pizarro beschrieb zum erstenmal eine solche Inka-Brücke, als er auf seinem Marsch von der Küste zu den Goldschätzen der Andenstädte die gestufte Straße nach Piga herabkam und die Schlucht des Santa-Flusses erreichte: «Sie war von zwei dicht nebeneinander hängenden Netzwerkbrücken überspannt... an jeder Seite des Flusses hatte man feste Fundamente errichtet, an denen die Taue... stark wie ein Männerkörper... befestigt waren. Eine dieser beiden Brücken wird von der einfachen Bevölkerung benützt und von einem Mann bewacht, der den Brückenzoll einnimmt.» Später, auf dem Rückmarsch, überquerten sie bei der großen Stadt Huánuco eine andere, aus drei starken Tauen bestehende Brücke, die «über einen schäumenden Fluß (den Vizcano) führte und an der ebenfalls Wächter standen und den bei diesen Indianern gebräuchlichen Brückenzoll einnahmen».

Schmale Flüsse überbrückte man mit Holz- und Steinkonstruktionen, wie sie heute noch zu finden sind. Wo geringe Verkehrsdichte den Arbeitsaufwand nicht rechtfertigte, errichtete man eine sogenannte *oroya,* zwei an

Pontonbrücke am Ausgang des Rio Desaguadero. *Die Balsaboote waren mit starken Seilen zusammengebunden, mit einer dichten Grasmatte belegt und am Ufer an Steintürmen vertäut. Der amerikanische Kupferstecher E. George Squier zeichnete diese Brücke vor ihrer Zerstörung im Jahr 1875.*

Auf Fundamenten der Inka-Brücke, *die sich einst aus Rutengeflecht und Seilen über die Flüsse spannte, lagert heute diese moderne Hängebrücke, die an der großen Andenstraße über den Urubamba führt.*

Tragtürmen befestigte Seile, an denen man einen Korb über den Fluß zog. Eine andere, von den Spaniern als genial bestaunte Lösung war eine aus Binsenkähnen gebildete Pontonbrücke. Sie befand sich an einem Abfluß des Titicacasees und unterschied sich von den noch heute gebräuchlichen Schiffsbrücken nur durch das Material der Pontons: die sogenannten Balsaboote. Sie bestanden aus *totora*-Schilf, das in Küsten- und Berggebieten auf Sumpfboden wuchs. Diese Boote wurden dicht aneinandergereiht, durch ein dickes, an den Haltetürmen am Ufer befestigtes Kabel zusammengebunden und mit Schilfmatten überdeckt. Da diese Schilfboote nur eine gewisse Zeit lang wasserdicht bleiben, mußten die Pontonbrücken alle zwei Jahre ersetzt werden; so gehörte es zum Beispiel zu den Aufgaben des Dorfes Chaca-marca («Brückendorf»), für die laufende Instandhaltung seiner Brücke zu sorgen.

Den Handels- und Kriegskarawanen der Inka stand als einziges Tragtier das Lama zur Verfügung. Es wird von Karawanen berichtet, die bis zu

25000 Lamas umfaßten, deren jedes 36 Kilogramm tragen und bis zu zwanzig Kilometer am Tag zurücklegen konnte.

Außerdem finden wir auch die von Menschen getragene Sänfte, eines der einfachsten, in allen Kulturen verbreiteten Transportmittel. Schon in den frühesten Abbildungen aus Mesopotamien, beispielsweise einem um 2500 v. Chr. entstandenen Relief von Ur, finden wir eine von Menschen getragene Sänfte. Auch auf Kreta war sie 1600 Jahre v. Chr. ein gebräuchliches Transportmittel. Im Inka-Reich war die Sänfte den Adeligen vorbehalten: «Wenn die Inka die Provinzen ihres Reiches besuchten», berichtet Cieza de León, «reisten sie mit großem Gepränge, in kostbaren Sänften sitzend.» Eine Art Baldachin schützte vor Sonne und Regen. «Des Königs Leibwache begleitete die Sänfte, und 5000 Schleuderträger bildeten die Vorhut.» Zum Troß des Inka gehörten 80 Sänftenträger, kräftige Männer des Rucana-Stammes, die eine besondere blaue «Livrée» trugen und sich bei weiten Strecken gegenseitig ablösten. Die königliche Straße hatte sogar kleine Rastplätze, an denen die Sänftenträger pausieren durften.

Das gebräuchlichste Wasserfahrzeug der peruanischen Indianer war das Balsa-Floß. Es bestand aus den Stämmen des im feuchten Ecuador jenseits der Grenzen des Inka-Reiches wachsenden Balsabaumes *(Ochroma)*. Die sehr leichten, tragfähigen Stämme wurden an der Sonne getrocknet und mit starken Tauen zusammengebunden. Das Balsa-Floß war mit einem großen viereckigen Segel, einer einfachen palmblattgedeckten Kajüte und einer Feuerstelle ausgestattet. Bei den Eingeborenen hießen diese Flöße *huampu*. «Sowohl das Quechua wie sämtliche anderen Küstensprachen der Vor-Inka-Zeit», stellte der Archäologe Philip Ainsworth Means fest, «zeichnen sich, was die Seefahrt betrifft, durch eine erstaunliche Wortarmut aus, ein überzeugender Beweis für die unbestreitbare Seeuntüchtigkeit jener Volksstämme.»

Neben dem großen Balsa-Floß benützten die Küstenbewohner (ebenso natürlich auch die Gebirgsbevölkerung an schiffbaren Seen) die bereits erwähnten Schilfboote, die, im Reitsitz gerudert und von den Spaniern als «Seepferdchen» bezeichnet wurden. Diese *huampu* (heute ebenfalls Balsa genannt) werden aus getrocknetem Schilfrohr geflochten und mit Bastseilen zusammengehalten.

Bei gutem Wind benützte man ein Segel, sonst mußte man sich mit Hilfe des Paddels oder einer Holzstange vorwärts bewegen. Im allgemeinen boten diese Schilfboote, wie aus Darstellungen auf Chimú- oder Mochica-Gefäßen hervorgeht, für ein bis drei Fischer Platz.

Seitdem es Menschen gibt, versuchen sie, sich miteinander in Verbindung zu setzen. Sie riefen von Hügel zu Hügel, ließen Rauchwolken aufsteigen, schlugen Trommeln, sandten Läufer, Pferde, Brieftauben, feuerten

Die Boote der Inka *waren im allgemeinen aus Schilfrohr und Balsaholz verfertigt, sehr leichte und bewegliche Konstruktionen, die uns jedoch nur auf Töpferwaren und in späteren ähnlichen Beispielen überliefert sind. Dieser Kupferstich aus dem Jahr 1773 zeigt ein Boot aus Robbenhäuten mit hölzernen Querverstrebungen, das sich auch an Land leicht transportieren ließ.*

Kanonen ab. Bis zur Erfindung der drahtlosen Telegraphie gab es jedoch kein Postsystem, das es an Schnelligkeit mit jenem der Inka aufnehmen konnte.

Das *Quipu* – der wörtlichen Bedeutung nach einfach «Knoten» –, das die Kuriere einander übergaben, war die schriftähnlichste Errungenschaft der Bewohner Südamerikas. Die Knotenschnüre, auf das Dezimalsystem gegründet, sind jedoch weder eine Schrift, noch kann ihre Erfindung den Inka zugeschrieben werden. Sie sind eine mnemotechnische Gedächtnisstütze und wurden stets – sonst wären sie für den Empfänger ohne Nutzen gewesen – mit einer mündlichen Botschaft übergeben.

Die *Quipu* waren eine ebenso einfache wie sinnreiche Erfindung. Von einem Hauptstrang, dessen Länge sehr unterschiedlich sein konnte, hingen kleinere, farbige, in gewissen Abständen geknotete Schnüre herab. Ihre Hauptbedeutung lag darin, genaue Zahlenwerte übermitteln zu können.

Das System war so sinnreich ausgedacht – ein leerer Faden war das Symbol für Null –, daß es eine genaue Zählung bis über 10 000 ermöglichte. Die Knoten bedeuteten jeweils genau festgelegte Zahlen. Inspizierte ein Gouverneur einen neu unterworfenen Stamm und wollte er dem Herrscher zum Beispiel mitteilen, wie viele arbeitstaugliche Eingeborene dort lebten, ließ er sie zählen und knüpfte die Anzahl in die Schnüre ein. Jedem Statthalter war ein *Quipu*-Spezialist beigegeben, der sogenannte *quipu-camayoc,* der die Berichte nach den vorgegebenen Knotenwerten – Männer, Frauen, Lamas usw. – zu knüpfen hatte. Wurde ein Gouverneur zum Inka vorgeladen, konnte er an Hand des *Quipu* mit Hilfe seines *quipu-camayoc* genauen Bericht über sämtliche Vorfälle erstatten. Die spanischen Eroberer wurden nicht müde, die verblüffende Genauigkeit dieser Zählmethode zu bewundern.

Zweifellos hatte das kleinste Detail, die verschiedenen Farben der Fäden, die Knüpfart der Knoten, ihr Abstand voneinander, seine besondere Bedeutung. Möglicherweise konnte man aus gewissen Farben – Grün, Blau, Weiß, Schwarz oder Rot – nicht nur auf Zahlen, sondern auch auf andere Werte und Begriffe schließen. Als Pedro de Cieza de León 1541 die *Quipu*-Deuter befragte, erklärten sie ihm, daß sie «mit Hilfe der Knoten von 1 bis 10, von 10 bis 100, von 100 bis 1000 zählen könnten. Jedem Gouverneur war ein solcher *Quipu*-Deuter beigegeben, der die Höhe des zu entrichtenden Tributs mit dem Knotensystem so genau festhielt, daß nicht ein einziges Paar Sandalen vergessen werden konnte.»

Wie alle schriftunkundigen Völker besaßen die Indianer ein ausgezeichnetes Gedächtnis. Das *Quipu,* ergänzt durch den mündlichen Bericht, diente nicht nur statistischen Zwecken. Man verwendete es auch als Erinnerungshilfe zur Nacherzählung historischer Ereignisse. Mit seiner Hilfe konnten die *Quipu*-Deuter geschichtliche Ereignisse, statistische Angaben, ja sogar poetische Vorstellungen übermitteln, wie spanische Augenzeugen berichten. «Gesetzt den Fall», schrieb Padre Calancha im Jahre 1638, «ein Beamter wollte ausdrücken, daß es vor dem ersten Inka, Manco Capac, weder König noch Religion gegeben habe, daß dieser Herrscher im vierten Jahr seiner Regierung unter Verlust soundso vieler Männer zehn Provinzen unterworfen, tausend Einheiten Gold und dreitausend Einheiten Silber erbeutet und zu Ehren des Sonnengottes ein großes Dankfest abgehalten habe,

Am Titicacasee *fristen die Uru-Fischer noch heute ein bescheidenes Dasein, das sich kaum vom Leben der Eingeborenen vor fünfhundert Jahren unterscheidet. Die kurzlebigen Balsaboote können leicht durch neue ersetzt werden. Der große Reifen dient als Rahmen für das Netz, das wie ein Krabbennetz ins Wasser getaucht wird.*

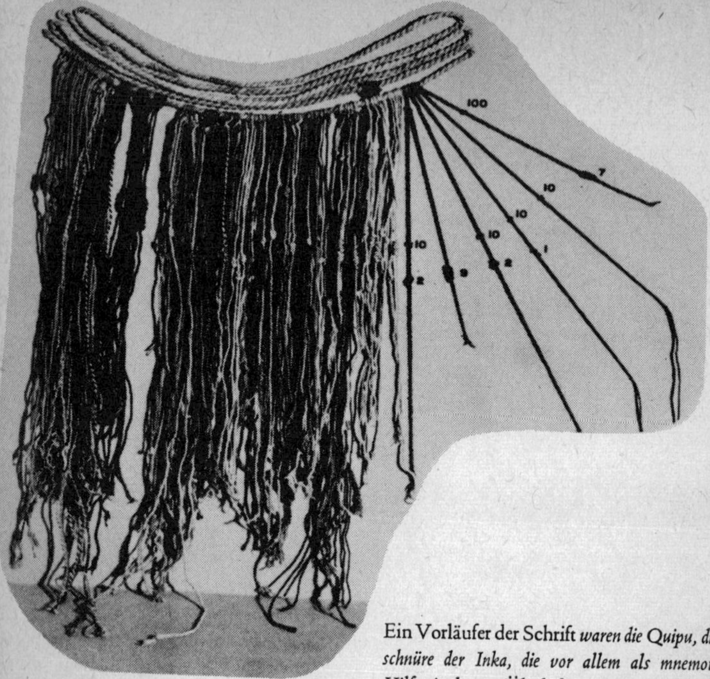

Ein Vorläufer der Schrift *waren die Quipu, die Knotenschnüre der Inka, die vor allem als mnemotechnisches Hilfsmittel zur Überlieferung von Zahlen dienten und auch von den «Balladensängern» als Gedächtnisstütze verwendet wurden. Cieza de León berichtet, daß man mit Hilfe dieser Quipu Vorratslisten von solcher Präzision aufstellte, «daß nicht ein einziges Paar Sandalen verlorengehen konnte».*

so brauchte er es nur in das *Quipu* einzuknüpfen.» Alle diese Angaben seien den Knotenschnüren und ihrer farblichen Abstufung genau zu entnehmen gewesen.

Zahlreiche Berichte spanischer Eroberer bezeugen die Fähigkeit der *Quipu*-Deuter, diese Schnüre mit viel Geschick «nicht weniger schnell, als wir Geschriebenes lesen», zu enträtseln. Auch der Seefahrer Pedro Sarmiente de Gamboa, der 1567 die Salomon-Inseln entdeckte, berichtet von der Verwendung der *Quipu* als «Geschichtsbücher». Eines Tages befahl ihm der spanische Vizekönig, eine Geschichte des Inka-Reiches zu verfassen, die als Rechtfertigung der spanischen Eroberung dienen sollte. Gamboa berief sämtliche Priester und Adelige, von denen er sich einigermaßen zuverlässige Auskünfte erwartete, ließ sich berichten und leitete seine Schilderung

Eilkuriere vermittelten offizielle Botschaften, Informationen und Privatnachrichten für den Inka. An den Rasthäusern entlang der Straße standen Tag und Nacht Männer zur Ablösung bereit. Jeder Kurier legte durchschnittlich 2,5 Kilometer in zehn Minuten zurück. Es heißt, daß mit diesem Kuriersystem (das selbst das römische übertraf) eine Entfernung von 1800 Kilometern in fünf Tagen – und Nächten – überwunden werden konnte.

mit der Feststellung ein: «Die Quipu-Deuter wiederholten ihre Erzählungen so oft, bis alle Einzelheiten – Taten, Ereignisse, Anzahl der Stämme, Städte und Provinzen, Tage, Monate, Jahre, Todesfälle, Zerstörungen und Festlichkeiten – unauslöschlich in ihrem Gedächtnis hafteten ...»

War ein Inka-Herrscher gestorben und das Bestattungszeremoniell vollzogen, beschloß eine Versammlung von *amauta,* welche seiner Taten ewigen Nachruhms würdig seien. Dann erst verfaßten sie die offizielle Geschichte, beriefen den *quipu-camayoc* und gaben ihm die offizielle historische Version bekannt. Auch alle jene Männer, die als eine Art Volksredner für die Information und Belehrung der Menge sorgten – nach Art der Balladensänger –, mußten sich genau an die offizielle staatliche Version des «Nachruhms» halten, wenn sie den Inka und seine Kriege verherrlichten.

Zwei unwiederbringliche Verluste haben uns die Möglichkeit genommen, die verwirrenden Geheimnisse der Andenvölker zu lösen: die völlige Vernichtung der *Quipu*-Archive durch die streitbaren Padres des 17. Jahrhunderts – in ihrem Eifer, den Götzendienst zu vernichten, hielten sie die *Quipu* für Teufelswerk – und das Aussterben der *Quipu*-Deuter. Heute sind die in den Gräbern gefundenen *Quipo* für uns nur noch leblose, nichtssagende Schnüre, und nur die Archäologie kann versuchen, diesem Rätsel der Inka auf die Spur zu kommen.

Die Armee der Inka entsprach einer Art Bauernmiliz. Jeder taugliche

Indianer war wehrdienstpflichtig und wurde im Gebrauch der landesüblichen Waffen unterwiesen. Die einzigen Berufssoldaten waren die Leibwächter des Königs, die den Kern der Armee bildeten und deren Zahl sich auf etwa 10000 belief. Die Waffen wurden vom Staat gestellt, dessen Arsenale die Spanier an verschiedenen strategischen Punkten ausfindig machten.

Mußte der *puric* seinen Acker mit dem Schlachtfeld vertauschen, behielt er seine gewöhnliche Tracht bei, setzte jedoch einen aus Holz oder Rohrgeflecht gefertigten, mit dem Totemzeichen bemalten Helm auf, von dem bunte Wollfransen herabhingen. Außerdem zog er eine gesteppte Baumwolljacke, ähnlich der «Rüstung» der Azteken, über seinen Kittel und schützte den Rücken mit schildähnlichen Tafeln aus *chonta*-Holz. Er band sich rote Wollfransen um die Fußgelenke und vervollständigte das farbenfreudige Bild durch einen runden oder viereckigen Schild – aus Holz gegerbtem Tapir- oder Hirschleder –, der mit dem ornamental stilisierten Emblem seiner Kampftruppe geschmückt war.

Auf weitere Entfernungen verwendete man die Schleuder, im Nahkampf den sternförmigen Streitkolben. Ein Vergleich mit der Taktik der Römer ergibt eine interessante Übereinstimmung: Auch die Römer benützten nicht Pfeil und Bogen, sondern das *pilum,* einen zwei Meter langen Speer, den sie in die feindlichen Reihen schleuderten, und das Kurzschwert im Nahkampf Mann gegen Mann.

Die Spitze des ebenfalls zwei Meter langen Inka-Speers war entweder mit einer dünnen Metallfolie überzogen oder im Feuer gehärtet. Die Schleuder bestand aus geflochtener Lamawolle mit einer etwa eigroßen Vertiefung als «Wiege» für den Stein. Man ließ die Schleuder über dem Kopf kreisen, löste die Finger von einem Ende der Schnur, und der Stein sauste dem Ziel zu. Die Eingeborenen verstanden es, auf 14 Meter Entfernung einen Metallhelm zu verbeulen und, wie die Spanier bezeugen konnten, dessen Träger durch die Härte des Aufpralls zu betäuben. Der Streitkolben für den Nahkampf bestand aus einem langen Holzschaft mit scharfgeschliffenem Bronze- oder Steinstern. Seine Wirksamkeit bestätigen die in zahlreichen Gräbern gefundenen zertrümmerten oder trepanierten Schädel. Außerdem verwendeten die Inka ein zweischneidiges Schwert aus *chonta*-Holz, das ähnlich geschwungen wurde wie der breite Zweihänder der Landsknechte im 16. Jahrhundert.

War ein Feldzug vom «König» und seinen Räten beschlossen, wurden die Bauernkrieger zu den Waffen gerufen und nach *ayllu*-Zugehörigkeit in Kompanien eingeteilt. Aus einem historischen Bericht geht hervor, wie der Inka Huayna Capac (gestorben 1527) seine Kriege führte. Er war «ein Mann von wenig Worten, aber vielen Taten, ein strenger Richter, der

Die Militärmacht *war die Grundlage des Inka-Reiches, so wie einst im Römischen Imperium. Diese Zeichnung von Poma de Ayala zeigt einen Feldherrn auf dem Weg zur Schlacht. Helm und Schild sind mit den Emblemen seiner Truppe geschmückt; in der rechten Hand schwingt er eine Steinschleuder, die Hauptwaffe der Inka im Kampf bis zu 70 Meter Entfernung.*

gnadenlos strafte. Seine Untertanen sollten des Nachts von ihm träumen; so sehr wünschte er, gefürchtet zu werden.» Zur Eroberung der Stadt Quito zog er mit 300000 Soldaten aus, ließ Straßen anlegen, den Feind bespähen, die *tampu* mit Lebensmitteln versorgen und unzählige Lamas, von Tausenden menschlicher Lastenträger unterstützt, zusammentreiben. Während des Marsches herrschte strengste Disziplin. Den Soldaten war es bei Todesstrafe verboten, die Straße zu verlassen, zu stehlen oder die Landbevölkerung zu behelligen.

Trafen die feindlichen Heere aufeinander, setzte von beiden Seiten ein wildes Kriegsgeschrei ein, verstärkt durch Trommeln und Schneckentrompeten. Jeder versuchte, den Gegner in einem Meer von Getöse zu ertränken; eine «braune und lärmende» Meute war der erste Eindruck, den die Spanier von den Inka-Truppen gewannen.

Zuweilen legten die Indianer Hinterhalte oder zwangen den Feind durch Verbrennen von Gras, seine Stellung zu verlassen. Griffen sie eine Bergfestung an, rückten sie unter einem Felldach vor, um sich vor den

Schleudersteinen der Verteidiger zu schützen. Zog sich der Feind in ein Haus zurück, setzte man das Strohdach mit glühenden Steinen in Brand. Die Planlosigkeit der Angriffstaktik war ein Vorteil für den Gegner, den die Spanier weidlich nützten, so daß sich einmal ein spanischer *Capitano* aufschneiderisch brüstete: «Ich schenkte hundert bewaffneten Indianern nicht mehr Beachtung als einer Handvoll Fliegen.»

Die Inka verstanden es jedoch sehr bald, sich den Taktiken der Spanier anzupassen. Aus der ersten Niederlage im Jahr 1534 zogen sie nicht nur die Lehre, sich gegen Pferde zur Wehr zu setzen – manche lernten sogar, sie zu besteigen –, sondern feuerten mit erbeuteten Arkebusen, zwangen gefangene spanische Kugelgießer zur Arbeit und setzten so den Europäern schwer zu. Im Neu-Inka-Staat (1537–1572), dessen Zentrum sich in Vilcapampa befand, bekämpfte der überlebende Inka mit seinen Soldaten die Spanier noch 35 Jahre lang. Schließlich verdankten die Spanier ihren Sieg den «honigsüßen Worten», mit denen sie den letzten Inka in die Falle lockten.

Dieser Augenblick war das Ende eines Reiches, das sich Generationen lang gegenüber jedem feindlichen Einbruch behauptet hatte. Kein Stamm der Anden hatte sich jemals ihrer Eroberung entziehen können: Von 1437 bis zur Landung der Spanier blieben die Inka in sämtlichen Schlachten Sieger. Ihre Grausamkeit konnte, zeitgenössischen Berichten zufolge, verheerendes Ausmaß annehmen. Eine große Zahl der Besiegten wurde zuerst auf dem Kampfplatz, der Rest der Überlebenden im Rahmen großer Zeremonien in der Hauptstadt regelrecht geschlachtet. Jeder getötete Feind brachte dem Inka-Krieger die Berechtigung, den Arm, die Brust und das Gesicht, je nach Anzahl der Toten, mit einem schwarzen Zeichen zu schmücken. Sie führten ihre Gefangenen im Triumph nach Cuzco, zwangen sie, vor dem Sonnentempel auf dem Boden zu liegen, während der Herrscher zur Versinnbildlichung seines Sieges über ihre Nacken schritt. Die Schädel besonders gehaßter Gegner wurden zu Trinkgefäßen verarbeitet (ähnlich wie bei den Wikingern). Handelte es sich um einen Todfeind, riß man ihm bei lebendigem Leib die Eingeweide heraus und verwendete den Magen als Trommelfell. Ein ganzes Museum solcher makabren «Trommeln» fanden die Spanier in Peru vor: Sie stammen von Angehörigen des Chanca-Stammes, Erzfeinden der Inka, die 1437 die Kühnheit besessen hatten, die heilige Stadt Cuzco anzugreifen. Im allgemeinen aber handelten die Inka nach dem Grundsatz, mit Waffen zu erobern und kraft ihrer Staatsgewalt sich durchzusetzen.

Als die Inka, Meister der Organisation, sich um etwa 1100 n. Chr. als Reich zu behaupten begannen, war das gesamte Gebiet der Anden und der Küstenwüste von einer unübersehbaren Anzahl größerer und kleinerer Stämme verschiedenster Sprachen und Gebräuche besiedelt. Vierhundert

Jahre später hatten die Inka alle diese Stämme – rund gerechnet ein halbes Tausend – ihrem Reich eingegliedert, das sich über 900000 Quadratkilometer an der Küste des Pazifik von Argentinien bis Kolumbien erstreckte. In immer weiter vordringenden Eroberungswellen entstand eines der größten Reiche aller Zeiten. Die Inka gingen dabei so systematisch vor, daß sie sich nicht nur die schwierige Unterwerfung der Urwaldstämme bis zuletzt aufbewahrten, sondern die eroberten Gebiete sofort mit Hilfe der *Quipu* genau registrierten und mit ihren eigenen Leuten durchsetzten. Die Unterworfenen durften ihre lokalen Sitten, Trachten und Dialekte beibehalten, die Beamten jedoch mußten Quechua lernen. Der Sonnenkult der Inka galt unabdingbar als oberste Religion, zum Teil jedoch durften die Unterworfenen ihre eigenen Götter beibehalten. Widersetzten sich die Anführer der eroberten Stämme, tötete man sie, andernfalls wurden sie als Geiseln nach Cuzco gesandt, «umgeschult» und als «königliche Beamte» mit der Verwaltung ihrer ehemals eigenen Gebiete beauftragt. Soweit das *ayllu*-System noch nicht eingeführt war, nahm man eine entsprechende Landverteilung vor. Das Straßennetz wurde erweitert, und ein aus Cuzco entsandter Stab von Architekten überwachte den Bau des neuen Stadtzentrums, insbesondere des Sonnentempels. Versuchte die Bevölkerung Widerstand zu leisten, wurde sie umgesiedelt und durch die Quechua sprechenden *mitamaes,* zuverlässige Anhänger der Inka, ersetzt. Derartige, in großem Ausmaß vollzogene Umsiedelungsaktionen waren ein wichtiger Faktor der Inka-Politik. Die Auffüllung dünn besiedelter oder unbewohnter Gebiete, die Instandhaltung der Straßen und Brücken waren einige der wichtigsten Maßnahmen zur Sicherung des «Imperiums».

«Fast möchte man die Inka um ihre Eroberungskunst beneiden», schrieb der vorzügliche Beobachter und Chronist Pedro de Cieza de León; «sie wußten nicht nur zu siegen, sondern auch das eroberte Land ihrem eigenen Reich einzufügen. Oft genug habe ich die Spanier in besonders unwegsamen Gebieten sagen hören: ‹Wären die Inka noch hier, sähen die Dinge anders aus ...›»

So meisterhaft hatten es die Inka verstanden, Küstengebiet und Andengebirge zu einem einheitlichen Reich zu verschmelzen, daß das gesamte Gebiet noch heute in Sprache, Brauchtum und handwerklichen Erzeugnissen unverwischbare Spuren ihrer Herrschaft zeigt.

Dieses mächtige Imperium der Inka stand auf der Höhe seiner Macht, als die Spanier an jenem Unglückstag des Jahres 1527 mit ihrer kleinen Karavelle (knappe zehn Tonnen groß) in den Hafen von Tumbes segelten.

Wie erkärt sich der unglaublich schnelle Zusammenbruch dieses mächtigen Reiches? Wie konnte es 130 Soldaten und 40 Berittenen mit einer einzigen kleinen Kanone gelingen, unbehindert die Anden zu durchqueren, vor den Inka-König zu treten und in einem genau 33 Minuten währenden Scharmützel Tausende von Indianerkriegern zu überwältigen? Diese Frage wurde seit Jahrhunderten immer wieder gestellt und doch noch niemals überzeugend beantwortet. Einige Angaben mögen jedoch das Verständnis der historischen Tatsachen erleichtern: Unter der kriegerischen Herrschaft des Huayna Capac, der 1493 «gekrönt» worden war, hatte das Inka-Imperium seine größte Ausdehnung erreicht. Nach einigen vergeblichen Versuchen, die Urwaldstämme im nördlichen Ecuador und in Kolumbien zu unterwerfen, legte er die Grenzen seines Reiches vom Ancasmayo-Fluß im Norden (1 Grad nördlicher Breite) bis zur Küstenstadt Tumbes im Süden (3 Grad südlicher Breite) fest. Wie der römische Kaiser Hadrian, suchte dieser letzte große Inka seine Macht durch eine endgültige Begrenzung und Befriedung seines Landes zu stärken.

Er erkannte, daß dem Eroberungsdrang gewisse Grenzen gesetzt sind, daß die Eingliederung neuer Gebiete nur dann Sinn hat, wenn Menschenkraft und Organisation ausreichen, sie auch tatsächlich zu assimilieren. Der alte Inka, an der Schwelle des Todes, zögerte, welchem seiner sehr zahlreichen Söhne er die Herrschaft anvertrauen sollte. Die letzten Jahre seiner Regierung standen im Zeichen beunruhigender Nachrichten. Bei der Unterwerfung eines Stammes im Chaca-Gebiet hatte man inmitten der Feinde einen weißen, bärtigen Fremden erspäht. Anderen widersprüchlichen, aber hartnäckigen Gerüchten zufolge hatte man weiße Männer in großen Schiffen die Pazifikküste hinab segeln sehen.

Die Tatsache, daß die großen präkolumbischen Reiche fast nichts voneinander wußten, dürfte von ausschlaggebender Bedeutung gewesen sein. Wäre das Gegenteil der Fall gewesen, hätten die Inka zweifellos von der mexikanischen Katastrophe im Jahr 1521 erfahren und entsprechende Vorsichtsmaßregeln getroffen. Offensichtlich aber hörten sie nicht mehr als jene vagen Gerüchte, die von den Händlern mit den Tauschwaren über Panama und Kolumbien mitgebracht wurden. Gleichzeitig brach eine bisher unbekannte Seuche aus, möglicherweise die von den Spaniern eingeschleppten Pocken. In den letzten Jahren der Regierung des Huayna Capac griffen Chiriguano-Indianer, von einem weißen Mann geführt, einen Inka-Vorposten im Chaco an. Es handelte sich, wie wir heute wissen, um den Spanier Alejo García, der als Gefangener der Indianer von Brasilien zu deren Hauptmann aufgerückt war.

Zwei Jahre später, 1527, landete Francisco Pizarro mit seinen «dreizehn Mann aus Gallo» in Tumbes. Er umarmte die Eingeborenen, tauschte allerlei bunten Tand, ließ seine Arkebusen feuern, fuhr die peruanische Küste entlang und nahm einige Indianer an Bord, die ihm bei seiner geplanten Rückkehr als Dolmetscher dienen sollten. Pizarro ließ zwei Spanier zurück

– einer hieß Alonso de Molina – und Gines, einen Neger. Von diesen Wunderdingen erfuhr der Inka-Herrscher Huayna Capac auf seinem Sterbebett im Jahr 1527.

Huayna Capac starb, ohne seinen Nachfolger zu benennen. Im Einvernehmen mit dem «Thronrat» wählte man einen seiner in Cuzco residierenden Söhne: Huáscar. Dieser Entscheidung widersetzte sich der im heutigen Ecuador geborene, ebenfalls legale Thronanwärter Atahualpa, der seinen Vater Huayna Capac des öfteren auf seinen Reisen begleitet hatte und bei den bedeutendsten Generälen in hohem Ansehen stand. Ein furchtbarer, fünf Jahre währender Bürgerkrieg entzweite das Land und schwächte die Macht des Reiches. Dieses halbe Jahrzehnt nützte Francisco Pizarro, die Eroberung des «Goldreichs» in Spanien vorzubereiten. Inzwischen hatten die Krieger des Atahualpa seinen Bruder Huáscar gefangengenommen, seine Feldherren getötet und einige Tausend Indianer niedergemetzelt. Man bereitete sich in Cuzco darauf vor, den neuen Herrscher Atahualpa königlich zu empfangen.

Es war genau der Tag, der 13. Mai 1532, an dem Francisco Pizarro mit seiner kleinen Streitmacht in Tumbes landete.

Atahualpa hielt sich an den Schwefelquellen von Cajamarca auf und erwartete die Boten, die ihm über die in Cuzco getroffenen Einzugsvorbereitungen berichten sollten. Umgeben von seinen kampferprobten Generälen fühlte er sich auf dem Gipfel uneingeschränkter Macht. Ein Wink, ein Bote, und der tüchtigste seiner Feldherren, wäre er auch noch so weit entfernt gewesen, konnte des Todes sein. Hier in Cajamarca erreichte den «König» die Kunde von der Ankunft der Spanier.

Die Nachricht stimmte bis ins letzte Detail. Die *Quipu* nannten die genaue Anzahl der Männer und Pferde (nie zuvor gesehene Tiere, von denen man annahm, die Reiter seien mit ihnen zusammengewachsen). Die Tiere hätten silberne Füße (ein Eindruck, der auf die Hufeisen zurückzuführen ist), berichteten die *Quipu*-Deuter weiter, und seien bei Nacht machtlos. Stürze der Reiter, sei es um Mensch und Tier geschehen. Die flammenspeienden Geschütze seien «Donnerkeile», die nur zweimal geschleudert werden könnten. Der Anführer eines Küstenstammes habe ein Chicha-Opfer in die Mündung eines dieser Geschütze gegossen und den Donnergott besänftigt. Außerdem seien die Schwerter der bärtigen Männer stumpf wie die Webeschiffchen der Frauen. So wußte der Inka zwar alles über die äußere Erscheinung der weißen Männer, nichts aber vom Ausmaß und der Tragweite ihrer Eroberungspläne. Er hielt die weißen Männer für rückkehrende Götter: Die Sage berichtet, daß Tici Viracocha, der Schöpfergott der Inka, dem sie Wissen und Reichtum verdanken, eines Tages, mit seinem Werk unzufrieden, fortgesegelt sei und dereinst wiederkehren werde. Es ist

Das Ende des Inka-Reiches *in Cajamarca, einer kleinen, mit zwei Haupt- und zwei Nebenstraßen an das Verkehrsnetz angeschlossenen Stadt, in deren Nähe einige heiße Quellen und eine starke Festung lagen. Als Pizarro mit seinen 167 Spaniern am 16. November 1532 von Norden her kam, lag die Stadt verlassen. Atahualpa und seine Leute hatten sich auf ein Wiesengelände jenseits der Stadt zurückgezogen. Pizarro ließ Atahualpa durch einen Abgesandten bitten, ihn am folgenden Tag zu besuchen. Der Inka folgte ahnungslos der Einladung mit 6000 unbewaffneten Indianern. Pizarro hatte seine Leute in den umliegenden Häusern versteckt. Auf ein vereinbartes Signal stürzten sie hervor, und wenige Augenblicke später war die Plaza mit Toten übersät. Die Mauer (links) stürzte ein, und die wenigen überlebenden Indianer entflohen.*

Die Gefangennahme des Atahualpa: *Theodorus de Bry stellt die Begegnung der spanischen Truppen mit den Eingeborenen als eine phantasievolle Schlachtszene vor den Toren der Stadt dar; die beiden Geschütze (links unten) standen in Wirklichkeit auf der Festung innerhalb von Cuzco; die Ankunft Atahualpas auf einem goldenen Tragsessel und die beschwörende Predigt des Pater Valverde vor Beginn des Gemetzels entsprachen allerdings der Wirklichkeit. Pizarro nahm den Inka-Herrscher persönlich gefangen und erstickte auf diese Weise jeden Widerstand der Indianertruppen. Als einen der «schändlichsten Verrate der Weltgeschichte» hat William Prescott diesen Schachzug der Spanier bezeichnet.*

die gleiche Legende vom Schiff des Gottes – heiße er Quetzalcoatl oder Tici Viracocha –, die sich bei allen präkolumbischen Indianerstämmen findet.

Am Nachmittag des 16. November 1532 schwankte die Sänfte des Inka-Herrschers, von einer unbewaffneten Leibwache begleitet, auf die Plaza von Cajamarca. Christenpriester und Inka-Gott hielten unverständliche Zwiesprache. Dann zerriß ein Kanonenschuß die Stille. Die ersten Toten sanken getroffen zur Erde, und mit den Rufen «Santiago!» und «Auf sie!» stürzten sich die Spanier auf den unseligen Inka.

Der Rest ist Geschichte.

Zeittafel der Sonnenkönigreiche

Azteken

Maya

Inka

Europa und Nordamerika

v. Chr.

um 2000 Die Griechen in Troja.

850 Zeit Homers.

776 Erste Olympische Spiele in Griechenland.

753 Sagenhafte Gründung Roms.

431-404 Peloponnesischer Krieg.

331 Alexander der Große erobert Babylon.

um 240 Eratosthenes errechnet den Erdumfang.

146 Die Römer zerstören Karthago.

Azteken

um 10000 «Tepexpan-Mensch» im Hochtal von Mexiko (Menschen- und Mammutknochen).

800-600 n. Chr. Olmeken. La-Venta-Kultur im tropischen Gebiet von Mexiko.

um 500 Das Tlachtli (eine Art Basketballspiel) der Olmeken verbreitet sich von Arizona bis Nicaragua.

O L M E K E N

500-1469 n. Chr. Monte Albán, große Steintempelstadt in Oaxaca. Fünf Kulturstufen.

200 Erste Spuren der Tolteken-Kultur im Anáhuac-Tal.

Maya

um 2000 Proto-Maya. Weit verstreute Ansiedlungen Maya sprechender Menschen. Die Huaxteken trennen sich von den Maya und entwickeln am Rio Panico in Tampico eine eigene Kultur, behalten aber ihre artverwandte Sprache bei.

M A M O M

2000-500 Mamom-Phase der Maya-Keramik: erste, weit verstreute Gebrauchswaren, kleine handgeformte Figuren.

500-300 n. Chr. Chichanel-Phase: Polychrome Keramik, häufig mit Glyphen versehen, realistisch bemalte Tonfiguren.

C H I C

um 200 Dzibilchaltún im nördlichen Yucatan, besteht bis 1500 n. Chr.

Inka

um 2500 Küstenindianer bei Chicama betreiben bereits Ackerbau.

750 Küstenkulturen der Virú, Cuqisnique, Gallinazo. Formative Periode vieler peruanischer Küstenkulturen.

1200-400 Chavín-de-Huantar-Kultur in den Zentral-Anden.

400-400 n. Chr. Paracas (Cavernas) 1 auf der Halbinsel Paracas (Pisco).

P A

272 Beginn der Mochica-Kultu (mit Hilfe der Radiokarbon-Methode datiert).

400-1000 n. Chr. Nazca, südliche Küstenkultur.

N

44
Ermordung
Julius Cäsars.

n. Chr.

79
Pompeji und Herculaneum durch Vesuvausbruch verschüttet.

117
Das Römische Imperium auf seinem Höhepunkt.

235
Verfall des Römischen Imperiums.

337
Tod Konstantins des Großen.

400-800
Mound-Builders («Erdhügelbauer»): Wisconsin bis zum Golf von Mexiko.

410
Alarich erobert Rom.

632
Tod Mohammeds.

31
Erstes datiertes Denkmal der Olmeken; ihre Glyphenschrift breitet sich über Mexiko und das Gebiet der Maya aus.

O L M E K E N

um 100
Bau des ersten Sonnentempels in Teotihuacán (Chimalhuacan-Periode).

um 200
Monte Albán (Periode I) in Oaxaca.

um 400
Monte Albán wieder aufgebaut und vergrößert (Zapoteken-Periode).

510
Bau des großen Sonnen- und Mondtempels in Teotihuacán.

770
Teotihuacán (Periode II): Bau des Quetzalcoatl-Tempels.

H A N E L TZAKOL T E P E U H

um 150
Verschiedene Zeremonialzentren der Maya entstehen.

162
Tuxtla-Jadestück, das erste authentische Zeugnis mit einer Maya-Inschrift.

317-650
Tzakol-Phase: Klassische Periode der Maya. Aufstieg und Blüte der großen Zeremonialzentren und Tempelstädte. Datierte Denkmäler.

642
Palenque im Regenwald von Chiapas erbaut.

765
«Astronomischer Kongreß» in Copán zur Berichtigung des Kalenders.

KLASSISCHE MAYA-PERIODE

R A C A S

400-800
Paracas (Nekropolis) II.

M O C H I C A

A Z C A

400-1000
Tiahuanaco-Kultur im Andengebiet.

700
Tor-Monolith mit dem «Weinenden Gott» von Tiahuanaco.

Europa und Nordamerika

800
Kaiserkrönung Karls des Großen in Rom.

885
Die Normannen belagern Paris.

900
Höhepunkt der arabischen Macht in Spanien.

um **985**
Die Wikinger besiedeln Grönland.

1077
Bußgang Kaiser Heinrichs IV. nach Canossa.

1189-1192
Dritter Kreuzzug: Friedrich Barbarossa, Richard Löwenherz und Philipp II.

Azteken

um **890**
Große Wanderung. Verfall von Teotihuacán.

900
Tolteken erbauen Xochicalco, die Tempelstadt im Süden von Cuernavaca; neues Kulturzentrum entsteht in Tula.

967
Ce-Acatl Topiltzin nimmt den Titel «Quetzalcoatl» an und regiert zwanzig Jahre lang in Tula.

987
«König» Quetzalcoatl, aus Tula vertrieben, zieht mit seinen Anhängern nach Yucatan.

1156
Tula durch die Chichimeken zerstört. Die abgewanderten Tolteken lassen sich in Xicalango nieder.

1168
Die Geschichte der Azteken beginnt. Wandernde Stämme dringen ins Anáhuac-Tal ein.

Maya

800
Wandgemälde von Bonampak (gegr. 540).

T E P E U H

879
Kabah gegründet.

889
In Uaxactún, Xultun und Xamantun werden datierte Stelen errichtet; letzte datierte Denkmäler.

987
Neugründung von Chichén Itzá; von den Itzá und den toltekischen Kriegern unter Quetzalcoatl bewohnt.

987
Maya-Renaissance: Uxmal und Mayapán gegründet, Liga von Mayapán.

1000
Ende der Tepeuh-Periode. Schwerpunkt der kulturellen Entwicklung auf der Halbinsel Yucatan und in den angrenzenden Gebieten.

1194
Die Cocom unter Führung von Hunac Ceel vertreiben mit Hilfe toltekischer Söldner die Bewohner von Chichén Itzá. Mayapán wird führende Hauptstadt (1200–1441).

Inka

900
Chanapata-Periode: Vor-Inka-Besiedlung des Tals von Cuzco.

M O C H I C A

1000
Ende der Mochica-Küstenkultur.

1000
Ausbreitung der Tiahuanaco-Kultur vom Titicacasee und von Huari bis zur Küste.

N A Z C A

um **1100**
Der legendäre erste Inka, Manco Capac, gründet Cuzco.

800
Huari und Tiahuanaco, Zeremonialzentrum in der Nähe des Titicacasees, Provinz Huanta.

T I A H U A N A C O

1227
Tod Dschingis-Khans.

1275
Fünf-Jahre-Wanderung im Südwesten Nordamerikas.

1347-1351
Die Pest in Europa.

1414-1418
Konzil zu Konstanz.

1431
Jeanne d'Arc stirbt auf dem Scheiterhaufen.

1450-1455
Entstehung der Gutenberg-Bibel.

1453
Fall von Konstantinopel.

1250
Die Azteken, Tenocha genannt, siedeln bei Chapultepec am Texcoco-See.

um **1325**
Die Azteken gründen die Inselstadt Tenochtitlán («Ort der Tenocha») im Texcoco-See.

1375
Acamapichtli, erster nachweisbarer «König» oder «Großer Sprecher» der Tenocha.

1395
Huitzilhuitl, der zweite seines Geschlechts, beginnt die Hauptstadt zu vergrößern.

1414
Chimalpopoca wird von den Tlatoani, dem Ältestenrat, zum «Großen Sprecher» gewählt.

1428
Izcoatl, als Sklave geboren, reißt die Führung an sich und läßt alle Glyphenbücher vernichten. Beginnt systematisch Krieg gegen sämtliche Nachbarstämme zu führen.

1440
Moctezuma I. zum «Großen Sprecher» gewählt.

1441-1456
Wanderung. Mißernten, Schneefälle, Frost.

1250
Die Maya breiten sich aus und treiben Handel von Tampico bis Panama. Verarbeitung von Gold, Silber, Kupfer und anderen Metallen.

1300
Die Cocom und die Tutul Xiu beherrschen gemeinsam Mayapán und zwingen alle örtlichen Häuptlinge, sich in der Hauptstadt niederzulassen.

1300-1400
Ausweitung des Handels, seetüchtige Kanus segeln südwärts.

1400
Lebhafter Warenaustausch mit Mexiko durch das Handelszentrum Xicalango (Laguna de Términós), «das Land, in dem Sprache wechselt».

1441
Untergang von Mayapán. Die Tutul Xiu ermorden die Häuptlinge der Cocom. Die Itzá gründen im Petén-Gebiet ein unabhängiges Königreich.

1250
Inka-Kultur im Gebiet von Cuzco.

1300
Ablösung der Tiahuanaco-Periode durch neue Kulturen: die Chimú, ein Mochica sprechendes Volk und Rivalen der Inka, gründen ein riesiges Reich.

1350
Expansion der Inka. Inka Roca, der sechste Inka, läßt eine Brücke über den Apurimac bauen. Quechua wird die offizielle Sprache.

1390
Das Königreich von Chimor erstreckt sich über 1000 Kilometer mit der Hauptstadt Chan-Chan.

1437
Viracocha, achter Inka. Die Chanca belagern Cuzco.

1438
Inka-Krieger unter Yupanqui, Sohn des Viracocha, besiegen die Chanca. Er nimmt als neunter Inka den Namen Pachacuti an.

1450
Der Einfluß der Chimú reicht von Lima bis Tumbes.

1450
Pachacuti vergrößert das Inka-Reich durch erfolgreiche Feldzüge.

Europa und Nordamerika

1479 Kastilien und Aragon durch die Vermählung Ferdinands mit Isabella vereinigt.

1486 Maximilian I. zum deutschen König gewählt.

1492 Christoph Kolumbus entdeckt Amerika.

1497 Giovanni Caboto entdeckt Nordamerika.

1498 Kolumbus landet auf dem südamerikanischen Kontinent.

Azteken

1469 Axayacatl, Sohn des Moctezuma I., dringt bis zum Isthmus von Tehuantepec vor und bricht in Tarasco ein.

1481 Tizoc, Nachfolger seines Bruders Axayacatl, läßt den Huitzilopochtli-Tempel erbauen. Entstehung der Kriegssteinreliefs und des Kalendersteins (1790 wiederentdeckt).

1486 Tizocs Nachfolger Ahuitzotl opfert 20000 Gefangene zur Tempelweihe. Eroberungszüge bis an die Küste von Guatemala. Kaufleute (Pochteca) in Honduras und Nicaragua.

1503 Moctezuma II., Enkel Moctezumas I., wird «Großer Sprecher».

Maya

1467 Hurrikan richtet großen Schaden an: vernichtet Städte, Häuser, Menschen.

1482 Seuche (Gelbfieber) wütet unter den Maya; weite Gebiete werden verlassen.

1502 Kolumbus begegnet auf seiner vierten Reise bei Guanaja vor der Honduras-Küste einem Maya-Boot: erste Berührung der Maya mit Europäern.

Inka

1463 Pachacuti vernichtet die Lupaca und Colla am Titicacasee, im Gebiet von Tiahuanaco.

1466 Die Inka erobern das Reich der Chimú.

1471 Topa Inca, zehnter Inka. Reorganisation des Staates, Straßenbau.

1480 Topa Inca läßt Straßen nach Chile für künftige Eroberungszüge bauen.

1485 Angebliche Aussendung einer Flotte von Balsa-Flößen nach den Galapagos-Inseln.

1492 Topa Inca erobert ganz Chile bis zum Maule-Fluß und errichtet die Festung Purumauca.

1493 Fertigstellung der Küstenstraße von Chile nach Tumbes unter Huayna Capac (elfter Inka).

1498 Huayna Capac dringt über Quito bis nach Kolumbien vor. 5000 km lange Andenstraße von Quito bis Talca (Chile).

1500 Letzter Eroberungszug des Huayna Capac gegen die Chachapoya.

1513
Juan Ponce de León entdeckt Florida.

1519
Tod von Leonardo da Vinci.

1519-1522
Erste Erdumseglung durch Magalhães.

1529
Erste Belagerung Wiens durch die Türken.

1534
Heinrich VIII. gründet die Anglikanische Kirche.

1539-1542
Hernando de Soto erforscht den Mississippi.

1507
Erste Berichte über das Erscheinen weißer Männer. Priester kündigen das Ende der Welt an.

1519
Cortés zieht in Tenochtitlán ein und nimmt Moctezuma gefangen.

1520
Moctezuma von seinem eigenen Volk gesteinigt und getötet. Cuitlahuac, zum Anführer erhoben, fällt im Kampf gegen die Spanier.

1521
Cuauthémoc, letzter «Großer Sprecher», verteidigt Mexiko gegen Cortés. Tenochtitlán von den Konquistadoren zerstört.

1525
ENDE DES AZTEKEN-REICHES

1524
Cortés marschiert durch Tabasco und Campeche nach El Petén, um eine von Spaniern eigenmächtig gegründete Kolonie in Honduras zu unterwerfen.

1511
Gerónimo de Aguilar und Gonzalo Guerrero geraten auf der Insel Cozumel in Gefangenschaft.

1519
Cortés landet auf Cozumel, segelt nach Vera Cruz und Mexiko.

1518
Juan de Grijalva erforscht mit einer Flottille die mittelamerikanische Küste, entdeckt die Küstenstädte einschließlich Tulum.

1527
Francisco de Montejo unterwirft die befestigten Städte Celha und Tulum.

1535
Montejo, von den Maya zurückgeschlagen, segelt südwärts; kein Weißer bleibt in Yucatan zurück.

1542
Montejo der Jüngere dringt in Yucatan ein. Die Spanier zerstören Tiho und erbauen ihre eigene Hauptstadt Mérida.

1513
Vasco Nuñez de Balboa entdeckt den Pazifik. Die Inka erhalten erste Kenntnis von den weißen Männern.

1519
Atahualpa (19 Jahre) nimmt an Feldzügen teil.

1522
Pascal de Andogoya entdeckt auf einer Expedition nach Darién das «Goldreich».

1527
Erste Landung des Francisco Pizarro. Tod des Huayna Capac. Bürgerkrieg zwischen Huáscar, dem zwölften Inka, und Atahualpa, der den Norden des Reiches beherrscht. Huáscar wird 1532 geschlagen.

1532 (16. Nov.)
Atahualpa, in Cajamarca von Pizarro gefangengenommen, ist bereit, sich loszukaufen.

1533 (29. Aug.)
Nach Entrichtung des Lösegeldes wird Atahualpa von den Spaniern verurteilt und hingerichtet.

1535
Inka-Reich völlig unterworfen
Manco II. von den Spaniern zum «Inka» gekrönt.

1537
Manco II. zieht sich mit seiner Streitmacht nach Vilcapampa zurück und gründet den Neu-Inka-Staat.

Europa und Nordamerika

1547
Tod Heinrichs VIII. von England.

1571
Seeschlacht von Lepanto: Juan d'Austria vernichtet die türkische Flotte.

1579
Francis Drake erforscht die kalifornische Küste.

1588
Niederlage und Untergang der spanischen Armada.

1620
Die puritanischen Pilgerväter («Mayflower») gründen die Plymouth-Kolonie in Massachusetts.

1748
Erste Ausgrabungen in Pompeji.

1776
Unabhängigkeitserklärung der Vereinigten Staaten von Nordamerika.

Azteken

Maya

1546
Mit dem Aufstand der Maya gegen die Spanier endet der Widerstand in Yucatan.

1566
Diego de Landa beendet seine «Relación de las cosas de Yucatan».

1576
Diego García de Palacio entdeckt die Ruinen von Copán.

1622
Vergeblicher Versuch der Spanier, die Itzá-Maya im Petén-Gebiet zu unterwerfen.

1697
Martin de Ursua erobert Tayasal, die Hauptstadt der Itzá-Maya, und läßt die Häuptlinge töten.

ENDE DES MAYA-REICHES

Inka

1551
Antonio de Mendoza zum ersten Vizekönig von Peru ernannt.

1553
Pedro de Cieza de León veröffentlicht den aufsehenerregenden ersten Teil seines Reiseberichts von Peru.

1572
Ende des Neu-Inka-Staates. Tupac Amaru hingerichtet.

1595
Sir Walter Raleigh erforscht den unteren Lauf des Orinoco auf der Suche nach El Dorado.

1780-1781
Indianer-Aufstand in den Anden niedergeschlagen und ihr Anführer José Gabriel Condorcanqui (Tupac Amaru II.) hingerichtet.

1781
ENDE DES INKA-REICHES

Bibliographie

ACOSTA, JOSÉ DE: *History of the East and West Indies.* London 1604.

ANONYMOUS CONQUEROR: *Narrative of Some Things of New Spain and of the Great City of Temestitán,* übersetzt von Marshall H. Saville. New York 1917.

ARTHAUD, CLAUDE, und HÉBERT STEVENS, FRANÇOIS: *The Andes.* London 1956.

BAESSLER, ARTHUR: *Altperuanische Kunst,* 4 Bde. Berlin 1902–1903.

–, *Altperuanische Metallgeräte,* 3 Bde. Berlin 1906.

BENNETT, WENDELL C.: *Ancient Arts of the Andes.* New York 1954.

BENNETT, WENDELL C., und BIRD, JUNIUS B.: *Andean Culture History.* American Museum of Natural History, Handbuch-Serie Nr. 15. New York 1949.

BINGHAM, HIRAM: *Lost City of the Incas: the story of Machu Picchu and its Builders.* New York 1948.

BUSHNELL, GEOFFREY H. S.: *Peru. Von den Frühkulturen zum Kaiserreich der Inka.* Köln 1958.

BUSHNELL, GEOFFREY H.S., und A. DIGBY: *Ancient American Pottery.* London 1955.

CATHERWOOD, FREDERICK: *Views of Ancient Monuments in Central America, Chiapas and Yucatan.* New York 1844.

CIEZA DE LEÓN, PEDRO DE: *Travels of Pedro de Cieza de León.* London 1864.

COBO, BERNABÉ: *Historia del Nuevo Mundo,* 4 Bde. Sevilla 1890–1895.

CASO, ALFONSO: *El Pueblo del Sol.* Mexico-City 1947.

COE, MICHAEL D.: *Mexico.* London 1962.

CORTÉS, HERNANDO: *Five Letters,* 1519–1526, übersetzt von J. Bayard Morris. London 1928 und New York 1929.

COVARRUBIAS, MIGUEL: *Mexico South: The Isthmus of Tehuantepec.* London 1947.

–, *Indian Art of Mexico and Central America.* New York 1957.

D'ANGHIERA, PETRUS MARTYR: *De Orbe novo decades octo.* (Herausgegeben von Richard Hakluyt. Paris 1587.) Englische Übersetzung von F. A. MacNutt. New York und London 1912.

DÍAZ DEL CASTILLO, BERNAL: *The Discovery and Conquest of Mexico 1517–1521,* übersetzt von A. P. Maudsley. New York 1956.

DISSELHOFF, HANS DIETRICH: *Geschichte der altamerikanischen Kulturen.* München 1953.

FEUCHTWANGER, FRANZ: *Olmekische Kunst.* Freiburg i. Br. 1951.

GAGE, THOMAS: *Travels in the New World,* übersetzt von J. E. S. Thompson. Oklahoma 1958.

GANN, THOMAS, und THOMPSON, J. E. S.: *The History of the Maya.* New York 1931.

GARZÍA, GREGORIO: *Origen de los Indios.* Madrid 1732.

GROTH-KIMBALL, IRMGARD: *Kunst im alten Mexiko.* Einleitung und Anmerkungen von Franz Feuchtwanger. Zürich/Freiburg i. Br. 1953.

HAGEN, VICTOR WOLFGANG VON: *Jungle in the Clouds.* New York 1940.

–, *The Aztec and Maya Papermakers.* New York 1943.

–, *South America called them La Condamine, Humboldt, Darwin, Spruce.* New York 1945.

–, *Maya Explorer: John Lloyd Stephens and the Lost Cities of Central America and Yucatán.* Oklahoma 1947.

–, *Frederick Catherwood, Architect.* New York 1950.

–, *The Four Seasons of Manuela.* New York 1952.

–, *Highway of the Sun.* New York 1955.

–, *Das Reich der Inka.* Hamburg/Wien 1958.

–, *Die Welt der Azteken,* Hamburg/Wien 1959.

–, *Die Kultur der Maya.* Hamburg/Wien 1960.

HOCHSTETTER, FERDINAND VON: *Über mexikanische Reliquien aus der Zeit Montezumas in der K. K. Ambraser Sammlung.* Wien 1884.

HUMBOLDT, ALEXANDER VON: *Vues des Cordillères et Monuments des Peuples Indigènes de l'Amérique.* Paris 1810.

HUXLEY, ALDOUS: *Beyond the Mexique Bay.* London und New York 1934.

JIMENEZ, ARTURO: *Instrumentos Musicales del Perú.* Lima 1951.

KELEMEN, PÁL: *Medieval American Art,* 2 Bde. New York 1943.

KRICKEBERG, WALTER: *Das mittelamerikanische Ballspiel und seine religiöse Symbolik.* (Paideuma III, 3–5.) Bamberg 1948.

–, *Felsplastik und Felsbilder bei den Naturvölkern Altamerikas,* 1. Berlin 1949.

–, *Altmexikanische Kulturen.* Berlin 1956.

KUTSCHER, GERDT: *Chimú. Eine altindianische Hochkultur.* Berlin 1950.

LANDA, DIEGO DE: *Relación de las cosas de Yucatan.* Herausgegeben von Alfred M. Tozzer. (Papers of the Peabody Museum XVIII.) Cambridge (Mass.) 1941.

LEHMANN, WALTER, und DOERING, HEINRICH: *Kunstgeschichte des alten Peru.* Berlin 1924.

MADARIAGA, SALVADOR DE: *Cortés – Eroberer Mexikos.* München/Zürich 1960.

MASON, J. ALDEN: *The Ancient Civilizations of Peru.* Harmandsworth 1961.

MAUDSLAY, A. C. und A. P.: *A Glimpse at Guatemala.* London 1899.

–, *The Maya and their Neighbours.* New York 1940.

MEANS, PHILIP AINSWORTH: *Ancient Civilizations of the Andes.* New York 1931.
–, *Fall of the Inca Empire and the Spanish Rule in Peru: 1530–1780.* New York 1931.
MIDDENDORF, E. W.: *Peru,* 3 Bde. Berlin 1893 bis 1895.
POMA DE AYALA, FELIPE GUAMÁN: *Nueva Coronica y Buen Gobierno.* Paris 1936.
Popol Vuh. Herausgegeben von Leonhard Schultze-Jena. (Quellenwerke zur alten Geschichte Amerikas II.) Stuttgart 1944.
POSNANSKY, ARTHUR: *Tiahuanacu, the Cradle of American Man,* 2 Bde., übersetzt von James F. Shearer. New York 1945–1957.
PROUSKOUJAKOFF, T. A.: *An Album of Maya Architecture.* Carnegie Institution of Washington, Pub. 558. Washington 1946.
PRESCOTT, WILLIAM H.: *History of the Conquest of Peru.* London 1908.
–, *History of the Conquest of Mexico.* London 1922.
SAHAGÚN, BERNARDINO DE: *Geschichte des alten Mexiko.* Einige Kapitel aus dem Aztekischen, übersetzt von Eduard Seler. Stuttgart 1927.
–, *A History of Ancient Mexico,* übersetzt von Fanny Bandelier. Nashville 1392.
–, *Historia general de las Cosas de Nueva Espana.* Mexico-City 1938.
SCHMIDT, MAX: *Kunst und Kultur von Peru.* Berlin 1929.
SOUSTELLE, JACQUES: *So lebten die Azteken am Vorabend der spanischen Eroberung.* Stuttgart 1956.
SQUIER, E. GEORGE: *Peru, Incidents of Travel and Exploration in the Land of the Incas.* New York 1877.
STÜBEL, ALPHONS, und UHLE, MAX: *Die Ruinenstätte von Tiahuanaco.* Leipzig 1892.
STEPHENS, JOHN LLOYD: *Incidents of Travel in Central America, Chiapas and Yucatan,* 2 Bde. New York 1841.
THOMPSON, J. E. S.: *Mexico before Cortés.* London 1933.
–, *The Rise and Fall of Maya Civilization.* London 1956.
UBBELOHDE-DOERING, HEINRICH: *Altperuanische Kunst.* Berlin 1936.
–, *Auf den Königsstraßen der Inca.* Berlin 1941.
–, *Kunst im Reiche der Inca.* Tübingen 1952.
UHLE, MAX: *Die alten Kulturen Perús im Hinblick auf die Archäologie und Geschichte des amerikanischen Kontinents.* Berlin 1935.
VAILLANT, GEORGE C.: *Die Azteken. Ursprung, Aufstieg und Untergang eines mexikanischen Volkes.* Köln 1957.
WALDECK, J. F. DE: *Voyage Pittoresque et Archéologique dans la Province d'Yucatan.* Paris 1838.
WISSLER, CLARK: *The American Indian.* New York 1938.

Bildnachweis

Für die freundliche Genehmigung zum Abdruck von Fotos, Rekonstruktionen und Zeichnungen danken wir Sammlern, Museen, Archiven und Verlegern.

Aerofilms und Aero-Pictorial-Ltd.: 19
American Museum of Natural History: 113
Angrand, M. (aus: *Tiahuanaco, Gateway of the Sun*, 1837) mit freundlicher Genehmigung der Bibliothèque National, Paris: 239
Anton, Ferdinand: 17
Arthaud, Claude: 228, 315
Ayer-Collection (mit freundl. Genehmigung der Newberry Library, Chicago): 134
Beltrán, Alberto
Karten: 20/21, 74/75, 123, 227, 324/325 (nach Rekonstruktion von Emilio Harth-Terré)
Zeichnungen: 22 (nach dem Codex Boturini), 48, 69, 136 (rechts), 147, 155 (rechts; nach dem Codex Tro-Cortesianus), 147 (links; nach dem Dresdener Codex), 156/157 (nach J. E. S. Thompson), 161 (links; nach den Wandmalereien von Bonampak), 162, 172
Bliss-Collection (z. Z. als Leihgabe in der National Gallery of Art, Washington D. C.): 41
Bry, Theodorus de: *America Suie Nuoi Orbis*, 1596: 55/56, 121, 225, 295, 326/327
Carrera, Pablo (nach J. L. Quiroz): 83
Catherwood, Frederick: *Views of Ancient Monuments in Central America, Chiapas and Yucatan*, 1844: 119, 127, 199
Christensen, Bodil: 59 (rechts)
Cieza de León, Pedro de: *Parte Primera de la Chronica del Peru*, 1553: 254 (rechts), 273, 276
Codex Dresdensis (Förstermann=Faksimile): 212
Codex Fernandez Leal: 59 (rechts)
Codex Magliabecchi, Faksimile-Ausgabe, 1904: 38, 60, 64, 66, 102, 103, 115
Codex Mendoza, Faksimile-Ausgabe, 1904 (mit freundl. Genehmigung der Bodleian Library, Oxford:) 37, 39, 43, 47, 68, 69 (links), 71 (unten), 108, 109, 114
Codex Nuttall, Faksimile-Ausgabe, 1901: 59 (links)
Compañia Mexicana Aerofoto, S. A.: 85, 179
Conquistador Anónimo, 1534: 275
Frezier, Amedée François: *Relation du Voyage de la Mer du Sud aux côtes du Chily et du Pérou*, 1716: 313
Groth-Kimball, Irmgard: 28, 62, 63, 186, 203, 204
Guillén, Abraham: 232, 233 (rechts oben), 261, 262 (links und rechts unten), 296, 297, 298, 299
Helfritz, Hans: 255
Holton, George: 188 (oben), 207
Inca-Highway-Expedition: 307, 308
Instituto Nacional de Antropología e Historia, Mexico-City: 61, 83, 106/107, 161
Libreria Universitana, Universidad Nacional Autonoma de Mexico: 137, 161 (rechts)
Lhuillier, Alberto Ruz: 221

Register

Die mit einem Stern versehenen Seitenzahlen weisen auf Abbildungen hin.

Knaur-Taschenbücher
Vollständige
Textausgaben

264 · ·	Fritz Zwicky	Entdecken, Erfinden, Forschen *Mit 34 Abbildungen und Diagrammen*
265 : :	Peter Bamm	Alexander der Große. Ein königliches Leben. *Mit 250 Abbildungen*
266 · · ·	William Styron	Die Bekenntnisse des Nat Turner *Roman*
267	Walter R. Fuchs	Knaurs Buch der modernen Mathematik *Mit 200 meist farbigen Abbildungen* DM 7,80
268 : :	Peter F. Drucker	Die Zukunft bewältigen. *Aufgaben und Chancen im Zeitalter der Ungewißheit*
269 : :	Charlotte Bühler	Psychologie im Leben unserer Zeit *Mit 116 Abbildungen*
270 · ·	Reinisch/Hoffman (Hrsg.)	Führer und Verführer
271	Neil Sheehan (Hrsg.)	Die Pentagon-Papiere DM 9,80
272 ·	Peter Bamm	Adam und der Affe. *Essay*
273 : :	Clay Blair	Die Aufsichtsratssitzung. *Roman*
274	Vance Packard	Die sexuelle Verwirrung. DM 7,80
275 · · ·	Jürgen Thorwald	Das Jahrhundert der Chirurgen
276 · · ·	Charlotte Bühler	Wenn das Leben gelingen soll. *Psychologische Studien über Lebenserwartungen und Lebensergebnisse*
277 : :	Hans Habe	Das Netz. *Roman*
278 · · ·	Michael Crichton	Andromeda. *Roman*
279	Hans-Joachim Bogen	Knaurs Buch der modernen Biologie *Mit 166 meist farbigen Abbildungen* DM 9,80
280 · · ·	Martin Beheim-Schwarzbach	Knaurs Schachbuch
281 : :	Jürgen Thorwald	Das Weltreich der Chirurgen
282 · · ·	Ernst Augustin	Mamma. *Roman*
283 · ·	Håkan Hedberg	Die Japanische Herausforderung
284 · · ·	Ernst von Khuon (Hrsg.)	Waren die Götter Astronauten. *Wissenschaftler diskutieren die Thesen Erich v. Dänikens*
285 ·	Jerzy Kosinski	Aus den Feuern. *Roman*
286 · ·	John O'Hara	Danke für gar nichts. *Roman*

·	Einfachband	DM 2,80
· ·	Zweifachband	DM 3,80
· · ·	Dreifachband	DM 4,80
: :	Vierfachband	DM 5,80
:·:	Fünffachband	DM 6,80